VIEUX NOMS

ET

RUES NOUVELLES

DE STRASBOURG

Causeries biographiques d'un flâneur

AVEC UNE PRÉFACE

PAR

RODOLPHE REUSS

STRASBOURG
TREUTTEL ET WÜRTZ, ÉDITEURS
1883

VIEUX NOMS

ET

RUES NOUVELLES

DE STRASBOURG

Causeries biographiques d'un flâneur

AVEC UNE PRÉFACE

PAR

RODOLPHE REUSS

STRASBOURG
TREUTTEL ET WÜRTZ, ÉDITEURS
1883

(Extrait des *Affiches de Strasbourg*.)

PRÉFACE.

Je me trouvais, il y a quelques jours, à la Bibliothèque, plongé dans le classement de quelques vieilles paperasses d'un intérêt médiocre, quand la porte de la salle de lecture s'ouvrit et je vis s'avancer vers moi notre honorable concitoyen, M. M***. Je le connais d'ancienne date. Négociant retiré des affaires, il s'est pris d'une belle passion pour le passé de notre ville et charme les loisirs de ses vieux jours en feuilletant des bouquins, comme d'autres en plantant des tulipes ou en jouant au billard. Occupation respectable que j'ai toujours encouragée, ne fût-ce que par devoir professionnel, et dont je le félicite souvent, bien qu'il me fasse subir parfois de bien longs interrogatoires sur tel point obscur de notre histoire locale.

— Eh bien, lui dis-je, en le voyant s'approcher de mon bureau, quelles nouvelles recherches vous amènent aujourd'hui, cher monsieur?

— Mes recherches sont terminées pour le moment. Ce que je viens vous demander, monsieur le bibliothécaire, c'est un conseil et un service.

— Demandez d'abord le dernier; c'est plus sûr. Pour les conseils, vous savez qu'ils sont mal reçus d'ordinaire. Mais de quoi s'agit-il?

— J'ai mis au net quelques renseignements recueillis pour mon instruction personnelle sur les noms donnés aux rues nouvelles de Strasbourg et dont j'ai gratifié déjà mes amis du *Krænzel*....

— Ah oui, vos articles dans les *Affiches!* Eh bien, sont-ils terminés maintenant, ou désirez-vous obtenir de moi quelques renseignements supplémentaires sur tel ou tel nouveau personnage?

— Non, merci; les meilleures choses ont leur fin, et mes causeries ont trouvé la leur. Ce que je désirerais de vous, continua-t-il d'une voix plus hésitante, c'est d'abord de me dire si je dois réunir en volume mes causeries, comme on me le demande; c'est ensuite.... de m'écrire une préface pour mon petit volume.

— Vous voyez bien que j'avais raison tout à l'heure, mon cher monsieur M***, dis-je en éclatant de rire. Vous aussi, vous me demandez conseil quand votre siège est déjà fait, et vous vous arrangez de façon à m'empêcher d'être sincère à votre égard, en me montrant d'avance que vous n'accepterez mon avis que s'il vous est favorable.

— Non, vraiment, monsieur le bibliothécaire, je vous prie, bien franchement...

— Bien franchement? Vous le voulez? Eh bien, je vous conseille de laisser dormir dans les *Affiches* vos articles, qui ne manquaient pas d'intérêt à coup sûr — il faut bien dorer la pilule aux gens, pensais-je à part moi — mais qui n'apprennent rien de neuf à ceux qui se sont occupés plus à fond de l'histoire d'Alsace. Ils ont pu distraire pendant un moment les lecteurs et les lectrices de notre excellente petite feuille locale, mais, quant à les relire, personne n'y songera, je le crains.

— Cependant, interrompit M. M*** d'un ton légèrement froissé, je puis vous assurer que beaucoup de personnes, et même des dames, m'ont demandé de recueillir mes causeries en volume. Tout le monde n'est pas aussi savant que vous; tout le monde ne s'est pas occupé *plus à fond* de l'histoire d'Alsace. Vous êtes une douzaine peut-être, et encore je vous baille la mesure bonne en vous accordant cela! On peut s'intéresser cependant aux choses sérieuses; on peut désirer savoir ce que signifient les noms de ces rues qu'on va traverser chaque jour. Un article de journal peut être aussi sérieux qu'un ennuyeux mémoire de société savante. Schiller a bien écrit son *Histoire de la Guerre de Trente Ans* pour un *Almanach des Dames*. Après tout, ces articles ne m'ont pas mal coûté de travail et....

— Ne continuez pas, cher monsieur, dis-je en souriant et en arrêtant d'un geste ce flux de paroles. Je me déclare vaincu d'avance. Vous avez été piqué, je le vois, vous aussi, par la tarentule de la gloriole littéraire. Quand le mal se déclare, passé la soixantaine, il est inguérissable. Publiez donc, publiez tout ce que vous voudrez. Je trouve seulement qu'il était bien inutile de me demander mon avis là-dessus, le vôtre étant arrêté d'avance et le volume déjà plus qu'à demi composé sans doute, au moment où je vous parle.

— En effet j'avais pensé.... je croyais....

— Bien, bien, cher monsieur. Seulement je vous avertis — puisque vous me demandez d'être franc — je vous avertis que votre volume vous restera pour compte et que notre bon public strasbourgeois ne songera guère à vous en débarrasser contre espèces sonnantes.

— Mais, monsieur le bibliothécaire, vous calomniez nos compatriotes. Je crois, moi, que mon volume se vendra, surtout.... surtout si vous voulez bien y joindre quelques mots de recommandation sérieuse.

— Encore une illusion, cher monsieur ! Peut-on donc en conserver tant à votre âge ? Ma prose ne vous fera pas placer un exemplaire en sus de ceux dont vous gratifierez vos amis. Qu'en dirais-je d'ailleurs, de votre petit livre ? Ce n'est pas mon habitude de faire de la réclame, et celle que je tenterais ne vous serait d'aucun secours. Je ne puis pas dire pourtant que vous êtes un écrivain d'un talent supérieur, je ne puis pas annoncer que vous apportez à l'histoire locale des révélations inattendues.

— Non, monsieur, mais dites — si toutefois vous le pensez — dites que je suis un simple bourgeois de Strasbourg, désireux de rappeler à mes concitoyens quelques-unes des gloires passées de notre chère cité ! On n'a pas besoin, que diable ! d'être un érudit, un déchiffreur de chartes latines, un pédant en *us*, pour faire vibrer en eux la corde des souvenirs patriotiques anciens et modernes, pour les intéresser aux hommes de bien, aux illustrations politiques ou littéraires qui, dans des temps plus rapprochés ou plus lointains, ont vécu dans nos murs, et dont la mémoire s'est lentement effacée parmi nous. Ne pensez-vous donc pas que si j'apprends à une douzaine de lecteurs seulement ce qu'ont été les Geiler, les Sturm de Sturmeck, les Frédéric de Dietrich, si je les pousse à puiser autre part, chez de plus doctes, les détails de leur vie et de leurs mérites, mon modeste travail aura déjà sa raison d'être?

— Assurément, cher monsieur ; si vous vous placez à ce point de vue, vous avez cent fois raison. Croyez bien d'ailleurs que je n'ai point voulu vous blesser en parlant comme je l'ai fait. Nous autres plumitifs de profession, nous avons le grand tort de jeter parfois un regard trop dédaigneux sur tout ce qui n'appartient pas à la caste des érudits, et nous oublions trop que ce n'est pas avec la science pure que l'on intéresse les masses. Sans doute vous n'êtes ni professeur, ni archiviste, ni bibliothécaire. Je dois certifier cependant que je n'ai pas rencontré d'erreurs graves dans vos causeries, et si les notes savantes, si les renvois aux sources manquent au bas de vos pages, je crois que cela ne doit pas empêcher vos lecteurs de vous suivre avec confiance et de vous croire sur parole. Sous une forme légère, votre récit est sérieux ; il est conçu dans un esprit généralement juste et impartial.

— Je suis heureux de vous l'entendre dire, car j'ai dû subir précisément sur ce point bien des attaques contradictoires. Plusieurs de mes amis m'ont reproché de trop m'intéresser à ces vieux « fossiles » du temps jadis, et d'autre part il m'est revenu qu'on m'accusait de chauvinisme, voire même d'excitation à la haine et au mépris du gouvernement actuel pour avoir parlé comme je l'ai fait de la Révolution française ou d'époques plus récentes encore.

— Consolez-vous ; c'est là le sort de tous les esprits modérés ; ils ne plairont jamais ni aux exaltés de droite ni aux exaltés de gauche. Les uns vous en voudront beaucoup de comprendre et d'admirer le Strasbourg glorieux du moyen âge et du XVIe siècle ; pour mieux prouver la sincérité de leurs sentiments patriotiques, ils croient ou font semblant de croire que l'histoire d'Alsace n'a commencé qu'en 1648 ou même en 1789. Les autres ne vous pardonneront jamais d'avoir parlé d'une façon sympathique et sincèrement émue des grandes dates de notre histoire au dernier siècle, et d'avoir ainsi montré que la population de Strasbourg n'est pas près d'oublier le passé le plus récent. Les gens dont je parle, s'ils en avaient le pouvoir, passeraient volontiers l'éponge sur toute la période de notre histoire qui s'étend de 1681 à 1870 ! Vous vous êtes placé à un point de vue plus large, plus serein, plus vraiment scientifique que celui de certains prétendus savants de nos jours. Vous avez su rendre justice aux noms du passé, comme à ceux du présent; vous avez parlé avec un égal respect, avec une même sympathie, de toutes nos gloires locales. Vous vous ête attachés à faire ressortir le mérite de tous ceux qui, sur des terrains divers, ont combattu le bon combat, ont fait avancer la science, ont défendu la morale, ont aimé la justice et voulu la liberté. Sans vous inquiéter de savoir quel idiôme ils parlaient et quelles étaient les couleurs de leur bannière, vous avez compris que tous les sentiments sincères ont droit au respect de l'histoire, comme toutes les violences injustes doivent subir ses arrêts. On vous en voudra cependant, soyez-en sûr. On calomniera peut-être vos intentions ; qu'importe ? Le témoignage de votre conscience vous suffit. C'est un suffrage auquel je tiens plus qu'à celui de vingt critiques.

— Eh bien, cher bibliothécaire, mettez-moi par écrit ce que vous m'avez fait l'honneur de me dire tout à l'heure, dit M. M*** en se levant et en me serrant la main. Je ne vous demande que cela. Voici ma préface qui est faite, et puisque vous pensez ce que vous exposiez tout à l'heure avec tant d'éloquence, vous ne pouvez avoir aucune objection à le répéter au public. Je serai très heureux de voir développées de la sorte les idées qui m'ont guidé dans mon petit travail, et, quoi que vous en pensiez, je persiste à croire que votre éloge me fera quelque bien.

Et voici pourquoi vous trouverez aujourd'hui cette longue préface en tête des causeries du *flâneur*. En remplissant son vœu, puissé-je, ami lecteur, ne pas tromper trop rudement ses naïves espérances!

Rod. Reuss.

VIEUX NOMS

et

RUES NOUVELLES.

I.

J'étais parti, la semaine dernière, par une chaleur tropicale, en quête d'un peu d'air frais sous les massifs ombreux de l'Orangerie. Je revenais l'oreille basse, et sans avoir trop réussi, me traînant à travers les décombres et les empierrements de l'ancienne porte des Pêcheurs, quand je vis poindre à l'horizon le père Z..., un de mes bons amis, qui semblait revenir d'une expédition plus lointaine encore que la mienne. Ses longues guêtres de coutil blanc étaient verdâtres et ses habits accusaient des haltes prolongées dans les roseaux ou les herbages de la Robertsau. Le père Z..., honorable négociant, depuis longtemps retiré des affaires, est l'un des représentants les plus autorisés de deux professions fort en honneur à Strasbourg, celles de pêcheur à la ligne et d'inspecteur bénévole des travaux publics. Il cultive alternativement, avec une ardeur égale, ces deux branches d'activité, légèrement contradictoires. Recherchant aujourd'hui la solitude au bord de l'eau, pourchassant la tanche, la perche ou le modeste goujon, il se plongera demain dans les tourbillons de poussière qui forment en ce moment une atmosphère étouffante autour de notre vieille cité, rappelant, non sans succès, les plaines sahariennes. Lui, sans se préoccuper de ces misères, grimpe partout avec un élan juvénil, malgré ses soixante-cinq ans, escalade les barrières, brave les consignes, méprise les « entrées défendues », parlemente avec les civils et se laisse à peine convaincre par la baïonnette oblique des militaires. Je ne voudrais pas jurer que ses curiosités ardentes n'aient pas éveillé déjà, chez plus d'un surveillant officiel, de noirs soupçons et qu'il n'ait flairé dans notre inoffensif ami quelque espion à la solde de l'étranger.

Quand il a bien couru, sué, sauté, avalé orce poussière, baragouiné tous les patois, hasardé tous les langages, — il achetait récemment une grammaire italienne afin de nouer des relations plus suivies avec les terrassiers piemontais qui travaillent aux fortifications — il rentre le soir, harassé mais content. Content de lui-même, s'entend. Car pour être content de ce qu'il a vu faire, c'est une autre paire de manches, et je crois bien que plus d'un puissant dans l'Etat prendrait la mouche en l'entendant raisonner le soir à la *Taverne* ou bien à la *Tête noire*, qu'il favorise alternativement de sa présence. C'est là que nous nous rencontrons après souper, avec quelques vieux amis de jeunesse, et que, tout en humant les bonnes bières strasbourgeoises, accompagnées d'un authentique *fastenbrettstell*, nous faisons notre partie de bezigue ou nous parlons du bon vieux temps, de ceux qui sont déjà partis pour le voyage dont on ne revient pas, de notre vieux et cher Strasbourg, qui, du train dont on le fait marcher, ne sera bientôt plus qu'un lointain souvenir.

Ce jour-là, donc, il revenait de la Robertsau. J'allais l'accoster pour lui demander si la pêche avait été bonne, quand je m'aperçus, à la manière dont il brandissait ses engins professionnels, qu'il n'était pas dans son assiette ordinaire. Il marmottait, avec force gesticulations, des mots qui ne me semblaient être des compliments à l'adresse de personne.

— Eh bien, mon cher Z.., lui dis-je, nous ne sommes pas de bonne humeur, ce me semble. Le goujon s'est-il montré récalcitrant à l'amorce, ou l'électricité dont l'air est saturé agace-t-elle vos nerfs, comme elle déprime les miens?

— Des goujons! répliqua-t-il d'un air maussade, des goujons! J'en ai de quoi faire une friture à rassasier notre *Kränzel* tout entier, et quant à l'électricité vous savez bien qu'un dur-à-cuire comme moi s'en moque.

— A qui donc en avez-vous alors?

— Eh! c'est cet arrêté qui m'a mis en colère....

— Quel arrêté, grand Dieu! La pêche est-elle défendue?

— Mais non; je vous parle de l'arrêté municipal qui nous bombarde d'une série de rues nouvelles..... Tenez, j'avais enveloppé mon déjeuner dans le numéro d'hier des *Affiches*, où il est imprimé tout au long, et tantôt, en découpant mon veau froid et en l'arrosant d'un verre de Wolxheim, j'ai voulu m'instruire par une étude approfondie de la chose. Quelle nomenclature de gens dont on n'a jamais entendu parler, mon cher, quels noms impossibles donnés à des rues qui n'existent même pas! En rentrant par l'allée, j'ai cherché de tous mes yeux ces merveilleuses créations nouvelles. Une maison de ci, une maison de là, quelques caves, élevées de deux mètres au-dessus du niveau du sol, des tas de sable et de moellons, voilà tout ce que j'ai pu découvrir. Drôles de rues, ma foi!

— De grâce, cher Z..., ne vous fâchez pas tout rouge. Rien n'est plus dangereux par une chaleur comme celle dont nous jouissons. Les gens qui habitent ou habiteront les maisons achevées ou futures que vous venez de voir, veulent savoir où ils habitent et pouvoir donner leur adresse au facteur et aux amis du dehors. C'est un droit qu'on ne peut leur refuser en somme, puisqu'ils payent leurs impôts, et la municipalité ne peut évidemment attendre que la rue soit construite tout entière pour procéder au baptême.

— Soit. Mais ces noms.... à quoi bon torturer nos bons Strasbourgeois et leur mettre la cervelle à l'envers? Je ne sais qui est M. Wimpheling, moi. En fait de Moscherosch, je ne connais qu'un magasin de modes de ce nom, et je ne pense pas précisément que c'est de lui qu'on ait voulu parler. Et tenez, pas plus tard qu'hier soir ma vieille bonne, qui lit, elle aussi, consciencieusement les *Affiches*, comme tout Strasbourg du reste, m'a demandé pourquoi l'on appelait l'un des quais nouveaux *Kochstaden*, alors que tant d'autres professions honorables plus importantes que celle de cuisinier n'étaient pas représentées dans notre nomenclature urbaine. Je lui ai répondu qu'il y avait déjà le quai des Bateliers et celui des Pêcheurs, la rue des Serruriers, des Cordonniers et des Orfèvres, et que d'ailleurs il y avait peut-être quelque intrigant cuisinier dans la « Commission de baptême » instituée par l'autorité municipale.

— Vous voulez rire, mon cher Z..., avec vos médiocres calembours et vous vous calomniez vous-même. Vous n'êtes pas sans avoir entendu mainte fois déjà la plupart des noms propres qui figurent à l'arrêté dont la lecture vous rend si maussade. Et pour les autres dénominations qui s'y trouvent, il n'est pas besoin, ce me semble, d'un grand effort d'imagination pour les comprendre. On a simplifié les choses dans la mesure du possible.

— Eh, je ne suis pas un grand clerc comme vous, et je n'ai pas le temps de fourrer le nez dans les bouquins; c'est bon pour ceux qui n'ont rien à faire. Avec mes nombreuses et utiles occupations (ici, surprenant un sourire involontaire sur mes lèvres, il accentua d'une voix plus énergique encore : oui, utiles occupations) je ne lis plus guère que mes journaux ou le *Messager boiteux*; ça me suffit.

— Mon cher Z..., lui répliquai-je, je ne suis pas plus clerc que vous; mais enfin, c'est vrai, je le confesse, depuis que j'ai fermé d'une façon définitive mon bureau, abandonnant à mon fils le plaisir et le labeur de contrôler les chiffres du grand-livre, je parcours quelquefois les colonnes de quelques autres in folio. J'aime relire par moments les chapitres de notre vieille histoire strasbourgeoise, sans oublier, à coup sûr, les plus récents. Vous trouverez sur mon petit rayon de livres, à côté du *Messager boiteux*, que je n'ai garde de mépriser, les chroniques alsaciennes de Kœnigshofen et de Hertzog, et j'ai feuilleté bien des fois, dans ces dernières années, la *Lokalgeschichte* de Silbermann avec ses plans détaillés, tandis que vous alliez étudier sur place la disparition des remparts et des fossés dont il nous conservera le souvenir. Permettez-moi de vous proposer — comment dirai-je pour ne pas vous faire faire la grimace? — un petit colloque d'histoire locale, afin de rafraîchir vos souvenirs d'école. Qu'en pensez-vous? Dois-je apporter ce soir, au cabinet, la nouvelle édition de la carte de la ville, parue aujourd'hui même, chez Hubert et Haberer, rue du Dôme, et qui renferme déjà ces noms qui vous effrayent si fort? Si vous le voulez bien, nous en causerons un peu, tout en fumant notre pipe, ce soir et les soirées suivantes... Oh, ne vous effrayez point; ce sera fini du moment que vous le voudrez. Je ne m'impose à personne, vous le savez, et dès que vous aurez absorbé votre dose soporifique, nous fermerons le robinet. Mais j'espère vous faire voir que ni l'administration ni « ses conseillers occultes » en cette matière n'ont mérité, pour le moment du moins, l'étonnement, l'indignation même dont vous les gratifiez un peu trop promptement peut-être. Les personnages savants, célèbres, voire même illustres, dont les noms brilleront, dans un avenir plus ou moins proche, sur les plaques blanches au coin des rues dans ce Sahara en miniature, ont été des enfants de Strasbourg, appartenant à tous les siècles, à toutes les convictions politiques, à toutes les confessions religieuses, mais aimant également leur petite et glorieuse patrie. Ceux d'entre eux qui ne sont pas nés dans nos murs, y ont vécu, ont travaillé pour elle, l'ont rendue célèbre au loin. Nous ne faisons donc que leur payer une dette dès longtemps exigible en rappelant, par un signe extérieur, leur mémoire à nos enfants. Donc, pour conclure, ma proposition vous va-t-elle ?

— Soit, murmura Z... d'un air peu convaincu ; va pour un cours obligatoire et gratuit d'histoire et d'archéologie locale. Mais, je vous en préviens, dès que vous nous ennuierez — et ce ne sera pas long, je le crains — nous lèverons la séance.

Là-dessus, plus qu'à moitié rôtis par un stationnement prolongé dans des parages aussi dangereux, nous nous quittâmes pour commencer, le soir même, ces causeries à bâtons rompus que le bon Z... se résignait à subir. S'il est des auditeurs bénévoles qui veuillent se mettre en tiers dans notre petit cénacle, je réclame leur indulgence dès l'abord et les avertis qu'ils le font à leurs risques et périls. Qu'ils ne viennent pas reprocher plus tard à un pauvre vieux, aimant à bavarder, de leur avoir fait perdre beaucoup de temps pour un bien maigre profit !

II.

Le soleil était déjà couché, mais la chaleur était encore étouffante quand je pénétrais, à travers la cour ombragée de platanes, dans le sanctuaire réservé aux seuls fidèles. Z... y siégeait déjà. Autour de notre table ronde quelques dignes collègues, exaspérés comme lui par la température caniculaire, s'enveloppaient d'une épaisse fumée ou s'épongeaient en silence.

— Ah ! vous voici, s'écria le grand pêcheur devant l'Eternel, d'un air presque hargneux. J'espère au moins que vous n'apportez point trop de paperasses, car nous sommes bien décidés, ces messieurs et moi, à ne pas laisser s'ouvrir ici une parlotte en règle. Il y a déjà suffisamment de cours et de conférences à Strasbourg, ce me semble, pour qu'on ne vienne pas encore nous en faire le soir, à la brasserie, par trente degrés de chaleur ! C'est une invention diabolique, mon brave monsieur, et je vous conseille de prendre un brevet pour l'exploiter.

Le moyen, je vous demande, de ne pas être intimidé par une si franche et si peu gracieuse apostrophe ! Aussi mes regards erraient-ils légèrement décontenancés sur l'honorable congrégation de Gambrinus qui faisait cercle autour de nous, en soulignant le discours de Z... de ses murmures approbateurs. D'une main je tenais machinalement mon chapeau, de l'autre j'agitais, comme un drapeau de parlementaire, mon nouveau plan de Strasbourg, acheté le matin même chez les éditeurs de la rue du Dôme, et qui n'attendait plus que deux épingles pour s'étaler aux yeux de mes auditeurs.

— Si ça vous ennuie, dis-je enfin d'une voix hésitante....

Or ça — c'est-à-dire mon honorable personne — les ennuyait évidemment. Le peuple souverain, même en fractions minimes et siégeant non pas dans ses comices, mais à la taverne, n'aime pas qu'on change d'une main téméraire ses antiques habitudes, et c'était une révolution, à coup sûr, que d'ouvrir un cours d'histoire au milieu des pipes et des hanaps. Mon beau plan d'éducation locale allait donc tomber à l'eau quand le père Z..., évidemment radouci par ma piteuse figure, vint me taper sur l'épaule : Allons, mon bon chroniqueur, mettez votre couvre-chef au clou, suspendez là votre petit papier multicolore et débitez-nous votre petit discours. Nous n'en mourrons point, parbleu ; nous en avons vu bien d'autres.

— Messieurs, dis-je, essayant de l'exorde insinuant, notre ami Z... m'a demandé....

— Vous ne m'avez guère laissé le temps de le demander, vous me l'avez offert tout d'abord, grommela mon confrère d'une voix sourde.

Mais je fis semblant de ne pas entendre et je continuais :... m'a demandé quelques explications sur les nouveaux noms adoptés par l'administration municipale pour les rues de création récente. Je suis charmé de pouvoir lui être utile, ainsi qu'à vous, bien que je n'aie rien à vous dire sans doute que vous ne sachiez déjà.

— Pas de phrases, des faits ! tonna derechef l'impétueux Z...

— Des faits, des faits, répliquai-je légèrement troublé par ces interruptions répétées ; eh bien, c'est un fait, messieurs, que l'on agrandit Strasbourg.

Un éclat de rire général salua l'annonce de cette vérité indiscutable et je crois bien avoir entendu un mauvais plaisant boire à la santé de M. de La Palisse. Cette médiocre plaisanterie m'irrita et, comme il arrive parfois, la colère me donna du courage. Je me mis à parler avec une vivacité qui eut bientôt raison des rires de mes auditeurs : Je voulais vous dire, messieurs, que je me garderai bien de vous parler ici de l'agrandissement de Strasbourg en général, des motifs qui l'ont dicté, de la manière dont il s'est opéré sous nos yeux. Ce cher Z... ne demanderait pas mieux sans doute que de m'entendre exposer ses griefs et ceux de beaucoup d'autres gens sur la matière. Mais j'ai des raisons pour ne pas aller me fourrer de gaîté de cœur dans ce guêpier-là. Ce sera quelque jour l'affaire de notre Conseil municipal, quand il plaira à Dieu et à nos maîtres de nous le rendre. Ce n'est pas non plus des limites tracées au nouveau Strasbourg que je puis vous dire grand'chose, vu que je n'y ai jamais rien compris ; l'agrandissement naturel et spontané de la ville se faisant précisément du côté où l'on a conservé la vieille enceinte. Je suppose qu'il doit exister là-dessus quelques raisons militaires concluantes, auxquelles nous n'entendons rien, nous autres civils. Enfin ce n'est pas non plus, messieurs, sur le tracé technique des rues, des places, des boulevards nouveaux que je me propose d'appeler votre attention....

— Il se croit évidemment en chaire, murmura Z..., en étouffant un bâillement formidable.

— D'abord je ne me sens pas assez compétent sur la matière et puis je suis intimement convaincu qu'une foule de modifications successives interviendront dans le tracé primitif, tel que vous le voyez ici devant vous, et tel qu'on le consultera quelque jour, soigneusement conservé dans nos archives et nos bibliothèques. Ne perdons pas notre temps, messieurs, à critiquer bonne partie des lignes courbes ou droites qui s'étalent contre ce mur. Ni vous ni moi, ni nos enfants, ne verront encore les rues qui remplissent l'espace entre l'Université nouvelle et l'Orangerie. Ni vous ni moi, je le crains bien, n'irons jamais nous promener sous l'ombrage promis des boulevards qui déroulent leurs belles perspectives de la porte de Pierres à la porte de Kehl.

C'est uniquement de la dénomination de

ces voies de communication nouvelles que je songeais à vous entretenir pendant quelques soirées. Encore n'ai-je nullement la prétention d'expliquer absolument tout et de justifier en toutes choses les décisions prises par l'autorité compétente.

— Vous avez bien raison de ne pas l'essayer, interrompit l'un des auditeurs, d'une mine renfrognée. Je voudrais bien savoir ce que vous diriez si vous vous étiez endormi comme moi dans la Rue-Militaire-de-Pierres et si vous vous réveilliez le lendemain sur le boulevard de Saverne. Ça va mettre un joli désordre dans ma correspondance d'affaires!

— Mon cher collègue, je comprends votre mauvaise humeur; il est cruel pour d'honorables propriétaires d'être ainsi dépaysés par un chassé-croisé du nom des rues qu'ils habitaient sur la foi des traités. Adressez à qui de droit vos légitimes doléances; moi, je n'y suis pour rien. Seulement veuillez bien songer à toutes les difficultés contradictoires d'une entreprise de ce genre et comprendre que c'est une tâche à peu près impossible de

« contenter tout le monde et son père »

comme dit le bon Lafontaine. En thèse générale, je puis affirmer ceci. L'administration, dans les décisions qu'elle vient de prendre, a fait vraiment le possible pour que la création, la dénomination de tant de rues nouvelles s'accomplisse sans peine et pénètre plus facilement dans nos cervelles, en s'adaptant aux dénominations déjà usitées, aux traditions locales, etc. Vous le savez, je ne suis point un flatteur des pouvoirs établis, mais plutôt frondeur de nature. C'est un legs de nos vieilles traditions strasbourgeoises d'indépendance et de liberté, traditions dont il est fort de mode de nous entretenir aujourd'hui dans certaines sphères, sans qu'on fasse mine pour cela le moins du monde de les traduire en pratique à notre usage. Mais sur le terrain très spécial et restreint qui nous occupe, je ne vois pas qu'il y ait lieu à des plaintes bien nombreuses.

L'opération baptismale qu'on vient d'entreprendre et qui ne sera sans doute terminée, ni au XIXe, ni au XXe siècle, peut se diviser, pour le présent, en trois chapitres distincts. Il y a d'abord la grande voie militaire le long des fortifications, avec les rues et places qui viennent y aboutir. Il y a ensuite le grand boulevard ou *Ring* intérieur, éminemment propre aux promenades digestives de nos arrière-neveux. Il y a finalement les quartiers nouveaux ébauchés autour de l'Université, et entre la ville et le Contades.

Prenons d'abord les différentes rues militaires ou *Wallstrassen*. On les a dénommées tout simplement d'après les portes entre lesquelles elles se trouvent, en reportant plus en avant les anciennes dénominations là ou l'enceinte était élargie. Une seule exception a été faite pour la *Zaberner Wallstrasse* et vous avez entendu tout à l'heure qu'elle a provoqué des réclamations assez vives. Je comprends cependant que les parrains de ces rues nouvelles aient voulu conserver dans la nomenclature locale un nom datant de loin. Les dénominations françaises ayant officiellement disparu, il n'y avait plus en effet ni *porte de Saverne* ni *faubourg de Saverne*. On a voulu conserver au moins à l'ancienne résidence des évêques de Strasbourg son droit de cité dans nos murs en dénommant d'après elle un tronçon de boulevard.

Quant aux places nouvelles créées à l'extrémité des artères principales, en face des portes nouvelles, elles ont reçu presque toutes les mêmes noms. Voyez plutôt : place de Kehl et porte de Kehl, place de Schiltigheim et porte de Schiltigheim, place du Faubourg-National (*Weissthurmplatz*) et porte Nationale (*Weissthurmthor*). Si l'on a séparé la porte de Pierres de la place de Pierres, c'est qu'il y avait deux places à baptiser et qu'on a jugé préférable de rattacher la place au faubourg du même nom. Quand on a choisi d'autres noms, comme pour la place Sainte-Aurélie par exemple, la dénomination s'imposait par le voisinage de l'église consacrée jadis à cette sainte, la plus connue des onze mille vierges martyrisées à Cologne. La place de Haguenau devant la porte de Pierres, quelques-unes des rues avoisinant aux issues de la ville, ont reçu le nom de localités de notre province, situées dans le prolongement de leur rayon, et dans le but de commencer au moins la représentation des cités notables du *Reichsland* dans l'enceinte de la ville. C'est une méthode employée souvent déjà, au dehors, lors de la création de nombreuses rues nouvelles. Elle fournit un nombre de désignations considérable, sans qu'on ait à se creuser la tête, et qu'on risque de provoquer des dissentiments politiques ou confessionnels. A Paris vous avez le quartier d'Europe dont les rues portent le nom de toutes les capitales, depuis Saint-Pétersbourg et Berlin jusqu'à Madrid et Lisbonne. C'est ainsi que nous voyons ici les rues de Wissembourg, de Bischwiller et Haguenau dans le voisinage de la porte de Pierres, celle de Molsheim dans le voisinage de la porte de Schirmeck. La municipalité pourra continuer longtemps encorc de a soi 9. Elle a du pain sur la planche, et les noms seront faciles à trouver pour les rues futures, quand elles surgiront dans le voisinage des portes.

— Elles mettront du temps, murmura Z. en vidant son verre. Lisette, une chope !

— Pour les *Ring* c'est la même chose. Là encore le désir de faciliter l'orientation du public l'a sagement emporté sur les velléités d'orner ces avenues de l'avenir de noms marquants ou célèbres. On a voulu que sur une artère, dont l'étendue se mesurera par kilomètres, il fût à peu près impossible de s'égarer sans y mettre beaucoup du sien. Cette résignation était d'autant plus facile que, pendant un siècle peut-être, beaucoup de ces *Ring* n'existeront sans doute que sur le papier.

— Mais, que diable, interrompit Z..., où est-on allé pêcher cette dénomination bizarre à laquelle les Strasbourgeois auront de la peine à se faire ? En fait de *Ring* ils ne connaissent que la brasserie de la rue de la Mésange.

— Mon Dieu, je suppose qu'on a pris ce nom, parce que le tracé de cette voie est à peu près circulaire. Peut-être aussi la Commission a-t-elle songé aux belles avenues du même nom établies à Vienne sur l'emplacement des anciens remparts. Libre à vous de dire *boulevard*, et je serai fort content pour ma part de voir cette expression devenir d'un usage courant parmi ceux d'entre nos concitoyens qui parlent d'habitude le français. L'administration postale, si soigneuse des intérêts locaux, fera même bien d'étudier dès maintenant le parallélisme entre les *Ring* et les *boulevards*. Seulement n'expliquez pas à vos enfants que les premiers s'appellent *boulevards parce qu'ils sont tracés en cercle*, ainsi que le faisait naguère une feuille locale. Ils auraient le droit de trouver une pareille donnée légèrement paradoxale.

Mais ce n'est pas de cela que je voulais parler; je tenais à faire ressortir la simplicité presque élémentaire du système adopté par l'administration. Il suffit que l'on sache la situation topographique des nouvelles portes de la ville, et ce n'est pas trop demander en somme aux habitants d'une cité que de savoir comment il en faut sortir. Les rues militaires se retrouvent grâce aux portes, les boulevards grâce aux rues militaires et nos anciens faubourgs, devenus rues intérieures, nous conduisent tout droit aux boulevards.

Ceux-ci ne sont pas, assurément, à l'abri de tout reproche. Contrairement à la jument de Roland qui avait le défaut d'être morte, ils ont le défaut contraire: ils ne sont pas encore nés. Celui de la porte Blanche, de la Gare, de Kronenbourg et de Saverne existent seuls aujourd'hui, et n'auront pas de longtemps de cadets. Pendant une génération pour le moins le *Kanalring* sera l'endroit le plus propice aux méditations solitaires, à moins qu'on ne préfère la *Kanalwallstrasse*, et nul ne viendrait y déranger vos rêveries, pas même la municipalité pour y faire établir des conduites d'eau ou des réverbères.

Mais en somme, tout cela me semble si facile à comprendre qu'il est bien inutile de s'y arrêter davantage. C'est la mauvaise humeur de notre ami Z... qui seule m'a détourné de mon but véritable. S'il ne s'était montré si grincheux sur toute chose, j'aurais abordé dès ce soir l'explication des noms propres qui figurent dans l'arrêté municipal. Je pense que cela vous paraîtra plus intéressant que toutes les *Wallstrassen* et *Ringstrassen* du monde.

— En effet, dit Z... en secouant les cendres de sa pipe d'écume brunie, et en serrant ensuite avec soin ce précieux engin, vous ne vous êtes guère mis en frais ce soir, et si la bière n'était pas si bonne ici, pour le moment, j'émigrerais volontiers demain pour les quartiers lointains. Vous plaidez pour la commission de baptême, comme si vous en faisiez vous-même partie. Laissez donc les vivants et parlez-nous des morts.

Là-dessus chacun se mit en route, baillant à la lune ou discutant la comète. Quand je sortis à mon tour enroué et maussade, il ne restait qu'une mouche attardée, qui, mélancoliquement, errait à travers les nouveaux boulevards sur mon plan de Strasbourg, fixé par ses deux épingles au mur et semblant me demander la permission de s'en aller aussi.

III.

— Eh bien, dis-je en accrochant mon chapeau au clou traditionnel, ce n'est pas moi, mon cher Z..., qui vous ai empêché de respirer à l'aise, samedi dernier. Je n'y étais pas pour vous fatiguer de mes conférences.

— Croyez-bien que nous vous avons regretté, monsieur, répondit de l'air le plus aimable un ancien notaire, fidèle habitué de notre Table-Ronde. Il nous tarde de regagner le temps perdu.

— Oui, ajouta Z... de son air bourru ordinaire, nous en aurons fini plus tôt.

— Je suis à vos ordres, messieurs. Dites-moi seulement par où je dois commencer. Partirons-nous du pied droit ou du pied gauche? Prendrons-nous le tramway... futur pour les nouveaux quartiers, sauf à revenir plus tard au centre de la vieille ville, ou ferons-nous d'abord quelques explorations dans les anciens quartiers ? C'est à vous de décider.

Il faut croire que le long intervalle écoulé depuis la suppression de notre assemblée communale délibérante avait fait oublier quelque peu à mes honorables auditeurs les principes élémentaires de tout débat public. Plusieurs avaient cependant été conseillers municipaux, et d'autres le seront assurément le jour où nous pourrons exercer de nouveau tous nos droits politiques. Pendant cinq minutes il n'y eut pas moyen de se faire comprendre, car chacun parlait à haute voix, sans souci du voisin, et plaidait pour son quartier. L'un habitait la rue d'Austerlitz et s'intéressait particulièrement à la rue Klein ; l'autre avait son jardin au Contades et demandait qu'on lui parlât du *Schlessrain*; un troisième réclamait des explications sur les nouveaux quartiers universitaires.

Voyant qu'il n'y aurait guère moyen de s'entendre, je résolus de trancher le différend moi-même. Tirant une petite brochure de ma poche, je mis la photographie dont elle était ornée sous le nez de mes collègues.

— Regardez bien ce croquis et tâchez de reconnaître ce petit coin du vieux Strasbourg. Que cela nous reporte loin du présent, cette vieille bicoque au large balcon en bois, ce treillage chargé de vignes, descendant vers la rivière, cette berge étançonnée par des poutres vermoulues et surplombée par les vieux troncs qui se mirent dans la rivière! Où retrouver aujourd'hui une *Weschbrittsch* aussi primitive, un pêcheur aussi content de lui-même? Vous ne vous le remettez pas? Ce serait assez difficile en effet, car le croquis date de 1806. La maison que vous apercevez au fond, située sur l'ancien *Plœnel* près des Moulins, est celle qui vit naître Benjamin Zix, l'artiste dont le nom vient d'être donné au petit square établi sur l'emplacement du *Krydehus* de la rue des Dentelles. Permettez-moi de vous parler ce soir de cet aimable artiste, dont il serait bien temps de reconstituer l'œuvre éparse un peu partout, dans un album de choix qui ne manquerait certes pas de souscripteurs. Notre *Société des Amis des Arts* aurait là une tâche sérieuse et patriotique à remplir. On tâcherait de retrouver l'autobiographie de l'artiste, rédigée jadis sous le titre de la *Vie d'un jeune peintre*, et dont quelques fragments ont seuls été publiés. On y joindrait ses lettres amusantes et naïves, et l'on ferait revivre ainsi le souvenir d'un homme passablement oublié de nos jours, dont quelques-uns parmi vous n'ont peut-être jamais entendu parler et qui mérite à coup sûr l'hommage que vient de lui rendre l'administration municipale.

Pendant ce temps, le croquis du jeune Pierre de Schauenbourg, celui-là même que nous n'avons plus connu que comme le vieux pair de France mis à la retraite par les révolutions, circulait de main en main. Il ressuscitait, dans la mémoire des plus vieux parmi nous, le vague souvenir d'un coin, à peu près méconnaissable aujourd'hui de l'ancien Strasbourg. Voici trois quarts de siècle déjà que l'élève de Zix, mort l'année dernière, avait crayonné cette esquisse !

— C'est donc là, continuai-je, dans cette maisonnette presque en ruines que naquit Benjamin Zix en l'an de grâce 1772 ; c'est là qu'habitait encore sa famille, au dire de Piton, il y a tantôt trente ans. J'avoue que je n'ai pas osé m'informer s'il existait encore à Strasbourg de ses descendants. Je me suis borné à feuilleter l'*Annuaire des Adresses*, mais le nom de Zix n'y est plus. En tout cas, s'il s'en trouve encore parmi nous, c'est avec joie qu'ils verront le nom de leur aïeul figurer dans la nomenclature de nos places publiques. Il ne me déplaît même pas que la place en question soit petite. Le talent de Zix se mouvait, lui aussi, dans des limites relativement étroites. Resté étranger pendant ongtemps à l'étude des grands maîtres, gaspillant un talent immense en travaux souvent peu dignes de lui, mais puisant aux sources de la nature, et s'inspirant de tout ce qui passait sous ses yeux, il fut le dessinateur le plus *réaliste* d'une époque tout académique, toute de convention, toute classique dans l'histoire de l'art. Enfant du peuple, il a su rester peuple dans ses créations, et c'est précisément ce caractère à part, ce cachet populaire, peu prisé de son temps, qui fait rechercher aujourd'hui ses croquis si nombreux autrefois, aujourd'hui si rares. Car ce peintre, toujours occupé, toujours en quête de sujets, a produit des milliers d'aquarelles, de sépias, de croquis divers, a gravé des centaines d'eauxfortes; il n'a pas laissé, pour donner sa mesure entière, un seul véritable tableau.

Son père, honnête artisan, mais encombré d'une famille nombreuse — quatorze enfants firent successivement leur apparition dans la vieille masure que vous avez sous les yeux — ne pouvait lui faire donner une éducation fort soignée. Mais le petit Benjamin, tourmenté par le démon de la peinture, se promenait sans cesse dans la maison, noircissant d'un charbon plus ou moins artistique les murs blanchis à la chaux de la demeure paternelle. Il y avait là une vocation si prononcée que son père n'osa bientôt plus le punir, mais se contenta de lui fournir du papier, pour ne pas voir détériorer davantage le modeste immeuble. Un heureux hasard permit à l'artiste en herbe de suivre gratuitement les cours d'un peintre badois, nommé Melling, qui était venu fonder à Strasbourg une Académie de peinture à l'instar de celle de Paris. Pendant plusieurs années Benjamin en suivit les cours, et les prix fréquents qu'il remporta établirent à la fois son zèle et son talent. Plus tard il fut l'élève d'un peintre alsacien dont je ne me rappelle pas le nom, mais qui s'occupa beaucoup de lui et auquel il conserva toujours une grande affection.

Adolescent rêveur et timide, avide d'instruction, Zix fuyait volontiers les réunions bruyantes et la société de ses camarades pour se promener, un livre à la main, dans les environs de Strasbourg. Plus tard ce fut son bonheur de parcourir les Vosges, croquant les vieux châteaux en ruines, humant l'air des montagnes et se couchant sur l'herbe tendre au bord des ruisseaux.

L'ouragan révolutionnaire vint le troubler dans ses rêveries fortunées. En présence de la lutte qui se préparait entre la France et l'Europe, le fils de l'humble artisan strasbourgeois se sentit patriote. Ce fut inutilement que son père, ancien soldat lui-même, lui dépeignit les fatigues d'une campagne. Le 30 juillet 1792 Zix s'enrôlait comme volontaire dans le 3e bataillon du Bas-Rhin. «Je croyais être alors, écrivait-il plus tard, un instrument spécialement choisi par la Providence pour exterminer les ennemis de la liberté et de l'égalité.» Hélas, une fois en route, les fatigues extrêmes de la vie militaire d'alors diminuèrent rapidement son enthousiasme. Zix avait un corps débile, peu fait pour résister aux marches forcées, à la famine, à la misère, trop souvent alors compagnes du soldat. Dès l'automne il dut quitter les drapeaux pour rentrer au foyer domestique, avec un congé de convalescence. Dans son découragement il demanda même à quitter tout à fait le service pour se consacrer aux arts; mais l'autorité militaire lui répondit vertement que la patrie avait besoin, non de peintres, mais de soldats. A partir de ce moment Lix fit pendant des années la navette entre sa brigade et Strasbourg, revenant éclopé par les marches et la vie de bivouac, après quelques mois de séjour, mais ne réussissant pas — j'ignore au fond pourquoi — à obtenir sa libération définitive. Cependant ses supérieurs furent singulièrement bienveillants à son égard, car il passa la majeure partie de son temps à Strasbourg, de 1794 à 1798, croquant et gravant, peignant le portrait pour vivre, et ne dédaignant pas même de brosser les transparents municipaux destinés aux fêtes patriotiques. En 1798, il lui fallut retourner une dernière fois à sa brigade qui se trouvait alors en Suisse. Ce fut pour lui une grande tristesse, la nostalgie de Strasbourg le prenait de plus en plus quand il quittait son quartier des Moulins. Heureusement qu'un compatriote, le général de Schauenbourg, s'intéressa au sous-officier malheureux et l'attacha comme dessinateur à son quartier général.

A partir de ce moment, délivré des tracas inhérents à la vie d'un militaire subalterne, il put se livrer à son aise à l'exercice de ses talents naturels.

Le fils du général, qui suivait son père comme enfant de troupe, sous l'uniforme des hussards, nous montre l'artiste assis sur un banc de gazon, sur une pierre, un havre-sac, ayant sur ses genoux une planchette tendue d'un bon papier de Hollande, tirant des poches de sa longue capote bleue deux petites boîtes, fidèles compagnes de sa pipe, et qui contiennent tout son attirail. Il tourne en avant, pour mieux protéger sa vue, la large corne de son grand feutre à cocarde tricolore, se recueille un instant, puis son crayon commence à courir sur le papier, en dépit du bruit et du fracas, souvent même au mépris du péril.

Mais Zix ne s'absorbait pas tellement dans l'exercice de son art qu'il ne s'ennuyât pas profondément loin de sa ville natale. *Himmelsakrament* — pardon, messieurs, je cite textuellement — s'écria-t-il quelque part dans ses lettres, quelle autre vie pourtant je menais à Strasbourg! Pas d'âme à qui me fier, pas de vrai camarade! Je n'ai pas de bière à boire, j'ai bien fait la connaissance de quelques aimables personnes, « awer sinn kein Strossburger! »

— A la santé du brave Zix! cria le père Z... enthousiasmé.

— En mars 1799 enfin le peintre obtint du général de Schauenbourg un congé définitif, et put revenir à l'humble maisonnette près des Moulins; il y fut d'autant plus joyeusement reçu qu'il déboucla, les premiers épanchements passés, une ceinture en cuir fort convenablement garnie de numéraire. Mais, hélas! cette pauvre ceinture mourut bientôt d'épuisement, comme il l'annonce lui-même à l'un de ses amis, et l'argent dépensé ne revint pas aussi vite qu'il était parti. Les beaux-arts n'étaient pas alors fort en honneur à Strasbourg. On lui faisait compliment sur ses dessins, on les acceptait avec empressement comme cadeaux, mais les commandes n'arrivaient pas. Aussi Zix en était-il malheureux. « Je travaille beaucoup, dit-il, tout le monde loue mon habileté et cependant je gagne à peine de quoi payer la bière que je bois et le mauvais tabac que je fume. Ah, si j'avais un fils, je lui tordrais le cou avant de lui permettre de devenir artiste ! »

Le murmure approbateur qui suivit cette citation, me fit voir que le Strasbourg de 1881 ne ressemblait pas mal encore à celui de 1799. Le bourgeois y a toujours peur du rapin, quand il ne le tient pas en mépris, et le rapin, de son côté, n'y adore pas M. Prudhomme.

— Cependant Zix ne pouvait se décider à tourner le dos à son ingrate patrie. On lui offrit une position fructueuse à Carlsruhe ; il y fut quelques semaines, puis se hâta de revenir. « Il y a comme un aimant qui me retient à Strasbourg, » écrivait-il, et son crayon folâtre, traçant au bord de la page un bonnet rond, un petit tablier et deux pantoufles mignonnes, permettait à son correspondant de préjuger le sexe de cet aimant-là, sans grand risque de se tromper.

Peu à peu cependant il parvint à se faire connaître, faisant de tout, de la gravure, de l'aquarelle, « restaurant, comme il l'écrit lui même, la physionomie des vieilles dames par une couche nouvelle de vernis », donnant enfin des leçons de dessin pour vivre. J'ai chez moi un recueil de psaumes chrétiens, composé par le pasteur Kampmann, et qui me vient de ma bonne mère. Eh bien, Zix a dessiné pour ce livre des frontispices qu'on n'y soupçonne guère. Il a encore fait des croquis, très spirituels, ceux-ci, pour la *Stuziade* ou *la Guerre des perruques*, poëme héroï-comique d'un autre pasteur, M. J. G. Schaller, de Pfaffenhofen. Ce fut un grand honneur alors pour Zix de pouvoir illustrer cet écrivain, fort goûté de nos pères ; aujourd'hui si l'on achète encore la *Stuziade*, c'est assurément pour les dessins de l'artiste et non pour les vers du poète. *Sic transit gloria mundi.*

Les écus arrivant, Zix put songer à se marier en 1803, et les années qui suivirent furent sans doute les plus heureuses de sa vie. Un hasard le fit sortir enfin de sa tranquille retraite. L'impératrice Joséphine passait dans notre ville l'hiver de 1805 à 1806. On lui fit voir, pour l'amuser, les portefeuilles du dessinateur en vogue dans la localité. Les croquis et l'artiste plurent à l'impératrice, et, sur sa demande, Zix fut chargé de dessiner les planches qui accompagnent la *Relation des fêtes* de janvier 1806, données à Napoléon lors du retour d'Austerlitz. En outre, le général de Schauenbourg, qui n'avait cessé de l'occuper, soit à Strasbourg, soit à sa campagne de Geudertheim, lui fit faire la connaissance de Vivant Denon, directeur général des musées impériaux. Sur la proposition de ce dernier, Zix fut attaché au cabinet impérial pour recueillir les esquisses, études et plans nécessaires à la composition des grands tableaux officiels des batailles de l'Empire, commandés par Napoléon.

L'honneur et l'argent arrivaient donc enfin, mais notre Benjamin fut-il pour cela plus heureux ? Il est permis d'en douter, puisqu'il dut vivre dorénavant presque toujours loin de son cher Strasbourg. Nous ne le suivrons pas à travers l'Allemagne et l'Autriche, multipliant ses croquis, puis les classant et les retravaillant à Paris, devenu sa résidence officielle. Il a dû produire alors beaucoup, sans toutefois signer ses œuvres, et c'est dommage. La célèbre *Bataille d'Eylau*, de Gros, par exemple, n'est qu'un développement des esquisses originales de Zix. C'est à notre compatriote aussi que sont dus l'idée et les dessins primitifs des bas-reliefs de la colonne Vendôme, et maint tableau historique du Musée de Versailles n'est que la reproduction de ses esquisses enfouies dans les cartons du Dépôt de la guerre ou du cabinet impérial. Qui cependant connaît en France le nom de Benjamin Zix? Qui le connaît même à Strasbourg, sauf une vingtaine d'amateurs et de connaisseurs éclairés peut-être?

Le jeune peintre ne jouit pas longtemps des douceurs de sa position nouvelle. Chargé par Denon d'aller prendre en Italie des croquis destinés à illustrer les campagnes du premier consul, et autorisé à résider quelque temps sous le beau ciel de l'Italie, pour s'initier au grand art des maîtres, il partit, rempli d'enthousiasme. Il ne devait plus revenir. Une fièvre maligne le saisit dans les Marais-Pontins et le 7 novembre 1811 il expirait à Pérouse loin de sa famille et loin de sa patrie. Il n'avait pas quarante ans.

— Le fait est que c'est un peu jeune pour mourir, dit sentencieusement le docteur B...

— Je ne sais pas, moi, répondit pensif notre vieux notaire. Les dieux font mourir jeunes ceux qu'ils aiment. Songez à tout ce que Zix, l'*illustrateur* attitré des gloires de la République et de l'Empire, aurait souffert, s'il avait vécu seulement une année de plus. Il n'a pas deviné, du moins, la retraite de Moscou et le désastre de la Bérésina. Il n'a vu ni le blocus de Strasbourg, ni l'ennemi dans Paris. J'en sais qui regrettent parfois, et du fond du cœur, de n'être point partis une douzaine d'années plus tôt.

Il se levait en boutonnant sa redingote. Les autres s'apprêtaient à le suivre.

— Messieurs, s'écria le docteur, en se plaçant en travers de la porte, n'oublions pas les conclusions pratiques de l'honorable conférencier. Honorer la mémoire des hommes de talent en baptisant les rues de leur nom, c'est fort bien. J'aimerais mieux, pour ma part, que l'on ne s'arrêtât point là cependant. Ne perdons pas de vue l'*Album Zix*. Piton signale une série de dessins inédits de Zix entre les mains d'un de ses neveux, entre celles de feu M. Schuler, l'architecte, etc. Les héritiers de l'honorable pair de France à Gouderthoim, la Bibliothèque de l'Université, acquéreuse des collections Heitz, les dépôts publics de Paris, les cartons de nombreux amateurs de notre ville, pourraient assurément mettre à la disposition d'un comité compétent tous les éléments d'une publication méritoire.

— Renvoyé à la *Société des Amis des Arts !* cria l'un.

— Confié aux bons soins de MM. Paul Reiber et Seyboth, quand l'Exposition des beaux-arts n'absorbera plus leurs loisirs! dit l'autre.

Et là-dessus nous nous séparâmes sans conclure. Concluez pour nous, amis lecteurs !

IV.

— Ah! voici le coupable! s'écria le jovial docteur dès qu'il vit poindre le sommet de mon chapeau de paille à travers le feuillage. Arrivez, qu'on se moque un peu de votre ignorance!

— A qui en avez-vous, mon Dieu? fis-je avec un air de circonstance, tout en pressentant déjà ce qui allait venir.

— Mais, mon cher M..., vous nous avez dit samedi soir que personne à Strasbourg ne connaissait plus les dessins de Zix, et si vous aviez pris seulement la peine d'entrer à l'Exposition de peinture, vous auriez vu toute une série de ses œuvres exposées sous les n°s 272-278 (Supplément du Catalogue, p. 26) et pas mal entourées de spectateurs. Allez-y voir vous-même si vous en doutez!

— En effet, mon cher docteur, j'ai commis là un oubli; j'ai péché par ignorance et j'en fais mon *confiteor*. Vous avez été devancé cependant, et c'est pourquoi vos récriminations ne me rendent pas aussi confus que vous l'aviez espéré peut-être. Hier déjà je recevais de la part d'une autorité, de la plus compétente pour une affirmation pareille, la bonne nouvelle que l'administration municipale avait acquis de la famille de Schauenbourg une vingtaine de dessins et de grandes esquisses de Benjamin Zix pour le futur musée de la Ville. J'en félicite l'administration, j'en félicite aussi le public, et je conseille à ceux qui n'ont pas encore été au *Salon* strasbourgeois d'aller au plus vite, avant la clôture, y contempler les Zix en question, sans négliger le reste.

— Vous ne m'échapperez pas à si bon compte, dit le docteur. Je vous tiens. Depuis que ma femme a su, par la lecture des *Affiches*, que vous nous faites ici des conférences archéologiques au milieu des brocs, elle m'a déclaré qu'elle voulait savoir ce que signifie le nom de *Kuppelhof*, qui l'intrigue fort, surtout depuis qu'elle le prononce vingt fois par jour, puisqu'elle y demeure maintenant. Dirigez-vous donc aujourd'hui du côté de la nouvelle rue des Couples, car il me faut cette explication sur-le-champ, je l'ai promise à ma femme, et vous savez: Ce que femme veut, Dieu le veut! Elle serait capable de me fermer la porte au nez si je rentrais ce soir sans être en mesure de tenir ma promesse.

— En ce cas, mon pauvre docteur, vous risquez fort de passer une mauvaise nuit, soit au dedans, soit au dehors. Préparez-vous à camper à la belle étoile, car pour ce qui est de ce *Kuppelhof* qui vous intrigue si fort, j'ignore autant que vous d'où il vient, quand il a fait son apparition dans nos murs et ce qu'il signifie.... s'il signifie quelque chose. Vous transmettrez tous mes regrets à Madame.

— Voilà bien nos prétendus savants! murmura Z.... Toujours penchés sur leurs bouquins, et quand on leur demande par hasard un renseignement utile, ils ne savent rien, tandis qu'ils nous accablent de leur science quand nous n'en avons que faire.

— Que voulez-vous que j'y fasse, mon ami? De plus érudits que moi y ont perdu leur latin. Quand j'ai commencé à m'orienter un peu pour satisfaire votre curiosité, ou du moins la mienne, j'ai feuilleté en vain mon Silbermann, mon Hermann et mes autres guides-ânes, pour déterrer la signification de ce nom. Rien. On m'a dit d'aller chez un savant professeur de la rue des Cordonniers, que je connaissais un peu — nous avons été ensemble au Gymnase, il y a cinquante ans — et qui était bien sûr compétent pour la matière, puisqu'il a écrit un livre sur *Les noms de rues et de maisons à Strasbourg au moyen âge*. J'y vais; M. Ch. Schmidt me reçoit fort bien, nous causons, et lui, avec la bonne grâce d'un vrai savant qui ne rougit pas d'avouer les lacunes de son savoir, me déclare qu'il n'en sait pas plus long là-dessus que moi-même ; que le nom du *Kuppelhof* ne s'était jamais rencontré dans les nombreux dossiers de titres de propriété qu'il avait pu consulter autrefois ; que jadis il y avait eu, sur la place de l'Homme-de-Fer actuelle, près de l'auberge aujourd'hui disparue *Au Paysan bleu*, une maison appelée *Zu Kuppelinden* et que c'était évidemment la même racine, mais qu'il ignorait ce que cela voulait dire. Il m'a montré le plan de Strasbourg de Daniel Specklé, construit en relief en 1577 et reproduit par notre concitoyen M. Weissandt avant l'incendie de 1870 ; l'impasse y existe déjà, mais le nom n'y est point marqué. Sur ma demande, il m'a affirmé cependant que le nom n'a rien à faire avec l'expression analogue en allemand moderne et que le *Kuppelhof* n'était point à l'origine une espèce de Cour d'amour ; cela rassurera votre femme. Il ne s'agit pas non plus, paraît-il, de *couples* (bipèdes ou quadrupèdes) comme le veut la traduction française moderne. Ça ne vous empêchera toujours pas, docteur, de justifier cette dernière appellation en offrant aux autres habitants de votre rue le spectacle d'un couple modèle.

Je vous dirai plus ; M. Schmidt, en me congédiant, m'avait dit : Allez voir aux archives municipales, peut-être trouverez-vous quelque chose ! Ça m'a paru drôle de me voir aux archives. J'y suis allé cependant ; j'ai été reçu, on ne peut mieux par l'archiviste, M Brucker, un fort aimable homme, mais logé bien à l'étroit, avec ses liasses et ses cartons. Il a mis beaucoup de bonne grâce à m'obliger, quand il a su ce qui m'amenait. Il connaît bien aussi, lui, les hommes et les choses de notre vieux Strasbourg, mais il a remué en vain ses registres d'inventaire et ses in-folio poudreux, il n'a rien trouvé. Pourquoi voulez-vous qu'un vieux négociant se gêne de dire qu'il ignore ce qu'un professeur et un archiviste n'ont pu lui apprendre ?

— La question *De l'origine du nom du Kuppelhof* sera mise au concours prochainement, dit d'une voix grave le notaire ; avis aux érudits locaux !

— Puisque nous sommes dans le quartier, finissons-en, dis-je d'un air un peu vexé, car je sentais bien que ma réputation de savant avait subi un rude accroc dans notre cercle de la Table-Ronde. Vous ne me demanderez pas apparemment pourquoi l'on a baptisé du nom de *rue Klein* la nouvelle rue qui mène (depuis quelques années, mais officiellement elle est née d'hier seulement) de la rue d'Austerlitz à la rue des Couples. Vous savez tous que c'est en l'honneur de l'homme qui, par des constructions successives, a le plus modifié l'aspect de ce quartier de la ville. On ne peut guère retracer la vie des gens qu'on rencontre dans les rues, et quand il s'agira de faire quelque jour la biographie de l'honorable entrepreneur, ce sera sans doute une plume plus juvénile que la mienne qui devra s'acquitter de la tâche.

Passons maintenant par la place d'Austerlitz, en admirant la vasque de pierre du nouveau jet d'eau, puisque nous ne pouvons admirer le jet d'eau lui-même, qui est en vacances. Pénétrons dans la Krutenau jusqu'aux régions lointaines où, dans notre jeunesse et notre âge mûr, le Rhin déversait une partie de ses flots — à vrai dire, ce n'étaient guère des flots, mais enfin... O temps déjà lointains où le *Katzensteg* dressait encore sa croupe pittoresque sur les ondes noirâtres, où les treilles de vigne ornaient les murs des masures des deux côtés de l'eau, où la Tour des Martyrs élevait fièrement sa tête au-dessus du quartier tout entier! Siècle mercantile, qui sacrifie les plus anciens souvenirs du passé à quelques piles d'écus! Vrai, mes amis — (car j'aperçus ici quelques sourires ironiques sur les lèvres de mes auditeurs devant ce flux de lyrisme échevelé) — ça me rend triste de voir disparaître ainsi, pièce à pièce, tout le cadre extérieur de notre vie d'autrefois. C'est très beau, les maisons neuves, et pour ma part j'aimerais mieux évidemment demeurer aujourd'hui rue de Zurich qu'il y a trente ans en face du *Katzensteg*, mais cependant... Enfin, je voulais vous conduire à l'ex-quai aux Chevaux, aujourd'hui prolongement encore de la rue de Zurich, et vous faire voir, sur l'emplacement de la *ruelle de la Hallebarde*, une amorce de rue qui bientôt montrera ses deux façades modernes jusque dans la rue des Bestiaux : c'est la nouvelle *rue Fritz*.

Qui de nous n'a passé parfois avec un sentiment de vive curiosité devant la façade allongée de cette maison à un étage de la rue des Bestiaux, dont les volets restaient hermétiquement fermés de mémoire d'homme, et qu'habitait le *Millionefritz* et sa famille ? Quelles bizarres anecdotes on se racontait dans le quartier sur ce personnage curieux que la plupart de ses voisins n'avaient jamais entrevu et dont la porte restait close, depuis plus d'un quart de siècle, au commun des mortels ! Je ne l'ai franchie qu'après la mort du propriétaire, grâce à l'obligeance de M. Schoop, notre concitoyen, légataire universel du vieil original. Mon excellent ami m'a fait voir en détail alors et la maison vermoulue et les immenses jardins qui l'entou-

raient au loin sans que j'en eusse soupçonné
l'existence. Je vous assure qu'on avait l'impression d'entrer dans le parc de la Belle au
bois dormant en pénétrant dans ce fouillis
de broussailles et d'herbes hautes, au milieu
desquelles se dressaient quelques arbres fruitiers devenus à moitié sauvages ; l'un d'entre
eux, dont les membres chenus étaient enserrés par une énorme chaîne de fer rouillée,
semblait comme un captif vénérable, retenu
là par violence. Des débris de statues, des
chapiteaux de colonnes gisaient çà et là, épars
et mutilés, et partout la nature avait tranquillement repris le dessus sur l'homme. Seule la
Belle au bois dormant manquait et se trouvait peu avantageusement remplacée par une
vieille au regard louche et au chef branlant,
qui semblait la méchante fée de ce palais enchanté. Quand je dis palais, je m'entends.
C'est plutôt masure qu'il faudrait dire. Au
dehors, les règlements de police étaient exécutés, la façade badigeonnée, les trottoirs balayés et lavés ; mais au dedans je crois bien
que peintres et recureuses n'avaient plus
fonctionné depuis un quart de siècle. C'est
pourtant au milieu de cet indicible amas de
débris du temps jadis, que le vieux Guillaume
Fritz avait passé la moitié de son existence. Son
père, simple charpentier d'abord, avait fait

fortune pendant l'époque révolutionnaire, était devenu l'un des principaux entrepreneurs strasbourgeois, et mourut après 1820, laissant une nombreuse progéniture. Frères et sœurs ont vécu célibataires, renfermés dans la maison paternelle, et se sont éteints l'un après l'autre, sans faire du bruit dans le monde et sans jouir grandement de la fortune amassée par le père. Ceux qui restaient entassaient dans leurs armoires vermoulues les reliques des défunts, et silencieusement attendaient leur tour. Le singulier vieillard dont cette rue perpétuera la mémoire, à défaut d'une progéniture plus vivante, était le dernier. On l'appelait architecte, mais je doute fort qu'il ait jamais rien bâti. Il achetait des livres, mais il ne les lisait guère. Les événements politiques glissaient devant lui sans l'impressionner le moins du monde. On m'a montré son journal, qui est maintenant à la Bibliothèque municipale ; il n'y notait absolument que la température journalière et ses travaux de jardinage. C'est par les fleurs qu'il se rattachait à l'humanité. La santé de ses oignons de tulipes, de ses oreilles d'ours, de ses pensées — il ne goûtait pas les plantes exotiques modernes — lui causait plus de soucis que les révolutions. A la date de juillet 1830, de février 1848, de décembre 1851, il n'y a pas un mot dans ses notes qui se rapporte aux préoccupations du dehors ; il est tout entier aux plants, aux greffes, aux boutures de son domaine du *Schnôkeloch*, dont la tour massive s'élève près du cimetière de Saint-Gall. Depuis le bombardement, qui avait notablement ébréché l'édifice, et démoli bon nombre des bustes de dieux et d'empereurs romains en plâtre qui ornaient la salle principale, le vieux Fritz n'avait plus voulu y mettre les pieds. Aussi le domaine *extra-muros* avait-il un aspect qui n'était guère plus soigné que celui du logis de ville.

— Mais pourquoi, diable, donne-t-on à l'une des rues de Strasbourg le nom d'un homme qui n'a rien fait en définitive pour mériter cet honneur, exclama Z...

— D'abord, la rue était nécessaire au quartier, et puisque M. Schoop voulait la percer, l'administration municipale n'avait pas de motif pour lui refuser de l'appeler *rue Fritz* par un sentiment de reconnaissance que chacun doit comprendre. Puis le père Fritz, après sa mort, a été plus utile à ses concitoyens que pendant sa vie. Il a légué de très fortes sommes par testament à une foule d'œuvres charitables de Strasbourg. Il a donné sa campagne du *Schnôkeloch* à l'établissement des Diaconesses ; il a versé trente mille francs à l'*Œu*-

vre des pauvres honteux, une somme pareille à l'établissement du Neuhof; il a donné plus de vingt mille francs pour les pauvres des différentes paroisses de la ville, etc., etc. Sa bibliothèque a été donnée par M Schoop, son exécuteur testamentaire, à la Bibliothèque municipale. Soyons juste ; il y en a qui auront été moins utiles à leurs concitoyens pauvres et souffrants et qui trouveraient naturel de voir leurs noms en blanc sur les plaques bleues des rues. Considérez encore, messieurs, que s'il n'a rien fait de marquant pendant sa vie, il n'a du moins pas fait de mal, ce qu'on ne peut prétendre de bon nombre de gens illustres, et laissez-le jouir tranquillement de l'honneur posthume que lui a décerné l'administration municipale.

— Soit, dit le notaire. D'ailleurs, dans cent ans, qui saura donc à Strasbourg de quel Fritz il s'agit? On discutera ce problème archéologique au XXe siècle, si l'on n'a d'autres matières à dispute. Mais maintenant, en route, pour le domicile légal et... les nouveaux quartiers!

V.

— A partir d'aujourd'hui, messieurs, dis-je en frappant de ma canne le plan toujours épinglé contre le mur, pour réveiller l'attention quelque peu somnolente de mes auditeurs, à partir d'aujourd'hui nous entrons dans les « régions inconnues ». Nous pourrions dire en variant légèrement l'inscription tracée par Dante sur les portes de son *Enfer* : « Vous qui franchissez les limites extrêmes du quai des Pêcheurs, abandonnez tout espoir de vous reconnaître pour le moment dans cet immense désert, eussiez-vous dans vos poches tous les plans possibles du nouveau Strasbourg ! » Jusqu'ici je vous ai parlé de rues qui existent et de places qu'on peut voir. Maintenant rues et places vont défiler devant vous plus nombreuses que jamais ; les maisons seules font encore défaut. Abordons néanmoins avec courage ces parages incultes qui seront la Terre promise des générations futures, et, longeant le cours de notre placide rivière, ou plutôt, passant d'abord le pont Royal, gagnons un instant la rive opposée, moins encombrée de moël'ons et moins couverte de poussière. C'est là que se dresseront quelque jour les maisons du *Kochstaden*, encore vierge de tout pavé.

— Ah, le quai des Cuisiniers de ma bonne Nanette, dit Z... en riant.

— Celui-là même. C'est donc de l'érudit et de l'homme de bien dont le quai futur portera le nom que je vous demande la permission de causer un peu ce soir. Christophe-Guillaume Koch descendait d'une vieille famille strasbourgeoise ; son arrière-grand-père fut pasteur dans notre ville, mais son grand-père était allé habiter Bouxwiller en qualité de conseiller des finances du landgrave de Hesse-Darmstadt, alors souverain de ce petit coin de terre, sous la suzeraineté du roi de France. Le fils succéda au père dans ses fonctions administratives, et ce fut donc à Bouxwiller que naquit le futur historien, le 9 mai 1737. Koch avait treize ans quand les siens revinrent se fixer à Strasbourg en 1750. Il fut mis au Gymnase protestant, à la conservation duquel il devait prendre une si large part un demi-siècle plus tard. Enfant intelligent et très assidu au travail, il luttait assez péniblement au début contre les difficultés inhérentes à la pratique du français, langue encore peu en usage alors au collège de Bouxwiller. On raconte qu'il alla s'asseoir un jour volontairement au dernier banc de sa classe, désespéré de ne point réussir dans la prononciation d'un mot particulièrement difficile.

— Il ne semble pas avoir jamais entièrement triomphé sur ce terrain, interrompit le notaire, si j'en crois une anecdote que me racontait mon père, ancien collègue de Koch dans ses fonctions municipales. Le célèbre érudit lisait à l'Académie des Inscriptions et Belles-Lettres un mémoire sur je ne sais plus quel sujet historique. Il y parlait de l'Empire du Soleil, mais en articulant ce nom comme s'il se fût agi d'un des gras pensionnaires qu'élèvent les basses-cours du Mans. Le président l'interrompit d'une façon peu gracieuse : Monsieur Kock, on dit le *Japon* et non pas le *Chapon*. — Monsieur le président, répliqua notre compatriote vexé, avec un à-propos qui mit les rieurs de son côté, on ne dit pas M. *Coq*, mais M. *Koch*.

— Immatriculé à l'Université de Strasbourg, à peine âgé de quinze ans, le jeune étudiant en droit se fit bientôt remarquer par ses professeurs, et surtout par l'illustre Schœpflin. Il avait vingt-cinq ans lorsqu'il publia ses premières études de droit public, qui furent remarquées des critiques compétents et dont le margrave de Bade accepta la dédicace. Cette même année 1762, Koch faisait son premier voyage à Paris, où il se lia avec Bréquigny, Barthélémy, l'auteur du *Voyage d'Anacharsis*, le géographe d'Anville et beaucoup d'autres savants. De retour dans nos murs, Schœpflin l'associa directement à ses travaux, surtout à la publication de l'*Alsace diplomatique* et de l'*Histoire de la maison de Zæhringen*. Il voulut aussi lui assurer un avenir, et quand il légua sa magnifique bibliothèque, aujourd'hui détruite, à la ville de Strasbourg, il le fit à la condition que Koch en serait nommé bibliothécaire. Celui-ci le devint en effet à la mort de son protecteur et maître, arrivée en 1771. Bientôt après on lui donna également une place de professeur extraordinaire à l'Université. Un *Tableau des révolutions de l'Europe*, imprimé sans nom d'auteur, à Lausanne, sur des notes prises à son cours, répandit bientôt au dehors sa réputation, qu'augmentèrent encore les éloges et le témoignage des nombreux étrangers accourant d'Allemagne, de Suisse ou de Russie, pour suivre ses cours de droit public. Il fut appelé, en 1779, à une chaire de l'Université de Gœttingue ; mais le gouvernement français, instruit de l'offre qu'on lui avait faite et de sa répugnance à s'expatrier, ne voulut point céder à l'Allemagne un homme de ce mérite. M. de Gérard, préteur royal à Strasbourg, obtint pour lui du Magistrat un supplément de traitement qui améliora quelque peu sa position, fort modeste au point de vue pécuniaire, et lui permit de rester. Koch marqua sa reconnaissance en dédiant à M. de Vergennes, alors ministre des affaires étrangères, ses *Tables généalogiques des maisons souveraines de l'Europe*, qui parurent en 1780.

Les années qui suivirent furent incontestablement les plus heureuses de la vie du professeur strasbourgeois. Il se vit successivement appelé à une place de professeur titulaire, nommé membre des Académies de Mannheim, de Besançon, de Stockholm, de Bruxelles, anobli par l'empereur Joseph II. Dans ses voyages fréquents à Paris, en Allemagne, en Suisse, aux Pays-Bas, princes et savants le fêtaient à l'envi ; les archives diplomatiques, si hermétiquement fermées alors, s'ouvraient à ses recherches ; les souverains et leurs ministres le consultaient volontiers sur des points épineux de droit public. Son grand ouvrage sur la *Pragmatique Sanction de 1439* (comme qui dirait le *Concordat* signé entre l'empereur Frédéric III et le Saint-Siège) lui valut — chose assurément flatteuse pour un hérétique ! — des lettres de félicitations flatteuses et de riches cadeaux des trois électeurs ecclésiastiques de Trèves, de Mayence et de Cologne. Les noms les plus illustres de la noblesse française et étrangère se retrouvaient sur la liste de ses auditeurs, où les La Trémouille, les Lévis, les Narbonne, les Ségur, les d'Argenson, les Contades et les Custine figuraient à côté des Cobenzl, des Tolstoï, des Galitzin, des Montgelas, des Oubril, etc.

La grande Révolution vint arracher Koch à

ses paisibles travaux de cabinet. On ne peut pas dire qu'il l'accueillit avec plaisir. Quand on passe sa vie à fouiller l'histoire, on n'aime pas précisément les bouleversements qui s'y produisent, sachant ce que coûtent à l'humanité les révolutions les plus utiles et les plus nécessaires. Koch avait d'ailleurs dépassé, depuis longtemps déjà, l'âge des illusions faciles et des espoirs enthousiastes. Il fut entraîné néanmoins dans le tourbillon des évènements et des idées nouvelles. Dans les derniers jours de 1789, nous le voyons arriver à Paris avec M. Sandherr, *stettmeister* de Colmar, pour y défendre les droits civils et religieux des protestants d'Alsace. Un décret de l'Assemblée nationale du 1er novembre 1789 avait mis tous les biens ecclésiastiques à la disposition de la nation, sauf à elle à pourvoir aux frais du culte. Mais un autre décret postérieur n'avait mis que l'entretien du culte catholique au rang des dépenses publiques. Les fondations protestantes et les biens d'église des luthériens d'Alsace allaient donc être confisqués, tout en laissant aux fidèles la charge écrasante de l'entretien de leurs églises et de leurs pasteurs. C'est aux efforts de Koch, à sa connaissance approfondie du droit public d'alors, à l'estime qu'inspiraient son caractère et son talent, qu'est dû le décret du 17 août 1790

qui sauvegardait, momentanément du moins,
les grandes institutions scolaires et scientifiques de Strasbourg, l'Université, le Gymnase, etc., contre toute destruction immédiate.
Koch n'était pas encore revenu de Paris que
ses concitoyens reconnaissants le nommaient
membre de l'administration du district, et
l'année suivante, le 29 août 1791, député du
Bas-Rhin à l'Assemblée législative. Le savant
strasbourgeois se trouva terriblement dépaysé
dans ce milieu agité en sens contraire par les
passions les plus violentes. Sincèrement attaché à la Constitution, royaliste libéral, il se
tenait à une égale distance des deux partis
qui luttaient pour la domination. Porté, bien
malgré lui, à la présidence du Comité diplomatique par ses collègues, il essaya, dans la
mesure de ses forces, de maintenir la paix
entre la France et les nations voisines. Ses
grands rapports de février et mars 1792 sur
les terres des princes étrangers possessionnés
en Alsace et sur les dangers d'une guerre immédiate contre l'Empire, modèles d'une discussion calme et lumineuse, furent fort applaudis, mais ne furent pas écoutés, et le
20 avril la Gironde réussissait à provoquer la
déclaration de guerre qui devait mettre l'Europe en feu pour près d'un quart de siècle.

Après la journée du 20 juin, Koch fut l'un

des principaux instigateurs de la déclaration des cinq mille électeurs strasbourgeois, protestant contre toute atteinte au pacte constitutionnel. Aussi, quand la révolution du 10 août eut mis fin à son mandat, il se vit attaqué par les Jacobins de Paris et de Strasbourg. Après un court séjour en Suisse, il fut incarcéré comme suspect, en septembre 1793, relâché bientôt, puis repris sur le réquisitoire d'Euloge Schneider, et détenu, comme tant d'autres Strasbourgeois marquants de l'époque, dans les murs du Grand-Séminaire. C'est après onze mois de captivité seulement que le représentant Foussedoire le rendit à la liberté. Un peu plus tard, le représentant Bailly le nommait administrateur du département du Bas-Rhin. Dans cette position nouvelle, Koch rendit de précieux services aux institutions strasbourgeoises. C'est lui surtout qui fit suspendre la vente déjà commencée des biens de nos hospices et qui empêcha l'aliénation des propriétés de l'Œuvre Notre-Dame. Mais il avait hâte de retourner à ses livres. Dès que des élections régulières furent possibles, il déposa son mandat, refusant une place de juge au tribunal de Strasbourg, pour terminer sa grande *Histoire des traités de paix de l'Europe*. Mais le savant modeste qui subvenait à son existence par ses cours privés (l'Université n'avait point repris l'enseignement interrompu en 1793) était trop en vue pour vivre désormais tranquille. Koch se vit donc mêlé, presque malgré lui, en 1798, aux conférences de Seltz et à celles de Rastatt.

Plus tard ce fut à lui que s'adressèrent les églises protestantes d'Alsace pour la rédaction d'un projet de loi qui fut mis à la base de la loi du 18 germinal an X, qui régit encore l'Eglise de la Confession d'Augsbourg dans notre province. Enfin, en 1802, le Sénat conservateur le nommait membre du Tribunat, ce troisième corps délibérant de l'Etat, imaginé par le premier consul. Il quitta sans aucun plaisir Strasbourg « pour un théâtre qui ne pouvait avoir aucun attrait » pour lui. Il utilisa son influence comme tribun pour obtenir le décret du 30 floréal XI, qui réorganisait l'ancienne Université comme Académie protestante, et pour faire créer ici une Ecole de droit. Il refusa tous les avantages personnels qu'on lui offrit lors de la suppression du Tribunat, même une place de secrétaire d'Etat dans un royaume voisin, disant qu'il fallait mettre un intervalle entre la vie et la mort. Mais ses concitoyens ne lui permirent pas encore de s'ensevelir entièrement dans la retraite. De 1808 à 1810 nous le voyons devenir successivement président de la Société des sciences et arts du Bas-Rhin, doyen de l'École de droit, membre de la Commission des hospices, membre du Directoire de l'Eglise de la Confession d'Augsbourg, recteur honoraire de la nouvelle Académie de Strasbourg. Tout en exerçant avec un zèle consciencieux ses fonctions multiples, il travaillait sans défaillance, malgré l'âge qui venait. Levé chaque jour à cinq heures, il passait sa matinée entière debout devant son pupitre, dînait frugalement, faisait une courte promenade, retournait au travail, ne soupait jamais et se couchait invariablement à dix heures. Grâce à ce régime sévère, il resta valide jusqu'à soixante-quinze ans, malgré sa santé délicate. Mais en 1812, pressé de terminer son grand ouvrage généalogique, il refusa de prendre ses vacances accoutumées à Schwalbach ou Rippoldsau; il en tomba malade. Les événements politiques augmentèrent son malaise. C'est en vain qu'il chercha quelque amélioration à son état à la Hub, en septembre 1813. Il revint, sentant sa fin prochaine, réunit ses amis à la campagne pour un dîner d'adieux, y présida calme et serein, et quelques jours après, le 25 octobre 1813, il fermait les yeux.

Koch n'avait jamais été marié; mais une sœur à laquelle il était tendrement attaché et qui lui survécut, dirigeait son ménage dans cette grande et tranquille maison du Finckwiller, entre quai et jardin, qui porte aujourd'hui le n° 10. C'est là que le prince de Metternich, le futur chancelier d'Autriche, passa ses années d'étudiant à Strasbourg ; c'est là, qu'après Koch, naquit et passa les premières années de sa vie, un individu qui ne peut contempler la façade de la maison sans sentir se réveiller en lui tout un monde de souvenirs. Vous avez deviné, mes amis, que c'est de moi qu'il s'agit.

— Parbleu, dit Z... d'un air terriblement ironique ; ce n'est pas ça qui la rendra plus célèbre !

— Je le sais bien, mon ami. Ça n'empêche pas les sentiments pourtant. Mais laissez-moi finir, en vous engageant à visiter quelque jour le beau monument érigé par ses collègues au savant historien dont je vous ai parlé ce soir. Vous admirerez le groupe pittoresque dû au ciseau d'Ohmacht, et qui vous est inconnu peut-être, si vous ne fréquentez pas assidûment nos églises. Entrez à Saint-Thomas ; à droite, en pénétrant par la place, vous verrez la statue de Strasbourg couronnant du chêne civique et du laurier l'image du défunt. Un gracieux génie pleure au pied du monument, et le tout se présente avec un cachet de distinction mélancolique qui m'a toujours frappé quand je reportais mes regards sur le catafalque massif et fastueux du maréchal de Saxe.

— Oui, le monument est beau, dit le notaire en se levant, mais je crois qu'il n'est pas trop beau pour l'éminent savant et le bon citoyen dont vous venez de nous esquisser l'histoire. Merci, et bonsoir, messieurs.

VI.

— Nous sommes restés la dernière fois, vous vous le rappelez sans doute, sur la rive gauche de l'Ill, dans les parages du quai Koch futur. Nous avons maintenant le choix entre des directions fort différentes pour continuer notre promenade. Repasserons-nous le pont Royal pour arriver au quai Dietrich? Obliquerons-nous vers la Place Impériale pour arriver au quai de Sturmeck, ou longerons-nous les rives de l'Aar pour gagner le *Schlessrain* et les nouvelles rues du Contades? Ou bien enfin passerons-nous le futur pont de l'Université, qu'on nous promet si grandiose, et suivrons-nous la berge de la rivière, pour la descendre jusque vers la porte de l'Ill, et prendre de là par les petites rues latérales jusqu'à l'allée de la Robertsau, qui nous ferait retomber sur le quartier de l'Université nouvelle ?

— J'avoue, dit Z..., que s'il faut absolument choisir, je préfère le dernier de ces chemins. Nous y rencontrerons moins de poussière, moins de moellons, et pendant que vous parlerez, je pourrai songer à mes poissons qui s'y promènent, eux aussi, mais d'une façon plus silencieuse.

— Sans compter, dit le notaire en riant avec bonhomie, que c'est le plus long, donc le vrai chemin des écoliers. Et Dieu sait que nous en sommes, et des ignorants encore. L'ami M.... se charge chaque soir de nous le prouver.

— Bon, bon, dis-je, mettons-nous en route sans autres compliments. Longez la berge en question, soit sur une rive, soit sur l'autre, comptez, à partir du pont Royal, un, deux, trois, quatre, cinq ponts, sur notre plan bien entendu ; vous serez arrivés alors aux confins extrêmes de la civilisation strasbourgeoise actuelle. De ce pont vous débouchez à droite — toujours sur votre plan — dans une rue nouvelle. Il paraît qu'il y a là des Robinsons aventureux qui ont osé s'établir dans ces lointaines solitudes, sans peur des nuits obscures, des fondrières et des pick-pockets, et la Ville a dû fournir à leurs demeures une dénomination officielle. De là le nom de rue Tauler.

— Quel était ce particulier ? fit Z.... du ton le plus maussade qu'on puisse imaginer, tandis qu'un sourire légèrement moqueur apparaissait sur les lèvres du docteur.

— Je suis là pour vous le dire, mon cher ami. Vous êtes excusable de n'avoir point encore fait sa connaissance, car il y aura tantôt six siècles qu'il a vu le jour, et d'ailleurs vous ne vous êtes jamais occupé de théologie, que je sache. Tauler était un pieux et célèbre prédicateur, un Strasbourgeois de vieille roche, un des religieux les plus dignes d'admiration du moyen âge, et je regrette de ne pouvoir vous en parler avec autant de détails que je le voudrais. Mais nous savons très peu de chose sur sa vie extérieure, et malgré les savants travaux de plusieurs de nos compatriotes, de M. le professeur Charles Schmidt surtout, que je vous nommais dernièrement déjà, et d'un de ses élèves, M. Auguste Jundt....

— Ah, oui, interrompit une voix dans l'auditoire, le jeune professeur du Gymnase ; c'est l'un des maîtres de mon petit-fils Gustave. On dit que c'est un garçon de beaucoup de mérite.

— Assurément, mais ne m'interrompez pas à chaque moment. Je vous disais donc que, malgré ces travaux, il reste de grandes lacunes à combler dans la vie du moine strasbourgeois et sans doute on ne les comblera jamais. Toutefois, comme vous ne me demandez pas en somme une conférence d'histoire, mais seulement quelques indications sommaires, vous ne m'en voudrez pas d'être bref.

— Bien au contraire, grommela Z... en rallumant pour la dixième fois sa pipe qui refusait décidément tout service ce soir.

— Vous saurez donc que Jean Tauler naquit à Strasbourg, de parents aisés, vers 1290. Il n'avait pas vingt ans quand il céda au penchant irrésistible qui l'entraînait vers la vie monastique et fit profession de noviciat dans l'ordre de saint Dominique ou des Frères prêcheurs, le plus important pour lors des ordres religieux établis à Strasbourg. Les hommes compétents — vous pensez bien que je n'ai là-dessus aucune opinion personnelle — pensent que ceci se passait en 1308. Le jeune moine alla passer quelque temps à Paris pour y étudier la scolastique, mais elle ne lui plut guère, car il reprochait plus tard aux docteurs de trop feuilleter leurs gros bouquins et de ne pas lire assez dans le grand livre de la nature. Il revint ensuite à Strasbourg, qui était alors un centre de vie religieuse très intense, tant au sein de l'Église même, et sur ses confins, si je puis m'exprimer ainsi, qu'en dehors d'elle, car de nombreuses hérésies y poussaient en secret des racines profondes. Tauler se fit bientôt connaître dans ce milieu pieux et mystique, profondément troublé par un concours de circonstances extérieures dont je vous parlerai tout à l'heure. La sévérité de ses mœurs, la franchise et l'onction de sa parole (car il prêchait en langue vulgaire, tandis que la plupart de ses confrères parlaient latin, ce que le grand public ne comprenait guère mieux alors que vous ne le comprendriez aujourd'hui) le firent bientôt goûter et admirer dans notre cité.

Ce milieu du XIVe siècle fut peut-être le moment le plus sombre du moyen âge. Le schisme était dans la chrétienté, la discorde régnait dans l'Empire, et Strasbourg en particulier, fidèle à la cause de l'empereur Louis de Bavière, excommunié par le Saint-Siège, gémit près de trente ans sous le poids de l'interdit pontifical. Le clergé régulier et séculier de la ville s'était divisé sur la question d'obédience. Les uns avaient quitté la ville, d'autres étaient restés, mais sans remplir leurs fonctions sacerdotales, d'autres encore disaient la messe et distribuaient les sacrements malgré les ordres du pape; mais bien des malheureux mouraient dans les angoisses, se croyant éternellement damnés et d'autant plus avides de secours religieux. A ces misères politiques et religieuses vint s'ajouter encore le terrible fléau de la *peste noire*. Chaque jour mouraient à Strasbourg cinquante à soixante personnes; les rares prêtres restants fuyaient pour n'avoir plus à paraître au chevet des mourants, les fossoyeurs se cachaient pour n'avoir plus de fosses à creuser. Dans ces funestes années de 1348 à 1349, qui virent et notre première révolution démocratique et l'horrible massacre des Juifs, Tauler devint pour ses concitoyens un ange secourable, tâchant de remonter les esprits abattus et de raffermir tous les courages. Avec deux de ses collègues de l'ordre des Frères prêcheurs, Thomas de Strasbourg et Ludolphe-le-Chartreux, il se dévoua pour donner des secours aux malades, aux mourants les sacrements qu'ils réclamaient. Il publia un appel à tous les prêtres pour les supplier de ne pas laisser périr tant d'âmes, uniquement pour obéir à l'interdit; il prêcha dans sa chaire la repentance et l'approche du jugement final, et produisit, à ce qu'on nous raconte, un effet prodigieux sur les masses, par son éloquence et par son dévouement au milieu du danger. Cela n'empêcha pas l'évêque Berthold de lancer les censures ecclésiastiques contre les trois amis, pour se conformer aux ordres du pape. Ils s'enfermèrent alors à la Chartreuse, hors la porte Blanche, et bientôt après, Tauler, protégé par le nouvel empereur Charles IV, quitta notre ville, où trop d'influences le jalousaient, pour continuer son œuvre chrétienne à Cologne. On ne le retrouve à Strasbourg qu'en 1361, peu de semaines avant sa mort, sans que nous sachions à quelle date il est revenu dans nos murs. C'est le 16 juin de cette année qu'il mourut au couvent de Saint-Nicolas-aux-Ondes, où sa sœur vivait comme recluse, depuis un demi-siècle déjà. Mais si la mort fit taire cette bouche éloquente, ses sermons et ses traités mystiques, copiés par ses nombreux disciples, circulèrent encore longtemps de main en main, faisant la joie et la consolation des âmes altérées de paix. Ils figurèrent parmi les premiers livres imprimés, et ont été mainte fois depuis reproduits par la typographie moderne.

Le grand orateur chrétien, le plus grand peut-être de tous les prédicateurs populaires du moyen âge, fut enterré dans l'église des Dominicains. Au XVIIIe siècle on retrouvait sa pierre tumulaire parmi les dalles de l'ancien préau couvert du Couvent, le *Colletin*....

— Ce bon *Colletin!* soupira le notaire; que de fois, il y a quarante ans, pendant que j'étais censé faire mon droit, ai-je bouquiné sous ses arceaux sombres, fouillant les trésors des caisses à deux sous du vieux père Piton! Qui maintenant, parmi les jeunes Strasbourgeois de vingt ans, sait encore ce que fut et où fut ce passage cher à nos premiers ans?

— C'est précisément pour la soustraire aux pieds irrespectueux des générations scolaires du temps jadis que la pierre tombale de Tauler fut placée en 1740 dans l'Auditoire. Quand on restaura le Temple-Neuf en 1824, la vieille dalle fut transportée dans la nef de l'église et fixée au mur. Là, de son œil de pierre immobile, l'orateur sacré a pu contempler des scènes plus terribles encore que celles de 1348. Il a pu voir s'effondrer sur lui les voûtes immenses de cette église, élevée du temps de son adolescence et dans laquelle il avait si souvent prêché la parole divine. Il a pu voir s'abîmer dans le chœur ces bibliothèques qu'on ne remplacera jamais et dont ses propres manuscrits formaient un des trésors les plus précieux. Il a pu croire que la dernière heure de sa patrie chérie avait bien réellement sonné et qu'il assistait, après sa mort, à cette fin du monde dont il retraçait un si effrayant tableau. Jeu bizarre du sort! De tant de monuments du passé, la pierre tumulaire du vieux Dominicain a seule survécu. Elle a surgi des décombres; effacée par le feu, rongée par la lente usure des siècles, elle orne aujourd'hui encore le nouveau, le vrai Temple-Neuf, celui que, par une attention flatteuse, nous appelons, nous autres *Steckelburger*, le temple de Salomon.

— Le frère de S. Dominique doit pourtant se sentir mal à l'aise dans un temple hérétique, dit en riant le docteur; il est vrai que, d'après notre ami M..., il sentait lui-même quelque peu le fagot.

— Non pas, répondis-je. Je ne pense pas avoir cédé à la tentation qu'éprouvent certains sectaires politiques ou religieux d'accaparer pour leur chapelle tous les ancêtres possibles, même les plus douteux. Tauler était assurément un pieux catholique; il fut toujours un fils docile et soumis à l'Église. Mais j'ai bien le droit de me réjouir de ce que cet homme, admiré par les grands docteurs du moyen âge, prôné par Luther, réédité à l'envi par les Jésuites et les théologiens de l'Allemagne protestante, ait été pénétré, plus que ses contemporains et beaucoup de ses successeurs, de l'esprit même du christianisme, de cet esprit d'amour pratique et de charité mutuelle auquel appartient l'avenir. Laissons donc ce moine dominicain dans le temple de la Réforme; loin de me choquer, il m'y apparait comme un heureux symbole de la grande idée de tolérance fraternelle qui finira pourtant quelque jour par avoir raison !

— Amen ! dit le docteur en prenant son chapeau, mais avec un accent nettement ironique, auquel il n'y avait point à se tromper. Excellent homme au fond, qui ne tuerait pas une mouche et qui évitera même de blesser un client, mais grand ami des théories darwiniennes, le docteur professe avec acharnement la théorie de la lutte pour l'existence et déclare que la fraternité des hommes consiste à s'entre-dévorer le plus possible, afin d'avoir chacun une plus large place au soleil.

— Ne chagrinez donc pas M... avec vos ricanements, cria vivement le notaire en se levant à son tour. Si vous ne croyez point à son idéal, au moins laissez-le lui rêver ! Et si vous riez seulement de ce que notre excellent *cicerone* a quelque peu prêché ce soir dans une taverne, n'oubliez pas, docteur, que vous nous y avez souvent déjà harangué d'un air au moins aussi sérieux. Seulement vous prêchiez pour une autre paroisse.

VII.

— Nous voici donc arrivés, Messieurs, dans l'allée de la Robertsau, dont tous les arbres aujourd'hui semblent ornés des couleurs de la ville, grâce aux lignes rouges et blanches qui, sur le tronc de chacun d'eux, marquent un signe funéraire. C'est en effet à cette profondeur qu'ils devaient être enterrés quelque jour. Mais on assure aujourd'hui qu'une administration clémente les laissera vivre *sur terre* et que les habitants des tours de Babel échafaudées le long de la route en seront quittes pour habiter dans les airs. Nous n'y avons point loué de logements, ni construit de villas; laissons-les se débrouiller avec l'autorité compétente, et poursuivons notre route. Parallèlement à la rue Tauler, mais plus près de la ville, nous rencontrons l'ancien *Ziegelofenweg* encore tout abasourdi de l'honneur qu'on lui a fait en lui accolant le nom de Schiller. Je n'ai pas besoin de vous expliquer, je pense, qui c'était, mon cher Z...

— Non pas, assurément, reprit Z... d'un ton aigre, mais vous feriez bien de m'expliquer, si vous en êtes capable, ce que vient faire le nom de Schiller parmi les rues de Strasbourg. Passe encore pour Gœthe, puisqu'il a vécu dans nos murs; mais....

— Pour dire vrai, je serais fort en peine de vous dire les motifs de cette décision particulière. Je les ignore. Je dirai seulement, puisque c'est mon opinion sincère, que je ne vois aucun mal à ce que le nom d'un des plus beaux génies du XVIIIe siècle orne l'une des rues du nouveau Strasbourg. J'admets toutes les antipathies, voire même toutes les rancunes ; mais j'estime que dans le domaine de l'esprit et de la poésie il faut fermer la porte aux préjugés mesquins. Quand les hommes arrivent à dépasser une certaine mesure, ils continuent, à coup sûr, d'honorer la nation qui les a vus naître, mais ils appartiennent au monde entier.

— Voyons, père Z..., dit le docteur en souriant, si vous n'aimez pas le poète de *Guillaume Tell*, vous ne repousserez pas l'auteur des *Brigands*, l'admirateur fervent de Rousseau, nommé citoyen français par la Convention Nationale.

— Pour ma part, dit le notaire d'un ton plus sérieux, je m'explique cette dénomination d'une façon très simple. L'administration veut créer là-bas, dans les bosquets de verdure, le long de la rivière, un « quartier des poètes ». Elle a commencé — les circonstances l'expliquent — par un des grands poètes de l'Allemagne. A la rue Schiller nous verrons succéder, j'en suis sûr, une rue Molière, une rue Shakespeare, une rue du Dante, que sais-je encore ? Tout le monde alors sera content.

— Messieurs, si vous le voulez bien, nous reprendrons notre promenade, m'empressai-je de dire à mon tour, afin de mettre fin à une discussion qui menaçait de dégénérer en querelle. En effet, le père Z... ouvrait la bouche pour répondre et quelques autres piliers de notre innocent club quotidien l'encourageaient de la voix et du geste. Evidemment je n'avais pas converti tout le monde. Aussi je me hâtai d'ajouter en montrant ma carte : Toujours plus près de la ville, nous rencontrons encore la troisième des rues situées entre la rivière et l'allée de la Robertsau. On lui a donné le nom du célèbre prédicateur Geiler de Kaysersberg.

— Bon, encore un théologien, fit Z... avec un accent d'humeur concentrée.

— Eh oui, mon ami, c'est comme cela. Puisque vous lisez tous les soirs votre *Courrier du Bas-Rhin*, vous n'êtes pas sans savoir que la théologie fait encore quelque bruit parmi nous. Les questions ecclésiastiques et religieuses amènent parfois des frottements assez considérables entre les puissances de ce monde et au sein des nations pour que même un incrédule comme vous puisse être tenté d'y consacrer un quart d'heure. D'ailleurs, soyez tranquille! Je ne pense pas que vous rencontriez jamais au coin de nos rues — sur nos plaques s'entend — de ces théologiens rageurs et hargneux qui ne se sentent vivre qu'au milieu de la lutte et qui, sous la robe et la soutane, n'ont pas peu contribué depuis des siècles à faire médire de tout ce qui porte l'étiquette religieuse. Les hommes d'Église que nous rencontrerons, et nous en trouverons encore en effet quelques-uns sur notre route, ne sont pas faits pour exciter vos sarcasmes anticléricaux. Laissez-moi donc vous dire qui fut Geiler, ou, si cela ne vous intéresse pas, laissez moi du moins le dire à ces messieurs.

— Parlez, parlez! crièrent mes voisins, comme le chœur dans une tragédie antique.

— Messieurs, dis je, c'est chose assez difficile de parler ainsi, à quelques heures de distance, de deux hommes dont la carrière extérieure eut autant d'analogie que celle de Tauler et de Geiler de Kaysersberg. Vous voudrez donc m'excuser si je me répète un peu sans le vouloir. Ce n'est pas moi qui ai placé ces deux rues si près l'une de l'autre.

— Pardon de vous interrompre, dit le docteur; mais j'ai entendu dire que c'est par une attention délicate que la Commission a donné le nom de *rue Geiler* à celle-ci, parce que M. l'entrepreneur Dacheux y bâtit la plupart des maisons, et que son frère, M. l'abbé Dacheux, curé du Neudorf, a récemment écrit la vie de Geiler, la meilleure que nous possédions aujourd'hui.

— Hommage mérité, s'il en fut, étant admis que l'anecdote soit véridique. En tout cas c'est au livre de M. Dacheux que je dois les renseignements biographiques que je puis vous donner. Son volume est très gros, mais n'ayez pas peur, je vais le résumer en quelques phrases.

— Comme le canard automate de Vaucanson, murmura Z..., mais si bas que je pus faire semblant de ne pas entendre.

— Jean Geiler naquit le 16 mars 1445 à Schaffhouse, où son père, d'origine alsacienne, était alors secrétaire municipal. Mais bientôt après la naissance de l'enfant ses parents quittèrent le territoire autrichien pour retourner en Alsace, dans la petite ville d'Ammerschwir, où le père de Geiler s'établit comme notaire. Il n'y resta pas longtemps; une ourse, descendue des forêts vosgiennes, vint ravager les vignobles de la commune. On s'arma pour la combattre, et le trop valeureux notaire, ayant imprudemment approché la bête fauve, celle-ci le blessa mortellement d'un coup de ses griffes. Le petit Jean fut alors recueilli par son grand-père qui habitait la ville libre impériale de Kaysersberg, et c'est de là que vient le nom désormais attaché dans l'histoire à celui du célèbre prédicateur de la cathédrale. En 1460 l'adolescent devint étudiant à l'Université de Fribourg en Brisgau et s'y distingua par son aptitude aux sciences, mais aussi, paraîtrait-il, par sa désobéissance aux règlements académiques. Le futur orateur sacré, si rigide plus tard pour les travers d'autrui, dût être admonesté par le Sénat pour le luxe de costumes qu'il déployait alors. Que ce péché lui soit pardonné ! Il n'avait que quinze ans, et d'autres, à sa place, auraient fait infiniment pis encore. Ayant terminé ses études en 1464, Geiler resta cependant à Fribourg, pour y enseigner à son tour. Le jeune *privatdocent* ou agrégé ne manqua pas de succès, malgré ses dix-neuf ans à peine révolus ; mais bientôt Aristote et la scolastique de son temps lui parurent sans doute matières trop arides et trop mondaines, car nous le voyons arriver à Bâle, en 1469, pour y étudier la théologie. Il se lia dans cette ville avec notre concitoyen Sébastien Brant, que nous allons retrouver tantôt.

— Encore un théologien ? demanda Z... d'un air désespéré.

— Non, rassurez-vous, mon ami. Brant est tout ce qu'il y avait de plus laïque au monde, et, de plus, un fameux crayon pour croquer les originaux de son temps. Quel dommage que vous ne l'ayez pas connu!... Je disais donc que Geiler resta quelque temps à Bâle, y entra dans les ordres et fut rappelé, sur le vœu des étudiants, à Fribourg, comme professeur titulaire à l'Université des archiducs d'Autriche, en 1476. Un jour qu'il prêchait aux eaux de Bade, alors déjà célèbres, des baigneurs de Wurzbourg l'entendirent. Emerveillés de son éloquence, ils la dépeignirent chez eux avec de si vives couleurs que le magistrat de Wurzbourg envoya des délégués chez Geiler pour lui proposer une place de prédicateur dans la capitale de la Franconie. Il avait à peu près accepté déjà quand un évènement inattendu renversa ses projets. Il passait par Strasbourg pour aller chercher sa bibliothèque restée à Bâle. Il y prêcha. Quelques dames de la haute bourgeoisie de notre ville, ayant suivi sa prédication, en parlèrent avec tant de feu chez elles, que l'un des maris de ces dames, l'ammeister Pierre Schott, résolut de tout faire pour conserver un homme aussi éminent à l'Alsace. Geiler vit le doigt de Dieu dans cet appel inattendu ; après plusieurs ambassades solennelles entre Strasbourg et Wurzbourg, les engagements primitifs furent rompus et le 7 juillet 1478, le célèbre moraliste était définitivement installé comme prébendaire du grand-chœur et comme prédicateur à la Cathédrale de Strasbourg.

Geiler avait accepté ces fonctions difficiles dans l'espoir de pouvoir travailler énergiquement à la réforme des mœurs de ses concitoyens, tant ecclésiastiques que laïques. Le joyeux étudiant de Fribourg, devenu l'ascète rigide que nous allons voir, avait là une tâche effrayante à remplir. La fin du XVe siècle est connue comme l'époque la plus dévergondée peut-être du moyen âge, et l'Eglise, loin de réfréner ces habitudes dissolues, en prenait sa bonne part. Sous les voûtes mêmes de cette cathédrale, où Geiler allait prêcher, se célébraient des saturnales inouïes.

— Eh oui, cria le docteur, quand les cléricaux d'aujourd'hui nous reprochent avec tant d'amertume les fêtes de la déesse Raison, célébrées dans leurs églises pendant l'époque révolutionnaire, on n'a qu'à les renvoyer à ces fêtes de Sainte-Catherine et autres, décrites par Geiler ou Materne Berler, cet autre prêtre contemporain. La décence m'empêche de les citer ici, mais on peut dire que les fêtes de la Terreur étaient l'innocence même en comparaison des orgies célébrées alors dans les édifices sacrés avec la connivence au moins tacite de l'Eglise !

— Laissons les cléricaux, cher docteur;

nous faisons ici de l'histoire. Le temps des élections approche. Vous ferez alors de la propagande tout votre soûl. Aidé par les meilleurs parmi les magistrats de la cité, Geiler se mit à combattre ces coupables excès, à prêcher la réforme des mœurs et la répression de tous les appétits brutaux qui se faisaient jour à cette époque. La réforme des couvents fut également entreprise par lui, et, si l'on en croit la dixième partie seulement de ce qu'il en raconte, elle était extrêmement nécessaire. En même temps il luttait dans une direction contraire, contre tout ce qu'il appelait les empiètements du pouvoir civil. Il le menace du courroux divin lorsqu'il s'avise de rogner les émoluments du clergé ; lorsqu'il essaie d'empêcher les captations d'héritage, alors si fréquentes, en limitant la dot de ceux qui embrassent l'état monastique ; lorsqu'il refuse à l'Église ce droit d'asile qu'elle accordait souvent aux pires scélérats ; lorsqu'il demande que les ecclésiastiques et religieux, devenus citoyens comme les autres, payent comme eux leur juste part dans les charges de l'Etat. Vous le voyez, messieurs, rien n'est plus faux que de regarder Geiler, ainsi qu'on l'a fait si souvent, comme un précurseur de la Réforme, comme un adversaire déterminé de la hiérarchie ecclésiastique. Ça été là l'une des grandes erreurs de la plupart des écrivains protestants qui se sont occupés du grand prédicateur, et l'un des côtés les plus originaux du travail de M. l'abbé Dacheux a été précisément de nous montrer dans Geiler un des champions les plus décidés du monachisme et de la domination la plus absolue de l'Eglise. Ce n'est pas une *réformation*, c'est une *restauration* du passé qu'il désire. Seulement, en travaillant pour la suprématie de l'Eglise, il la voulait pure de toute tache. Il n'admettait pas que le bras séculier se mêlât de ses affaires, mais il demandait que l'Eglise elle-même exerçât une police rigoureuse sur ses représentants et ses ouailles. Pendant trente ans il a lutté dans ce but, nullement secondé par ses supérieurs, attaqué par beaucoup de ses collègues, applaudi par la foule, qui retournait pourtant à ses plaisirs, après les lui avoir entendu condamner avec tant d'éloquence. Aussi quoi d'étonnant si, « prédicateur dans le désert », il a songé parfois à quitter le champ de bataille, à se retirer dans un cloître, en attendant les catastrophes qu'il a plus d'une fois annoncées aux fidèles ? Quand il mourut, le 10 mars 1510, on l'enterra dans la nef de la Cathédrale, au pied même de cette magnifique chaire, sculptée pour lui par Jean Hamerer et que nous y admirons encore aujourd'hui. Un immense concours de peuple assista, pieusement recueilli, aux obsèques de l'homme excellent et charitable, de l'orateur incisif et spirituel, du moraliste souvent amer, du peintre toujours véridique des vices et des travers de son temps. Geiler n'a jamais publié lui-même aucun de ses nombreux écrits ; mais au pied de sa chaire, des sténographes bénévoles notaient le contenu de ses sermons, pour les publier plus tard, non sans y joindre parfois des enjolivements d'un goût douteux. C'est ainsi que se sont formés tous ces recueils de sermons aux titres bizarres, la *Christenlich Bilgerschaft*, la *Geistlich Spinnerin*, le *Haas im Pfeffer*, le *Schiff des Nails*, l'*Aemeis*, le *Hellisch Loew*, l'*Irrig Schaaf*, etc., illustrés par les premiers artistes du temps de gravures sur bois splendides, et qui ont paru, soit du vivant même de l'auteur, soit bientôt après sa mort, tant chez les imprimeurs d'Augsbourg que chez ceux de notre ville. C'est une mine féconde en renseignements curieux sur les mœurs et les idées de l'époque. Certains de nos érudits alsaciens, parmi lesquels il faut citer M. Auguste Stœber en première ligne, ont montré tout ce qu'on en peut tirer pour la connaissance des habitudes, des superstitions, de la langue du XVe et du XVIe siècle. A côté de beaucoup d'hu-

mour, d'une éloquence sévère, on y trouve aussi bien des grossièretés vulgaires, des obscénités même qu'on est tout stupéfait d'entendre tomber d'une chaire chrétienne. Que voulez-vous ? C'était l'esprit du temps et personne n'y voyait de mal. Nous ne supporterions pas non plus de nos jours des allégories ridicules comme celle où Geiler parle « du pain d'épice Jésus-Christ, formé par la combinaison de l'éternelle fécule de la divinité, de la vieille farine de la chair et de la nouvelle farine des âmes, sorties de la bouche du meunier éternel, de Dieu le père tout-puissant. »

— Vous auriez bien dû nous citer encore quelques-uns de ces passages auxquels vous faisiez allusion tout à l'heure, dit le docteur avec un sourire rabelaisien. Nous restons trop dans les généralités.

— Cela n'est guère possible, docteur, nous ne parlons pas ici latin. Néanmoins, pour vous faire plaisir et vous montrer que Geiler a des plats pour tous les goûts et des leçons pour tous les travers, je veux bien détacher à votre usage un passage de l'orateur sacré. Je vous le sers dans l'original ; vous le comprendrez sans peine. « *Einmal essen ist gœttlich ; wer zwiret ist, der ist ein Mensch. Wer dreimal isset, der ist ein vich ; wer viermal isset, der ist ein lüffel, und wer fünfmal isset, der ist des lüffels muter genannt.* » Êtes-vous satisfait ?

Le docteur ne répondit pas ; mais les autres habitués éclatèrent de rire, car la gourmandise était le péché mignon bien connu du digne enfant d'Esculape, et nous nous séparâmes plus gaiement que la veille.

VIII.

— Si nous descendions maintenant l'allée de la Robertsau jusque dans les parages de la défunte porte des Pêcheurs, nous débouchérions en droite ligne sur la place Brant. Mais en nous dirigeant de ce côté-là, nous ferions peut-être peur à notre excellent ami Z..., qui s'impatienterait en voyant arriver à la queue-leu-leu tant de gens du XVe et du XVIe siècle. Pour ménager ses susceptibilités, je vous proposerai, messieurs, de faire un petit détour pour nous rendre sur ladite place, à laquelle il devra se résigner d'aboutir, d'une manière ou de l'autre. Si vous le voulez bien, nous prendrons donc à travers champs, à la droite de l'allée de la Robertsau, pour rejoindre par cette ligne purement idéale la rue Schweighæuser. Cette nouvelle artère forme, vous le voyez, un angle aigu avec la grande voie de communication qui conduit aux quartiers Bleu, Blanc, Rouge et autres, disséminés au nord-est de Strasbourg. Elle rappelle à la mémoire des contemporains et des générations futures toute une série d'hommes connus de notre ville, à des titres divers, et qui y ont vécu dans le cours du dernier siècle et dans le nôtre, sans cependant appartenir tous à la même famille. Le plus ancien en date est le notaire royal Joseph Schweighæuser, auteur d'une *Description de la Cathédrale* et de nombreux travaux manuscrits sur l'histoire de l'Alsace catholique, qui presque tous ont péri dans l'incendie de nos bibliothèques. Un peu plus tard vint Jean Schweighæuser, le philologue, dont nous reparlerons tout à l'heure. Son fils, Jean-Geoffroi Schweighæuser, est l'archéologue bien connu qui décrivit le mur païen de Sainte-Odile et publia, de concert avec Golbéry, les *Antiquités de l'Alsace*, ces deux beaux volumes in-folio qui ne devraient manquer dans aucune collection d'alsatiques et qui manquent encore, hélas! à la mienne. C'était un de leurs parents aussi que le bibliothécaire et l'archiviste de la Ville, Alfred Schweighæuser, démissionnaire en 1866 et mort récemment à Paris.

— N'allez pas oublier au moins le père Schweighæuser, interrompit mon voisin de gauche, jeune blanc-bec qui comptait à peine quarante printemps, ce bon professeur du Gymnase, mort en 1868, qui, pendant plus de quarante ans, a vu passer entre ses mains des milliers de jeunes Strasbourgeois, et qui, bien qu'il nous rudoyât fameusement parfois quand il se mettait en colère, savait pourtant se faire adorer de la plupart de ses élèves.

— J'en oublie d'autres encore, je le sais; je ne puis nommer ici tout le monde. Il importe peu d'ailleurs, car l'homme dont on a voulu donner le nom à la rue dont nous parlons, c'est Jean Schweighæuser, l'un des plus illustres philologues d'un siècle passablement riche cependant en illustrations de cette catégorie. Ce fut un savant, « rien qu'un savant », comme disait un jour devant moi un traîneur de sabre qui se croyait un héros. Aussi son souvenir n'est-il guère resté vivant dans la mémoire de ses concitoyens. Et cependant quelle existence digne et bien remplie que la sienne ! Il y a peu d'hommes qui puissent se vanter d'avoir porté plus loin que lui, dans les sphères scientifiques, la réputation de notre chère cité. Jean Schweighæuser est né le 26 juin 1742 à Strasbourg, où son père était pasteur à l'église Saint-Thomas. C'est à l'ombre de cette vieille collégiale que grandit le futur érudit.

— On pourrait faire un joli travail, dit le notaire, sur les hommes célèbres nés dans un presbytère de ville ou de campagne. Voyez seulement pour l'Alsace les Adolphe Würtz, les Guillaume Schimper, les Emile Kopp, les Timothée Rœhrich et tant d'autres qu'il serait facile de citer. En France vous auriez les Colani, les Coquerel, les Réville, etc. En Allemagne les savants, les poètes, les artistes, les hommes de guerre sortis d'une maison curiale ne se comptent plus depuis et même avant Lessing. Il en est de même en Angleterre, où cela s'étend aux femmes elles-mêmes, témoin George Eliot, l'auteur du *Moulin sur la Floss*, et Charlotte Bronte, l'auteur de *Jane Eyre*. Mais une pareille énumération nous entrainerait bien loin des nouvelles rues de Strasbourg. Mille pardons, mon cher M..., de vous avoir interrompu.

— Jean Schweighæuser avait été destiné par son père à la carrière pastorale. Aussi, quand il devint étudiant à treize ans — je dis bien *treize* ans! — il suivit d'abord les cours de théologie. Mais sa timidité naturelle l'empêcha de se produire en chaire, et ce motif purement extérieur, se joignant peut-être à un manque de vocation plus sérieux, tourna bientôt son attention vers d'autres études. Il se mit aux sciences, à la botanique surtout.

Quelques-uns des portefeuilles remplis par lui dans ses herborisations assidues existent peut-être encore aujourd'hui, car son herbier considérable, cédé plus tard au professeur Hermann, passa, avec tout le riche cabinet de ce dernier, au Musée d'histoire naturelle de notre ville. Après avoir été longtemps retenu au domicile paternel par de pieux scrupules — il ne voulait point y laisser seul un père octogénaire — il put enfin quitter Strasbourg, en 1767, pour son tour d'Europe, mais seulement après avoir publié son premier travail plus considérable, une étude sur le *Système moral de l'univers*. Schweighæuser passa tout d'abord dix mois à Paris, où il étudia les langues orientales sous la direction du célèbre 'e Guignes. Puis il se rendit à Gœttingue pour y poursuivre ses études philologiques. Il séjourna successivement à Halle, Leipzig, Berlin, Hambourg et fit dans ces différentes villes la connaissance de Rabener, de Gellert, du célèbre pédagogue Basedow, du philosophe juif Mendelssohn et surtout de Lessing. Après avoir encore visité Londres, Oxford et sa riche collection de manuscrits orientaux, Schweighæuser revint à Strasbourg par les Pays-Bas, préparé par ces années de voyage à la carrière académique dans laquelle il allait entrer. En effet, la chaire de métaphysique étant devenue vacante à notre Université, il y fut appelé en 1770, comme professeur adjoint ou extraordinaire. Pendant plus de sept ans il enseigna, non sans succès, les différentes branches de la philosophie, et fit de la philosophie pratique — et de la meilleure — en se créant un foyer domestique par son mariage avec Mlle Salomé Hæring, la fille d'un notaire de notre ville. En 1778 Schweighæuser changea de chaire et d'enseignement. A cette date, le professeur de grec et d'hébreu étant venu à mourir, le philosophe devint officiellement philologue et le resta pendant un demi-siècle entier. Il s'était occupé jadis, ainsi que je vous l'ai dit, plus particulièrement des langues orientales. Mais l'amitié qui le liait à son compatriote, au commissaire des guerres Richard Brunck, l'illustre helléniste, l'entraîna vers l'étude spéciale de la littérature grecque, qui devint bientôt son occupation favorite. Il débuta par quelques éditions *classiques* à l'usage des élèves du Gymnase, mais son premier travail d'érudition fut une remarquable édition de *l'Histoire Romaine d'Appien*, dont il avait pu faire collationner les rares manuscrits en Italie, grâce à l'entremise de M. de Vergennes, ministre des affaires étrangères, et du cardinal de Bernis. Les trois volumes d'Appien parurent en 1785. Encouragé par les suffrages unanimes des hommes les plus compétents d'alors, Schweighæuser se mit immédiatement à la révision du texte de Polybe, le plus remarquable des historiens grecs de l'antiquité tout entière. Cette édition nouvelle lui coûta six années de sa vie. Elle parut en neuf gros volumes, texte, commentaires et lexique, de 1789 à 1795.

— Il faut dire que c'était un fameux type de savant, dit en riant le docteur, pour être capable de publier neuf volumes de grec entre la prise de la Bastille et la journée du 13 vendémiaire !

— Attendez seulement, pour juger tout le mérite du travail, que je vous aie dit les circonstances néfastes au milieu desquelles il fut continué et mené à bonne fin par l'auteur. Savant de cabinet, homme d'étude et non d'action, Schweighæuser n'était aucunement hostile aux idées nouvelles, sous leur forme modérée. Tout en continuant ses leçons et en éditant ses textes anciens, il avait accepté, du suffrage de ses concitoyens, de modestes fonctions municipales. Son fils Geoffroi fut un des premiers inscrits dans le bataillon de nos volontaires quand la patrie fut déclarée en danger. Sa grande renommée scientifique seule aurait dû le protéger. Mais de pareilles considérations n'étaient pas pour retenir le zèle des terroristes vainqueurs, à un moment où la tête des Bailly et des Lavoisier tombait sur l'échafaud. Après la victoire des Jacobins, Schweighæuser, lui aussi, fut arrêté, interné pendant plusieurs semaines au Séminaire, puis exilé comme suspect à vingt lieues de la frontière. Il se retira avec les siens à Baccarat en Lorraine, emportant le manuscrit de son Polybe, pour y trouver des consolations à toutes ses infortunes. Dans ce village obscur il continua ses études avec le calme de l'homme juste dont parle Horace. Cette insouciance même du danger manqua lui devenir fatale. Il expédiait chaque semaine les feuilles prêtes pour l'impression à son éditeur de Leipzig, comme si l'Europe entière, coalisée contre nous, n'eut pas menacé nos frontières. Un bon *patriote* de Baccarat prit ces pages, couvertes de caractères inconnus, pour les dépêches chiffrées d'un espion trahissant la patrie. Dénoncé aux proconsuls de la Convention, Schweighæuser allait être traîné devant le tribunal révolutionnaire du département — et l'on sait ce que cela signifiait alors — quand un heureux hasard lui amena des lettres de quelques membres influents et savants de l'Assemblée souveraine, qui le remerciaient de l'envoi d'un volume récemment paru de Polybe. Je ne sais si le dénonciateur apprécia mieux désormais la science de l'inculpé, mais du moins le civisme de notre concitoyen ne lui parut plus suspect.

Quand Schweighæuser revint à Strasbourg, l'Université avait sombré, comme tant d'autres institutions séculaires de notre ville, dans la grande tourmente révolutionnaire. Le gouvernement le nomma professeur à l'Ecole centrale du Bas-Rhin. Il continua d'y professer le grec et d'éditer ses auteurs favoris. Les événements politiques ramenaient alors tout naturellement les esprits sérieux vers l'étude de la philosophie. Ce fut aux *Monuments de la philosophie d'Epictète* que Schweighæuser consacra les années suivantes. De 1799 à 1800 il les fit paraître en cinq volumes. Puis il aborda courageusement un autre texte philosophique, un des plus difficiles à interpréter de toute la littérature hellénique, que ni vous ni moi n'avons jamais vu, ni même entrevu au collège, un des plus mal édités jusqu'alors, le *Banquet des Sophistes* d'Athénée. De 1801 à 1807 il en publia cinq volumes de texte et neuf volumes de commentaires. Pour se délasser du grec, il se mit alors un moment au latin.

— Singulier délassement, grommela Z....

— En 1809 il publiait en deux volumes les *Epîtres morales* de Sénèque. A ce moment

Napoléon réorganisait l'instruction supérieure, en la centralisant dans l'Université de France. Schweighæuser fut nommé professeur et doyen de la nouvelle Faculté des lettres de Strasbourg. Il avait alors plus de soixante ans. Un autre se serait reposé désormais et, certes, il en avait le droit. Mais notre concitoyen, mettant à profit l'expérience acquise par la publication de tant de volumes de philologie critique, ne craignit pas d'aborder un dernier grand travail, le plus connu de tous, sa magnifique édition d'Hérodote. De 1816 à 1824 le texte et les savants commentaires du « père des historiens grecs » parurent en huit volumes avec un lexique spécial.

Si, dès avant cette dernière date, Schweighæuser avait dû déposer la plume et cesser ses travaux personnels, c'est qu'il y fut absolument forcé par le délabrement de sa santé. Depuis longtemps sa vue baissait ; fatigués par le déchiffrement de tant de manuscrits, ses yeux refusèrent enfin tout service. Il ne pouvait se résigner cependant au repos. On le voyait encore se rendre à tâtons à l'Académie, vieillard plus qu'octogénaire, afin d'y faire expliquer à ses élèves ses chers auteurs grecs dont lui-même ne pouvait plus relire les paroles. En 1823 on le décidait enfin à donner sa démission de professeur à l'Académie et au Séminaire protestant, pour se préparer à l'heure dernière dans une paisible retraite. Il n'y resta point oisif cependant. Les yeux de Sophie, sa fille bien-aimée, son Antigone, comme il se plaisait à l'appeler lui-même, suppléaient aux siens. Il demeurait à quatre-vingt-huit ans en possession de toutes ses facultés intellectuelles et les exerçait sans cesse, quand la mort vint le frapper dans les bras de sa fille, le 19 janvier 1830.

Nature calme et pondérée, trouvant une récompense suffisante à ses travaux dans l'étude scientifique elle même et le sentiment du devoir accompli, Schweighæuser ne brigua jamais les honneurs et les distinctions extérieures. Il était associé libre de l'Institut de France depuis sa réorganisation par le premier Consul, mais il avait quatre-vingt-deux ans quand le gouvernement crut le moment venu d'accorder la croix de la Légion d'honneur au doyen des hellénistes d'Europe. Encore aujourd'hui Schweighæuser est plus connu en Allemagne, en Angleterre, aux Pays-Bas, que dans sa patrie et dans sa ville natale. Combien de nos contemporains ont entendu prononcer son nom, et cependant, dans la carrière qu'il avait choisie, c'est, avec Brunck, le nom le plus illustre que Strasbourg ait produit. Il faut que la science soit une bien belle chose — quoique nous n'y comprenions pas grand'chose, nous autres — pour qu'on y consacre tant de temps et de labeurs, tout en sachant d'avance qu'elle ne vous vaudra ni fortune, ni honneurs....

— Elle vous vaudra peut-être une rue après votre mort, fit le docteur avec une inflexion de voix moqueuse, si vous continuez à déployer une aussi colossale érudition, mon cher M.... J'aurai bien du plaisir à lire quelque jour — je ne suis pas pressé — votre honnête nom patronymique sur un des carrés de fer-blanc du nouveau Strasbourg.

IX.

— Aujourd'hui, messieurs, dis-je en m'installant à la grande table ronde qui nous sert depuis vingt ans de point de ralliement et de champ de bataille, aujourd'hui nous retournons au XVe siècle. De la rue Schweighæuser nous allons déboucher sur la place Brant. Est-ce dans une intention malicieuse que la municipalité vient de choisir le nom du poète de la *Nef des Fous* pour l'une des plus grandes places du nouveau Strasbourg? Voulait-elle le mettre à l'aise dans ce vaste carrefour avec son long cortège de fous encapuchonnés, aux gambades grotesques, aux grelots retentissants? Je ne sais.

— Cette fois-ci vous cherchez, je crois, midi à quatorze heures, dit le notaire en riant. On a tout simplement fait à Brant l'honneur d'une place, parce qu'on pouvait difficilement le caser dans une rue. Songez donc aux confusions fâcheuses qu'aurait fait naître sans cesse la *Brantstrasse* moderne avec la vieille *Brandgasse*, dont le nom rappelle de si lugubres souvenirs.

— Surtout, ajouta Z... d'un air grognon, parce que les Strasbourgeois n'auraient pas dit *Brantstrasse* en parlant de la rue nouvelle. Ils ne s'habitueront jamais à employer le mot *strasse* pour celui de *gasse* quand ils parleront des rues de leur ville natale. C'est une illusion qu'on fera bien de perdre au plus vite. Ils ne font d'ailleurs qu'observer le génie de la langue allemande en agissant ainsi, et s'ils disent *d'Langstross* ou *d'Steinstross*, c'est qu'avant d'être des rues de notre cité, ces artères de communication ont été, pendant des siècles, des grandes routes en dehors de l'enceinte de la ville.

— Ce que vous dites est fort juste, mon cher voisin ; mais si nous nous mettons à faire ainsi l'école buissonnière dès le début, jamais nous ne ferons le tour de ces nouveaux quartiers. Permettez donc que je reprenne la parole.... et que je la garde, même si je devais vous paraître un peu long ce soir. Ce n'est pas en effet d'un homme à face unique que je dois vous entretenir, mais d'un concitoyen qui fut à la fois jurisconsulte et poète, polygraphe et théologien, annaliste, diplomate et que sais-je encore? Sans entrer dans les arcanes de l'érudition, pour lesquelles je professe une sainte horreur, on peut dire beaucoup sur son compte, tout en restant incomplet.

Sébastien Brant est né dans nos murs en 1457. Son père, Thiébault Brant, appartenait à l'honorable tribu des aubergistes et possédait dans la rue d'Or la taverne bien achalandée du *Lion-d'Or*. Brant avait à peine dix ans quand son père mourut. Il paraît avoir fréquenté l'école latine de Bade, et partit à dixhuit ans pour l'Université de Bâle. Il s'y lia avec Geiler de Kaysersberg et le célèbre humaniste Reuchlin, étudiant de concert avec eux les littératures classiques et se livrant dès lors lui-même à la culture du vers latin, tout en restant infiniment orthodoxe dans le choix des sujets traités. Il était alors déjà si convaincu de la corruption de notre pauvre espèce qu'il en devint mélancolique et morose, et peu s'en fallut que le futur satirique ne s'enfermât à vingt ans dans la Chartreuse de Bâle. Heureusement que l'étude du droit le détourna pour un temps de ces idées lugubres. Contrairement à l'opinion de beaucoup de gens de son époque — et même de la nôtre — l'office d'avocat plaidant et consultant, lui paraissait avoir été institué par Dieu même. Il l'a dit quelque part : « Le Père céleste en personne a sanctifié l'usage de plaider, dès le paradis, puisque Adam s'y défendit auprès du Créateur de lui avoir désobéi. » En 1489 Brant subit avec succès les épreuves du doctorat, et se mit immédiatement à faire à son tour des cours de droit et de littérature, deux sciences qui de nos jours marchent rarement de front. Avant même de devenir ainsi *privat-docent* à l'Université de Bâle, il avait entremêlé ses études d'occupations moins austères. Dès 1485 il avait épousé Elisabeth Burg, la fille d'un coutelier de Bâle, et de ce mariage lui naquirent, plus vite peut-être qu'il n'eût voulu, sept enfants, filles et garçons. Pour les faire vivre, les honoraires des étudiants ne suffisaient pas. Les vers latins étaient admirés, mais ne se payaient guère. Brant fit donc comme tant d'autres savants illustres du XVe et du XVIe siècle : il devint correcteur d'imprimerie. C'est ainsi qu'il revit les épreuves d'un des ouvrages les plus considérables, par ses dimensions, qui ait paru alors, les six volumes in-folio de la Bible avec les commentaires de Nicolas de

Lyre. Ce n'était pas toujours récréatif, mais il fallait bien faire bouillir la marmite. Il se consolait de tout le temps perdu pour les Muses, en caressant l'espoir de faire de son fils aîné à la fois un savant et un rentier. Il l'avait affublé du prénom bizarre d'Onuphrius, et dès l'âge de six ans il le fit inscrire dans la matricule de l'Université de Bâle. Ce devait être un drôle d'étudiant.

— Il en profita plus peut-être, interrompit Z..., que maint blanc-bec, beau fils ou petit-crevé, qu'on immatricule de nos jours à vingt ans et qui ne suit d'autres cours que les représentations du Casino.

— Vous n'y avez donc jamais mis le pied, censeur rigide de la jeunesse? riposta le docteur. Il me semble pourtant qu'après les débats solennels du *Landesauschuss*, l'année dernière, il n'est pas permis d'être plus austère que les « pères de la patrie ».

— Vous ferez de la politique plus tard, me hâtai-je d'intervenir. Revenons à nos moutons. A côté de ses vers latins notre érudit concitoyen eut un jour la fantaisie d'en composer d'autres, plus compréhensibles au vulgaire, qu'il désirait moraliser aussi, bien que l'idiome national fut pour lui, comme pour tous les humanistes allemands, une langue barbare Ce fut une heureuse inspiration, dont profitèrent ses contemporains, mais dont il profita surtout lui-même, dans le présent et dans l'avenir. Car c'est à elle que nous devons son grand poème, *La Nef des Fous*, qui parut en 1494 et fit de lui, en un clin d'œil, le plus populaire des littérateurs et des moralistes d'alors. Réimprimé coup sur coup, contrefait plus souvent encore, traduit en plusieurs langues, imité dans tous les pays, ce traité de morale satirique valut à Brant honneurs, richesses et gloire. On se souvint de lui dans sa ville natale qu'il avait quittée depuis vingt ans, surtout quand Geiler eut fait à son ami l'insigne honneur de choisir dans le *Narrenschiff* les textes de toute une série de sermons de carême, en les commentant avec sa verve railleuse et son éloquence entraînante. Lorsque le syndic de la ville libre, nommé Weltzer, fut mort en 1499, le grand prédicateur pesa de son influence pour faire nommer Brant à sa place. Notre humaniste ne se fit pas longtemps prier. L'amour du sol natal, qui nous tient tous au cœur et qui nous ramène toujours, nous autres Strasbourgeois, à l'ombre de notre vieille cathédrale, le poussait; d'ailleurs l'esprit et les yeux se fatiguent à la longue de corriger des épreuves. Brant revint donc à Strasbourg et fut nommé syndic le 17 août 1500, charge cumulée avec celle de secrétaire du Magistrat, qu'il reçut trois ans plus tard. Le jurisconsulte qui vivait en lui, côte à côte avec le poète, put s'en donner désormais à cœur joie. Procès-verbaux à rédiger, arrêtés à formuler, correspondance officielle à mettre au net, discussions au sein des conseils, il eut parfois plus de travail qu'il n'en désirait peut-être. Ses vers l'avaient mis en rapport avec l'empereur Maximilien, grand protecteur des auteurs de son temps. Il avait reçu de lui le laurier poétique, le titre de comte palatin, le rang de conseiller impérial. Aussi, quand la république de Strasbourg désirait obtenir quelque faveur du monarque, elle lui expédiait de préférence son érudit syndic, et s'en trouvait bien comme lui-même. Mais les affaires et Justinien n'absorbaient pas tous les moments de Brant. Il se jeta dans les querelles théologiques du temps avec une véhémence qui nous étonnerait fort chez un poète de nos jours. Les Franciscains et les Dominicains publiaient alors pamphlets sur pamphlets sur la question de l'Immaculée Conception de la Vierge. Le docte syndic prit parti pour l'affirmative avec un zèle incroyable et lança contre ses adversaires des factums rageurs en vers et en prose qui auraient bien fait rire un humaniste de France ou d'Italie. Plus tard, quand commença la grande querelle entre Reuchlin et les Dominicains, il se montra moins belliqueux, et se tut pour ne pas se compromettre, bien que le savant hébraïsant eût été son ami.

On aime mieux le suivre dans ses paisibles exercices poétiques, bien que la majeure partie de ses écrits ne puisse guère nous intéresser aujourd'hui. Les vers latins de Brant, surtout, n'ont jamais été que des exercices de rhétorique plus ou moins heureux. Il a fait des vers sur tout, sur un porc à deux têtes, sur l'aérolithe d'Ensisheim, sur les frères siamois de Worms, sur les Turcs, sur le jeu d'échecs, sur une oie bicéphale à Gugenheim, etc. Il a fait, dans les meilleures intentions du monde, une *Hymne à la Vierge*, composé rien qu'avec des fragments de l'érotique Apulée. Et si je ne craignais de froisser peut-être quelques susceptibilités, plus ou moins ombrageuses, je vous ferais bien rire en vous répétant les arguments empruntés à la mythologie romaine, à l'histoire des Danaé, des Circé, etc., pour démontrer la virginité de Marie !

De ses œuvres en langue vulgaire, la *Nef des Fous* est la seule qui soit restée. L'idée de représenter l'humanité naviguant vers le pays des fous, vers l'empire de Narragonie, et de réunir les types les plus caractéristiques des folies et des travers humains sur un esquif commun, n'appartient pas à Brant. D'autres avant lui avaient rimé déjà la même allégorie, qu'il ne soutient point d'ailleurs jusqu'au bout du poème. Mais il a su donner à ses tableaux un caractère de vérité naïve qui frappe encore aujourd'hui ; il a su prendre le ton qui convenait aux générations contemporaines, mêlant à ses esquisses satiriques la forte dose de prédication morale que l'on jugeait alors indispensable à toute œuvre poétique. Son usurier, son avare, son voluptueux, voire même son touriste ou son bibliophile, devaient nécessairement provoquer l'admiration de nos bons cercles bourgeois d'il y a quatre siècles ; pour les mêmes motifs, ils ne feraient plus fortune dans les nôtres. Car Brant, censeur morose des travers de son temps, ne fait pas rire. Il frappe le vice, mais en pédagogue rigide ; il ne le chatouille pas gaiement du bout de sa marotte, comme les auteurs à la mode de nos jours. On le trouverait lourd, pédant et grossier. Il vivait à une époque où, comme il l'a dit lui-même, Saint-Rustre (*Sanct-Grobian*) était le saint le plus couru. Il écrivait, non pas pour amuser les hommes, mais pour dire à chacun ses vérités.

— Il paraît qu'on supportait cela mieux autrefois qu'on ne le fait de nos jours, dit le notaire ; aujourd'hui nous n'applaudissons qu'aux vérités que l'on dit aux autres.

— Aussi ne lit-on plus la *Nef des Fous*, même en allemand moderne, malgré les belles gravures sur bois de Holbein qui ont fait autrefois le succès des éditions originales et qui n'ont pu remettre en vogue les translations de Simrock et autres. Mais je m'aperçois que le temps presse, que les chopes se vident, que votre attention baisse et que j'ai bien des notes encore au fond de ma mémoire, empruntées à l'excellent travail de M. Ch. Schmidt *sur l'Histoire littéraire de l'Alsace au XVe et au commencement du XVIe siècle*. C'est dans ce beau travail, couronné récemment par l'Académie française, que ceux d'entre vous qui ne reculent pas devant une lecture sérieuse, verront le rôle de Brant comme éditeur d'ouvrages de droit, comme historien, comme compilateur de ces *Annales* restées inédites et détruites par le bombardement de 1870, comme éditeur de Térence et de Virgile, comme censeur de la république de Strasbourg au moment où éclate la Réforme. Le poète vieilli ne l'appelait pas de ses vœux, il la craignait, et fut heureux de s'en aller pour un monde plus calme, quand la mort l'enleva, le 10 mai 1521. Son gendre, *l'ammeister* Mathis Pfarrer, n'en devint pas moins un des chefs du mouvement religieux à Strasbourg, et notre globe, que Brant avait cru destiné à un cataclysme immédiat, lui a survécu de trois siècles et demi et ne semble pas encore près de finir.

— Pour moi, dit le notaire, je ne sais si vous ne jugez pas ce bon Sébastien Brant un peu trop au point de vue moderne. Je lui veux du bien, je l'avoue. Mon ancien professeur, Adam-Walther Strobel, l'historien de notre province, qui demeurait dans la maison de mes parents, leur fit un jour cadeau de l'édition du *Narrenschiff* qu'il venait de publier et dont MM. les philologues d'outre-Rhin s'amusent à dire tant de mal. J'avais dernièrement le volume entre les mains. En appendice se trouvent des distiques du poète, que le Conseil des Treize lui fit un jour l'honneur de demander pour les inscrire sous des tableaux qui ornaient la salle de ses séances. Ces courtes sentences, réunies sous le titre caractéristique de « Tableau de la liberté » (*Freiheitstafel*), méritent d'être encore citées avant que nous prenions congé du poète. Je pardonne volontiers, pour ma part, bien des allégories mythologiques, bien des sermons platement rimés à l'écrivain qui disait dans un mâle langage : « La liberté est un bien inestimable, auquel rien sur la terre ne peut s'égaler. Les plus grands trésors ne sont rien auprès d'elle; vivre libres et indépendants, voilà le bonheur ! » Ces paroles, inscrites jadis sur les murs de la salle des Treize de Strasbourg, ont disparu, depuis longtemps déjà, avec la salle tout entière et les Conseils eux-mêmes. Mais l'esprit qui les dicta est encore vivant parmi nous et je souhaite qu'il le reste toujours.

X.

— De la place Brant à la place de l'Université la route n'est pas longue, vous le voyez, messieurs, et cependant nous nous arrêterons à mi-chemin cette fois. C'est là que s'ouvre une des grandes artères longeant les façades latérales du groupe des bâtiments universitaires. Si les jeunes gens destinés à se former dans le nouveau sanctuaire des Muses (vieux style) ne s'appliquent pas avec ardeur à leurs études et ne se pressent pas dans les salles des cours au lieu de faire l'école buissonnière, ce ne sera certes pas la faute de l'administration municipale. Voyez un peu sur ce plan quelle profusion de bons exemples, d'appels éloquents quoique muets, elle a prodigués tout à l'entour de l'édifice universitaire ! Humanistes du XVe siècle, poètes du XVIe, écrivains et érudits du XVIIe et du XVIIIe siècle, s'y sont donné rendez-vous avec les professeurs de l'ancienne Université et de l'Académie moderne. Le dominicain Murner y fait face à Blessig, le théologien protestant ; Lobstein y coudoie Wimpheling, Schimper fraternise avec Fischart, Hermann, le maire strasbourgeois du XIX⁰ siècle, y trouve en vis-à-vis Moscherosch, le bailli de Fénétrange pendant la guerre de Trente Ans, tandis que Daniel Arnold, l'auteur toujours jeune du *Pfingstmontag*, salue de loin Sébastien Brant, son antique confrère en Apollon. Le moyen de ne pas devenir savant ou poète en arpentant chaque jour des rues aussi bien dénommées!

Mais au-dessus de tous ces noms éminents, dont quelques-uns resteront célèbres, s'élève un nom qui nous attirera tout d'abord et qu'on a bien fait d'étaler sur le fronton d'une large et belle avenue, refoulant dans les rues latérales les divinités secondaires. Ce nom n'est pas celui d'un professeur ou d'un savant illustre, c'est celui d'un jeune étudiant de vingt ans. Mais le monde civilisé répétera son nom quand les plus connus parmi les maîtres seront oubliés ou ne vivront plus que par le portrait qu'il a tracé d'eux dans ses écrits. Nul d'entre vous n'ignore que je veux parler de Gœthe. Son séjour dans notre ville eut une influence profonde sur son développement intellectuel et moral, et ses *Mémoires* ont contribué, plus que tout autre livre, à donner une célébrité posthume à notre vieille Université strasbourgeoise.

Il nous arrivait un peu las de la vie passablement évaporée qu'il avait menée à Leipzig, plus las peut-être encore des mois de recueillement forcé qu'il venait de traîner à Francfort sous le toit paternel. Nature exubérante et splendide, Gœthe réunissait alors en lui les plus frappants contrastes. Il entrait dans notre sphère locale également avide de connaissances et d'émotions nouvelles, et pourtant réfléchi déjà, se pressentant tout entier, se maîtrisant lui-même au milieu des entraînements les plus fougueux. Il y venait pour se perfectionner encore dans les élégances mondaines de la société française du XVIIIe siècle, et c'est chez nous qu'il apprit à connaître les grâces simples et les beautés de la nature. Il y venait, poussé par la volonté paternelle, pour conquérir ici son grade de docteur en droit civil et canon, et quand il nous quitta, ce qu'il avait conquis surtout, et d'une façon mémorable, c'était le diplôme de docteur ès-lois du cœur humain. Ce n'est pas lui seul, hélas, qui en paya les frais !

J'aime à me le figurer, sortant par une belle journée de printemps de l'année 1770, de sa chambrette d'étudiant, au nº 16 de la rue du Vieux-Marché-aux-Poissons, pour se rendre à sa pension bourgeoise de la rue Mercière, tenue par les vieilles demoiselles Lauth.

Je le vois arpenter ce large trottoir, foulé par tant de générations successives d'étudiants, le front haut, sa figure d'une beauté classique ombragée par une épaisse chevelure, sa large poitrine serrée dans un habit à la française de castor gris, une cravate de soie flottant à son cou, portant ces bottes à larges revers, immortalisées plus tard par l'amant de Charlotte. Je me le représente jetant ses regards pénétrants et hardis sur ses compagnons de table et les intimidant quelque peu par sa prestance olympienne, puis se lançant avec ses amis dans des discussions sans fin sur toutes les questions d'art, de littérature et de philosophie. Je voudrais surtout le revoir dans cette *Société littéraire* présidée par le digne greffier Jean-Daniel Salzmann, entouré de tous ces jeunes gens, à peu près inconnus alors et presque tous devenus célèbres, qu'il eut le bonheur de rencontrer à Strasbourg. Il les dépassait alors déjà, « comme un cyprès majestueux émerge au milieu des saules pleureurs » ; c'est ainsi que s'exprimait un peu plus tard un étudiant strasbourgeois, qui le fréquentait alors. Et cependant quel groupe brillant que ce petit cénacle, formé par J. G. Herder, le profond penseur et le critique d'élite, par Jung-Stilling, le pieux mystique et le romancier-moraliste, par Reinhold Lenz, le poète ardent et sauvage, aux allures shakespeariennes, par Ramond de Carbonnières, le futur conseiller d'Etat, le savant explorateur des Pyrénées, par nos compatriotes enfin, Léopold Wagner, l'auteur dramatique, Haffner le théologien, François Lerse, de Colmar, immortalisé plus tard par un des personnages de *Gœtz de Berlichingen!*

Quand on parcourt les notes informes que Gœthe jetait alors jour par jour sur ses carnets et publiées longtemps après sa mort, on prend sur le fait la fermentation constante de cette imagination puissante, mais inquiète encore et parfois désorientée, qui va de la cathédrale d'Erwin aux héros d'Homère, et des drames de Shakespeare aux cantilènes d'Ossian. Quel enchevêtrement bizarre d'études diverses et contradictoires, commencées, interrompues, reprises, oubliées encore, quelles excursions bizarres dans les domaines les plus étranges parfois de la science et de la curiosité humaine! Tout l'occupe, tout l'intéresse. Il entremêlera ses notes sur les scaldes d'Islande de renseignements sur le commerce des cheveux à Francfort et les titres d'ouvrages de numismatique avec des recettes de pharmacie. Un autre se serait infailliblement noyé dans cet amas indigeste de mille données différentes. Mais lui absorbe, condense, embrasse, élabore sans fatigue le suc de cette énorme gerbe de glanures. Son esprit plane au-dessus de la matière ; il a déjà la puissance du génie.

Et cependant, messieurs, ce n'était pas ce que les professeurs de nos jours, plus sévères peut-être que leurs anciens, appelleraient un étudiant modèle. Nous en avons pour témoins ses propres récits et sa correspondance de jeunesse. Que de fois il a tourné le dos à la salle des cours pour aller vaguer dans les campagnes et grimper au sommet de nos Vosges! Que de fois il a quitté ses in-folio poudreux pour *flirter* avec Dorilis ou Thérèse, ou pour courtiser la belle Emilie, la fille de son maître de danse!

Mais j'aurai quelque peine à vous donner ici le tableau complet de l'existence strasbourgeoise de Gœthe ; il nous faudrait rester ici jusqu'à demain, si je voulais épuiser la matière avec la minutie de certains de ses biographes modernes. Avez-vous jamais lu les *Mémoires* de Gœthe, mon cher Z...?

— Vous savez bien que je ne lis jamais que le *Courrier du Bas-Rhin* et le *Messager boi-*

teux : c'est vous-même qui me l'avez soutenu dernièrement et je ne veux pas vous donner un démenti.

— Eh bien, mon cher ami, mettez-vous à cette lecture quelque jour où vous en aurez le loisir, quand une fois nos grandes constructions officielles au dedans et au dehors de la ville ne nécessiteront plus votre surveillance quotidienne.

— Si je dois attendre jusque-là, murmura Z..., ce sera dans la semaine des quatre jeudis.

— N'importe ; vaut mieux tard que jamais. Vous pensez bien d'ailleurs que je vous fais cette invite dans une intention quelque peu égoïste. Ne pouvant pas vous narrer en détail tous les chapitres de l'histoire de Gœthe à Strasbourg, je voudrais que vous vous instruisiez vous-même sur ce que je ne peux qu'effleurer ici, sur certain épisode surtout, le plus connu de tous, et que je n'aborde jamais sans un sentiment de profonde tristesse.

— Vous nous parlerez bien un peu cependant de ces amours célèbres du poète avec Frédérique de Sessenheim, fit le docteur. C'est le plat indispensable dans tout menu littéraire servi de nos jours en l'honneur de Gœthe, et, depuis une dizaine d'années surtout, c'est à qui s'en donnera le régal, jusqu'à nous en donner le dégoût.

— Ah, vous avez bien raison, docteur, et c'est bien pour cela que j'aime autant ne pas en parler. Relisons, chacun de son côté, ces chapitres émus de *Dichtung und Wahrheit*, où le poëte vieillissant embaumait, pour ainsi dire, les souvenirs les plus purs de sa lointaine jeunesse. Relisons, si vous le voulez, ces admirables poésies de Sessenheim : « Mon cœur battait ; vite, vite à cheval ! » et les autres, qui nous laissent deviner pour la première fois toute l'envergure de ce grand génie lyrique. Si l'un de vous est vraiment curieux de pénétrer plus avant dans les péripéties de ce drame intime, qu'il étudie l'excellent travail récemment publié sur Frédérique, par M. Lucius, le successeur du père Brion à la cure de Sessenheim. Vous y trouverez tous les détails nécessaires condensés dans une narration pleine de tact et scrupuleusement historique. Mais ne me demandez pas de vous raconter ici cet épisode si poétique et si poignant à la fois.

— Dieu ! que vous êtes sentimental ce soir, fit Z... d'une inflexion de voix satirique ; je ne pensais pas qu'un négociant retiré des affaires pût atteindre à tant de lyrisme.

— Moquez-vous de moi tant que vous voudrez, mon cher et prosaïque voisin, vous ne me ferez pas changer d'avis. Je ne me reconnais pas, je ne reconnais à personne le droit de toujours fouiller dans d'aussi douloureux souvenirs, et je ne suis pas le seul. Toutes les âmes délicates, croyez-le bien, sont au fond de mon avis. Quand je vois tout ce monde de graves docteurs, de magisters pédants et d'étudiants en vacances palper, disséquer et déflorer sans cesse à nouveau l'existence de cette pauvre jeune fille, il me prend des envies folles de leur crier : A bas les pattes! Quand donc la laissera-t-on dormir en paix dans le petit cimetière de Meisenheim, où elle avait espéré trouver enfin le calme et le repos? A quoi bon ces pèlerinages bruyants à Sessenheim, sous prétexte d'honorer le poète, qui, lui, s'en est éloigné silencieux et troublé, se sentant et s'avouant profondément coupable? Vous vous rappelez son beau chant populaire, la *Rose de la bruyère*. Il a été, lui aussi, tel jour de sa vie, l'adolescent turbulent et passionné, venant briser la rose des champs au parfum modeste. Mais si la rose brisée gît par terre, ce n'est pas une raison, ma foi, pour que les limaces s'y promènent sans cesse.

— Des limaces! c'est un peu vif, interrompit le docteur en riant. Dites donc, les doctes critiques d'outre-Rhin vous trouveront médiocrement parlementaire. C'est les récompenser bien mal de leurs élucubrations érudites... ou autres.

— C'est qu'ils m'agacent à la fin quand ils viennent nous répéter sans cesse que l'amour du grand poète a rendu Frédérique immortelle. Eh, sans doute, elle est désormais immortelle, mais je me permets de trouver, pour ma part, que cette immortalité a été bien chèrement achetée, et reste bien lourde à porter pour elle et pour les siens. Cette *Idylle de Sessenheim*, tant vantée par les thuriféraires du poète, fut pour Frédérique et reste pour ses petits-neveux une tragédie dont rien n'adoucit l'amertume. Une tragédie qui dure encore, messieurs, car c'est presque d'hier seulement qu'on a réédité, dans des volumes prétendus sérieux, les plus ineptes calomnies contre la candide jeune fille, dont le cœur se laissa prendre aux paroles dorées du grand charmeur et qui paya d'un regret éternel ce moment fugitif d'une innocente ivresse !

Le docteur et quelques autres habitués écoutaient avec un ébahissement narquois cette harangue, où des convictions depuis longtemps arrêtées se faisaient jour avec une chaleur qu'on ne me connaissait pas encore. D'autres, au contraire, approuvaient de la voix et du geste. Au moment où ma timidité naturelle allait me faire perdre contenance, le notaire vint à mon secours :

— Riez, docteur, incorrigible sceptique, si cela vous fait plaisir. Pour moi, j'approuve entièrement la vivacité de notre ami. C'est le devoir d'un honnête homme de ne pas rester calme en présence de certaines choses et de certaines gens. Gœthe s'est montré sans courage ou, si vous l'aimez mieux, sans foi quand il quitta Sessenheim par une belle soirée d'août sans vouloir plus y revenir, alors qu'il y était déjà trop souvent revenu. On ne l'excuse pas en disant comme font ses admirateurs, qu'il ne voulait point embarrasser son génie dans des liens précoces, et qu'en un jour de désenchantement l'avenir lui apparut sous un aspect trop prosaïque, s'il devait le couler aux pieds d'une petite campagnarde étrangère au beau monde. Je n'insiste pas ; lui-même, se rendant justice, s'est reconnu coupable. Il en a d'ailleurs été bien puni. Car je n'imagine pas, pour ma part, de punition plus terrible pour une âme d'élite comme celle de Gœthe, que de végéter pendant de longues années aux côtés d'une vulgaire maîtresse, qu'on finit par épouser en cachette, sans plus éprouver pour elle ni passion ni respect. Avoir fui l'amour, l'amour pur et divin, pour tomber sous un joug pareil; avoir commencé par Frédérique de Sessenheim pour finir par Christiane Vulpius, quelle chute lamentable pour le poëte de *Faust*, et pour tous quelle leçon!

XI.

— Vous vous êtes bien fait attendre, dit l'aimable notaire, le soir où je revenais prendre ma place au cénacle après une courte absence; nous étions en mal de vos entretiens hebdomadaires sur les *vieux* de Strasbourg.

— Vous y mettez bien de la bonté, monsieur, répondis-je en lui souriant de la manière la plus affable, car nous avons beau faire, nous avons tous un grain de vanité, et les compliments les moins sincères chatouillent, je ne sais pourquoi, notre épiderme aussi doucement que les autres. J'ai peine à croire que l'on ait remarqué mon absence, et davantage encore à penser qu'on ait regretté mes tartines.

— Et vous avez bien raison, mon cher M..., cria Z... de l'autre bout de la table. Moi du moins je ne crains pas de vous dire des vérités désagréables. C'est un des plus beaux priviléges de l'amitié : je le réclame. On s'est fort bien passé de vous, depuis tantôt trois semaines. Nous avons pu causer de nouveau d'une foule de choses intéressantes, des élections, du théâtre, du vin nouveau, voire même des rues nouvelles, mais sans nous occuper de vos vieux bonshommes que vous exhibez consciencieusement devant nous et qui sont rarement récréatifs.

— Si vous en avez assez, vous n'avez qu'à le dire, messieurs. Je n'oublie pas notre pacte et j'aime autant me taire...

Mais à ce moment un murmure improbateur s'élevait tout autour de la table ronde et — du moins j'eus la faiblesse de le comprendre ainsi — m'invitait à reprendre le fil de mes conférences patriotiques. — En avant! criait gaiement le docteur; le notaire m'offrait gracieusement d'une main le fauteuil à côté du poêle qui ronflait, de l'autre il réclamait le silence. Que vous dirai je? J'oubliai pour le moment l'insulte de Z..., dont je me consolais en le traitant intérieurement de « vieille bête », et comme j'avais préparé mon discours de rentrée, je le fis. Il n'y a pas d'exemple qu'un orateur, fût-il un commerçant retiré des affaires, n'en ait pas agi de même. On dit qu'un discours rentré étouffe. Je n'ai pas osé le risquer. Vous pourrez faire comme Z..., qui, se voyant vaincu sans scrutin, se mit à bourrer sa pipe et s'enveloppa, taciturne, dans un épais nuage de fumée.

— Messieurs, dis-je, je voudrais vous entretenir aujourd'hui d'un personnage original, et passablement étrange, d'un moine avide de liberté plus que tout autre et grand pourfendeur pourtant des libéraux de son temps; d'un ardent défenseur de l'orthodoxie catholique, plus d'une fois cependant rejeté par l'Eglise pour son incorrigible liberté d'allures, et le débraillé de ses mœurs ; d'un polémiste infatigable, défendant l'arche sainte dans le langage des crocheteurs; d'un Veuillot du XVIe siècle enfin, mais d'un Veuillot plus riche en connaissances sérieuses, et surtout en verve poétique. C'est du dominicain Thomas Murner que je veux vous parler, de Murner dont le nom sera porté par la première des rues transversales aboutissant à la rue de Gœthe. De quelque façon qu'on le juge, c'est un personnage curieux, c'est un type de ce siècle, le plus riche en originaux peut-être qu'ait vu notre boule ronde, et, somme toute, c'est un personnage dont nous autres Strasbourgeois pouvons être fiers à des titres divers, si tant est que sa naissance en fasse réellement notre compatriote.

— Il n'est donc pas sûr que ce digne frocard ait vu le jour dans nos murs? dit le jovial docteur.

— Vous savez, docteur, qu'avec nos critiques modernes on n'est plus jamais sûr de rien. Le peu que nous avions appris dans notre jeunesse s'en va de plus en plus en fumée. Obernai dispute Murner à Strasbourg. M. l'abbé Gyss le tire d'un côté, M. Auguste Stœber de l'autre. Je dois dire pourtant que M. Charles Schmidt est venu récemment à la rescousse du premier. Laissons donc le bébé à la vieille ville impériale, si pittoresquement étendue au pied des Vosges. L'adolescent et l'homme mûr nous appartiennent sans conteste. Né en décembre 1475, Murner n'avait en effet que six ans quand son père vint s'établir à Strasbourg. Ce dernier était un jurisconsulte de mérite, qui fut avocat au Grand-Conseil, ce qui n'empêcha pas Wimpheling de prétendre, dans une des polémiques aimables qu'il soutint contre notre poëte, que Murner père avait été savetier de bas-étage. L'enfant était chétif et malingre; selon les croyances populaires d'alors, on le dit ensorcelé et l'on tenta de le guérir en lui faisant avaler force rinçures de cuisine, entremêlées de formules sympathiques. Soit que les formules fussent mal dites, soit que les rinçures en question n'aient produit qu'un effet passager, le petit Thomas n'eut guère à se louer de sa cure. Il resta boiteux, et son père, désespérant de le caser dans une profession civile, décida qu'il deviendrait religieux. A quinze ans il le fit entrer aux Minimes ; à dix neuf ans Murner obtenait, avec ou sans dispense, les ordres majeurs et la prêtrise.

Il est permis de croire que la vocation n'y était pas. Du moins le jeune moine ne songea pas à s'enfermer dans un cloître, mais se mit à courir le monde, dans les directions les plus diverses. Nous le voyons séjourner pendant deux ans à l'Université de Fribourg, puis deux ans encore à Paris, où il s'occupe un peu de tout, même de théologie. En 1499 il revenait à Strasbourg pour y publier son premier ouvrage, une *Invective contre les astrologues.* Il y avait comme une prédestination dans le titre de cet opuscule juvénil ; jusqu'à sa mort, l'invective fut la forme littéraire cultivée de préférence par le moine d'Obernai. S'il combattait les folies des astrologues, il se montra moins sensé dans un second traité, en forme de dialogue, où il traitait *de la paralysie produite par les sorciers,* et dans lequel il admettait — avec beaucoup de contemporains d'ailleurs, tant de droite que de gauche — la probabilité des sortilèges. C'était une façon comme une autre de se consoler de l'infirmité fâcheuse qui le tourmentait depuis son enfance.

Murner ne séjourna pas longtemps à Strasbourg. En 1501 nous le voyons en Pologne, pour y conquérir son diplôme de bachelier en théologie. Pour aller à Cracovie, il avait passé par Cologne, Rostock et Prague, ce qui prouve au moins qu'il n'aimait point la ligne droite, lorsqu'il se mêlait de voyages. Il revient par Soleure, où il publie son *Eloge de la Sainte Vierge* qui lui vaut bien des compliments flatteurs. Mais l'heure des luttes âpres allait sonner pour lui. Wimpheling, dont je vous parlerai quelque autre jour, si votre patience n'est point à bout, Wimpheling venait de publier sa *Germanie*, dans laquelle il essayait de démontrer, par une série d'arguments plus ou moins heureusement choisis, que les Alsaciens étaient Allemands et n'avaient jamais été que cela. Sa brochure visait certains de ses compatriotes, « hommes à demi-francisés, qu'on devait signaler comme traîtres » et les accablait d'objurgations patriotiques très sincères, mais soutenues parfois de démonstrations fort bizarres. On ne saurait s'étonner qu'il ait trouvé des contradicteurs. Le plus hardi de tous fut Murner Dans sa *Germanie nouvelle*, il s'appliqua, avec aussi peu d'esprit critique peut-être, mais avec une verve autrement puissante, à démolir le système historique et ethnographique de son célèbre adversaire ; à ne juger cette curieuse polémique qu'au point de vue de la littérature et de l'art, il est incontestable que Murner fut le vainqueur et que les rieurs du moins furent de son côté. C'est quelque chose, dans une lutte de ce genre ; ce n'est pas tout cependant. Wimpheling n'entendait pas raillerie, le Magistrat de Strasbourg bien moins encore. Il avait pour le moment des raisons politiques fort sérieuses de ne pas laisser mettre en doute son attachement au Saint-Empire-Romain-Germanique. Pour le bien faire valoir, il fit saisir et mettre au pilon la brochure du moine ; ce dernier, privé du droit de réponse, se vit en butte, par-dessus le marché, aux invectives peu classiques des nombreux amis de Wimpheling, qui l'appelaient dans leurs pamphlets *âne de plomb*, *diable encapuchonné*, *bachelier de Ch.... en ville* et autres aménités que je n'ose reproduire.

— Plus ça change et plus c'est la même chose, murmura Z... dans son nuage, mais personne ne se soucia de relever l'interruption.

— Murner, en habile homme qu'il était, sut faire cependant sa paix avec le Saint-Empire, car dès 1505 l'empereur Maximilien, qui raffolait des poètes, le créait lauréat. L'année suivante, l'Université de Fribourg lui conférait le chapeau de docteur, et la même année, toujours poussé par le besoin de voir du pays, Murner partait pour Rome, saluait la Ville Eternelle et regagnait encore une fois Cracovie. Cette fois-ci il n'arrivait pas en élève, mais en maître. Il avait fait une invention merveilleuse. Moyennant un jeu de cartes à figures spéciales, il s'engageait à enseigner aux étudiants la logique et le droit !

— Vous dites ? fit le docteur abasourdi de ce procédé pédagogique dont il n'avait point encore entendu parler.

— C'est comme cela, je vous le jure. Quant à vous expliquer la chose, j'y renonce, n'y ayant rien compris moi-même. Si vous voulez approfondir la question, je vous renvoie au second volume de l'ouvrage de M. Schmidt, que je vous citais dernièrement déjà. Toujours est-il que Murner eut un grand, un prodigieux succès auprès de la jeunesse académique ; c'est lui-même qui l'affirme. Seulement on se lasse de tout, même d'enseigner la logique au moyen de cartes à jouer, et Murner se lassait plus vite que tout autre. Il vendit ses droits d'auteur pour la somme modeste de vingt-quatre florins et reprit le chemin de la vallée rhénane. Il s'arrêta quelque temps à Fribourg pour y faire un cours sur Virgile. Il y enseigna aussi la prosodie moyennant un jeu de tric-trac et une roulette.

— Ça devait ressembler, dit le notaire, aux lotos géographiques dont on tourmenta mon enfance. Mais quel remuant personnage !

— Attendez, nous ne sommes pas au bout. Murner va s'établir un peu plus tard à Worms, puis à Berne. Il surgit ensuite à Spire comme père gardien du couvent des Frères mineurs de cette ville, le quitte pour Francfort et y publie son premier grand poème satirique, la *Schelmenzunft*, la *Confrérie des coquins*, dans lequel il fait défiler devant nous les hommes de son temps, savants et prédicateurs, jurisconsultes et bourgeois, hypocrites et voluptueux, leur donnant parfois la parole pour nous peindre eux-mêmes leur portrait, qui n'a rien de flatté. Le succès de la *Schelmenzunft* le poussa bientôt après à mettre au jour la *Narrenbeschwœrung*, la *Conjuration des fous*, imitation de la *Nef des fous* de Brant, et dans laquelle les différents types sociaux et moraux qu'offrait l'Allemagne d'alors, étaient successivement cités et exorcisés par le poète. La verve du poète était grande, son pinceau satirique autrement puissant que celui du secrétaire de la ville de Strasbourg. Il méritait de trouver de nombreux admirateurs; il les trouva. En 1512 il revenait, déjà célèbre, à Strasbourg et devenait gardien du couvent des Dominicains de notre cité. Hélas! dès 1514 on le déposait pour malversations diverses. Encore si les lauriers poétiques l'avaient pu consoler de ce contre-temps fâcheux ! Il venait de terminer un nouveau poème, la *Gæuchmatt*, le *Pré des coucous*, dans lequel il prétendait flageller les mœurs efféminées du siècle. Il avait vendu déjà le manuscrit pour quatre florins à l'imprimeur Hupfuff, quand l'autorité s'en mêla. Brant, alors censeur, refusa l'*imprimatur* à ce singulier plaidoyer en faveur de la Vertu, dirigé contre les libertins des deux sexes, mais dans lequel le vice était représenté parfois sous des couleurs trop aimables. La Pudeur y paraît bien pour haranguer ses ouailles, mais Eve, Dalila, Bethsabé, Sémiramis et Judith y paraissent à leur tour pour détailler plus longuement encore leurs douteux exploits. Bref, le Magistrat défendit à l'imprimeur de publier le volume.

Plein de colère, Murner se remit à voyager. Il s'en fut à Bologne, puis à Venise, puis il revint à Trèves, où il fit un cours sur toutes les matières du droit civil et canon qui ne dura que quatre semaines — exemple à suivre par bien des professeurs illustres — et le fit applaudir par les étudiants charmés d'en finir si vite. Il dut se soustraire cependant à leur reconnaissance, ayant trouvé le temps, pendant ce court séjour, d'insulter gravement les chanoines du chapitre de Trêves, qui le menacèrent de le faire jeter dans la Moselle. En 1518 il se fixait momentanément à Bâle, y traduisait les *Institutes* en allemand, devenait docteur en droit, s'y querellait avec les professeurs jaloux de sa concurrence, et repartait pour Strasbourg. Il y rentre au couvent; mais quel singulier religieux ! Il charme ses loisirs en écrivant l'*Histoire de Till Eulenspiegel* et en éditant le fameux traité de Hutten sur le *mal français*. Mais déjà c'en était fait pour lui des travaux purement littéraires. La Réforme de Luther avait éclaté; déjà le feu couvait à Strasbourg. Avec l'impétuosité naturelle qui le caractérise, Murner se jette sur l'ennemi nouveau, dont il sera désormais l'un des adversaires les plus redoutables. Ce moine, qui s'était tant moqué des prêtres et des religieux, devient le plus fougueux champion de l'Eglise catholique. Pamphlets sur pamphlets sortent de sa plume contre le « Catilina ressuscité des morts ». On y répond sur un ton analogue dans les rangs des partisans de la foi nouvelle. Le *Karsthans*, le *Murnarr* et d'autres satires violentes l'exaspèrent de plus en plus. Il brave les ordres du Magistrat, qui désirait encore rester neutre dans la querelle, en publiant en 1522 le *Grand fou luthérien*, son ouvrage le plus étendu, le plus âpre aussi et le plus grossier parfois des écrits polémiques de ce temps, mais assurément le plus remarquable au point de vue littéraire. Ce *grand fou* qui typifie l'esprit de la Réforme n'est pas Luther lui-même, qui joue un rôle particulier, et naturellement ridicule, dans le poème, et que les chats finissent par enfouir dans la boue. Les Conseils de Strasbourg firent brûler le livre par la main du bourreau. Murner lui-même, insulté dans les rues, où il continuait à se montrer en costume de moine, dut finalement quitter la ville. Après une courte apparition à Londres, à la cour du dévot et sensuel Henri VIII, il va s'établir à Lucerne comme imprimeur. Il s'y livre à de telles attaques contre les cantons protestants, Zurich, Berne, etc., dans son *Testament du vieil ours chrétien*, que les confédérés suisses portent plainte à Lucerne; le gouvernement de cette ville lui défend de rien publier désormais; Strasbourg lui supprime une pension qu'il touchait encore jusque-là. Ces « persécutions » réussissent enfin, l'âge aidant, à calmer un peu son humeur belliqueuse. C'était presque un vieillard quand il rentra, vers 1532, dans Obernai, sa ville natale. Ses amis lui procurèrent la place de curé de Saint-Jean, et c'est là qu'il mourut, quelques années plus tard, en 1537, âgé de soixante-deux ans, laissant la réputation d'un incorrigible batailleur, d'un des plus remuants polémistes qu'ait vu le siècle des polémiques par excellence, mais aussi d'un des poëtes les plus vraiment originaux de son temps. Sa poésie plébéienne et trop souvent populacière a des racines profondes dans la langue et les idées de son temps. Elle n'est pas une pâle imitation de l'antiquité classique, elle n'est pas un jeu d'érudits comme celle de Brant et des autres humanistes. Un cœur d'homme bat sous le froc du moine, et quelque sévère que puisse être le jugement porté sur sa vie vagabonde et ses mœurs débraillées, on sent qu'on n'est pas en présence d'un polémiste vulgaire. Ce que j'admire surtout en Murner, c'est cette inaltérable bonne humeur qui circule dans ses écrits, ce gros rire au fracas homérique qui s'échappe sans cesse de ses lèvres, cette sève de vie que toute une existence de fatigues et d'aventures n'a pu étouffer en lui. C'est bien en songeant à des types semblables que Rabelais écrivait un peu plus tard : « Le rire est le propre de l'homme. » Si quelqu'un d'entre vous a jamais le temps de parcourir l'une des plus amusantes productions de Murner, son *Moulin de Schwindelsheim*, dont je ne saurais vous parler en détail, pour beaucoup de raisons, les unes plus concluantes que les autres, il partagera bien sûr ma manière de voir. Les embarras de ce brave et malheureux meunier entre son âne et les adorateurs de son épouse, les péripéties diverses dans l'existence de la femme, de l'âne et de l'homme, choqueront peut-être les délicats, mais vous feront rire, ô docteur, je vous le garantis en conscience.

— Il est bizarre tout de même, votre personnage, dit le docteur en boutonnant son paletot; et que nous sommes donc loin de ce temps où notre très sainte mère l'Eglise faisait d'un Murner le desservant d'Obernai, et d'un Rabelais le curé de Meudon !

XII.

— Messieurs, dis je en étendant le doigt sur le plan du quartier universitaire, vous avez le choix. L'administration municipale, cédant au penchant de toutes les administrations pour la symétrie, a groupé les noms des artères latérales du massif qui nous occupe, selon l'ordre chronologique. Nous avons commencé par la région septentrionale, où les traverses de la rue Gœtho sont consacrées toutes ensemble aux hommes du XVIe siècle. Vers le sud nous rencontrerons les illustrations du XIXe siècle. Voulez-vous épuiser d'abord la série entamée, au risque de faire mourir d'ennui notre excellent ami Z..., ou, suivant une course plus vagabonde, emprunterons-nous alternativement à l'une et l'autre façade latérale des bâtiments universitaires les rues qui viennent y aboutir et les hommes marquants dont elles portent le nom?

— Je me prononce pour la dernière alternative, exclama Z..., et cela non pas pour ce que vous auriez à dire, soit des gens du XVIe ou de ceux du XIXe siècle, qui me font un effet absolument équilatéral. Mais je ne saurais supporter, quatre séances durant, le spectacle affreux de ces deux cubes ridicules surmontés de séchoirs, dont l'architecte a *décoré* le revers des bâtiments académiques, du côté de la rue Gœthe. Je demande à faire entre temps une petite promenade pour reposer mes yeux, et j'espère qu'on plantera, dès le printemps, des bosquets touffus entre ces excroissances grotesques et la voie publique.

— Eh bien, que votre volonté soit faite ! répliquai-je en riant ; mais ne vous emportez pas tant contre les laboratoires de MM. les professeurs de chimie. On ne peut pas cuisiner pourtant dans un temple grec, et si nous voulions relever partout ce qui nous étonne ou nous déplaît, nous n'en finirions jamais. Faisons donc le tour du bâtiment central et prenons la première rue latérale, qui se trouve du côté de la rue de l'Université, juste en face de la rue Murner. Vous y êtes? C'est la rue Blessig. Et vous ne vous plaindrez point, j'espère, du manque de contrastes, puisque le ministre protestant vient succéder de la sorte au dominicain de tout à l'heure.

— Allons, allons, commencez, pour que ça finisse! grommela Z....

— J'y suis. Jean-Laurent Blessig naquit à Strasbourg le 15 avril 1747; son père était un marchand de poissons honnête et travailleur, mais un de ces hommes auxquels rien ne réussit dans la vie sans qu'ils parviennent jamais à comprendre eux-mêmes le pourquoi de ce guignon perpétuel. Sa mère, Susanne Sigwalt, femme simple et pieuse, était originaire des environs de Schlestadt. C'est dans cet intérieur passablement modeste que grandit le futur orateur sacré. Après avoir fréquenté l'école primaire de sa paroisse, il obtint de suivre les classes du Gymnase et s'y distingua bientôt par ses talents précoces. Dans l'espace de sept ans, il parcourut avec un égal succès toutes les étapes de cette carrière, moins pénible alors et moins longue qu'elle ne l'est devenue de nos jours. De 1755 à 1762, il fut sept fois proclamé premier de sa classe et figura comme tel parmi les acteurs de ces colloques scolaires du vieux Gymnase dont vous avez entendu parler peut-être. Il s'y lia dès lors avec les deux frères Jean et Frédéric de Türckheim, avec le médecin Spielmann, Rodolphe Saltzmann, le moraliste, et d'autres encore que nous retrouverons plus tard à ses côtés. Entré comme étudiant à l'Université de Strasbourg, il fonda bientôt avec plusieurs amis une *Académie de philosophie et belles-lettres* dont il fut nommé secrétaire perpétuel. Ces jeunes gens y lisaient des mémoires scientifiques, y discutaient à perte de vue les questions philosophiques et littéraires du jour. Ils s'y exerçaient surtout à manier la langue française, à laquelle les gosiers alsaciens se montraient alors encore quelque peu rebelles. La théologie n'avait guère attiré dans les premiers temps les sympathies de Blessig, mais il finit cependant par se décider pour la carrière pastorale. Il était trop pauvre pour attendre longtemps une place de professeur dans sa ville natale, où la foule des candidats aisés qui guettaient de longue date chaque chaire vacante, rendait l'avancement excessivement difficile et surtout aussi les traitements fort médiocres.

Blessig termina ses études académiques en 1770, par la soutenance d'une thèse sur *les origines de la philosophie chez les Romains*. Je me suis laissé dire que cette thèse s'arrêtait à l'entrée de la période des rois et ne traitait guère que des deux premiers souverains de la Ville Eternelle.

— Quel dommage que j'aie oublié quelque peu mon latin, s'écria le docteur ; voilà une dissertation sur laquelle j'aurais voulu jeter un coup d'œil. Quels fameux *philosophes* que Romulus et Numa Pompilius ! L'enlèvement des Sabines vaut tout un traité de morale pratique.

— Tous les rois philosophes dont parle l'histoire n'en ont guère usé davantage, cher docteur, dit le notaire en souriant. Mais laissez notre bon M.... poursuivre son récit.

— Blessig avait vingt-cinq ans quand il quitta Strasbourg pour accompagner à Vienne un de ses compatriotes, le commissaire des guerres Richard Brunck, déjà célèbre comme éditeur des classiques. Après y avoir collationné quelque temps des manuscrits grecs et entrevu l'Italie dans une course rapide à Venise, notre jeune théologien se rend à Leipzig, où il rencontre Diderot, alors en route pour Saint-Pétersbourg. Halle, Jéna, Berlin, Wolfenbüttel, Francfort et Gœttingue le retiennent tour à tour ; il y fait la connaissance de Moïse Mendelssohn, de Jacobi, Lessing et Gœthe. En 1775, Blessig revenait à Strasbourg. Les scolarques, en quête d'un diacre pour la petite église française, le désignèrent unanimement pour ce poste. Grâce à ses prédications hebdomadaires à Saint-Nicolas, le culte français, peu fréquenté jusque-là, devint bientôt le rendez-vous de la bonne société de notre ville. Son entrain presque méridional, la distinction naturelle de son débit, la profondeur de son sentiment religieux attirèrent de plus en plus sur Blessig l'attention de ses concitoyens. Quand le gouvernement eut ordonné la translation des restes du maréchal de Saxe dans le chœur de l'église de Saint-Thomas, ce fut Blessig que le Magistrat chargea de prononcer, le 20 août 1777, l'oraison funèbre du célèbre guerrier. Il le fit avec une véritable éloquence, et son panégyrique lui valut les compliments les plus flatteurs quand il visita plus tard la capitale. Dès lors son avancement fut rapide. En revenant de Paris, en 1780, il devint pasteur titulaire au Temple-Neuf, puis professeur adjoint, enfin professeur titulaire de philosophie. Il échangea cette chaire en 1787 contre une chaire à la Faculté de théologie. Orateur sacré des plus populaires à Strasbourg, orateur officiel lors des grandes fêtes publiques, comme en 1781, professeur aimé de ses élèves, moins pour sa science que pour la chaleur communicative de son enseignement moral, Blessig jouissait, dans les sphères élevées et la moyenne bourgeoisie de notre cité, d'une influence considérable au moment où se préparait la Révolution française.

Il en salua les débuts avec joie. Attaché depuis sa jeunesse à la franc-maçonnerie strasbourgeoise, il partageait les espérances et les illusions de ces milliers de citoyens honnêtes et confiants qui rêvaient l'établissement d'un ordre de choses nouveau, fondé sur le consentement patriotique de tous, s'opérant sans secousses et sans entraves. Les premières émeutes l'affligèrent sans le décourager encore. Ce fut lui qui rédigea la belle exhortation du Convent ecclésiastique aux fidèles, publiée après le sac de l'Hôtel-de-Ville, en juillet 1789. Ses discours entraînants et sensés, nullement hostiles aux idées nouvelles, le rendirent plus populaire encore au sein de la population de notre ville. Lors de l'élection de notre premier conseil municipal, Blessig y vint siéger aux côtés de son ancien camarade Frédéric de Dietrich. Mais bientôt sa popularité déclina quand il eut courageusement refusé de s'immiscer dans l'organisation du clergé constitutionnel catholique. Il n'y prit qu'une part bien indirecte — et qu'il se reprocha pourtant dans la suite — en recommandant comme vicaire épiscopal au maire le professeur Euloge Schneider, de Bonn, qui depuis....

Quand la *Société des Amis de la Constitution* se divisa, quand les exaltés et les modérés de Strasbourg entrèrent en lutte avec un acharnement d'autant plus grand que les rancunes personnelles étaient plus vives, Blessig crut de son devoir de défendre la cause de la liberté raisonnable, autrement encore que du haut de la chaire. Il fonda dans ce but, avec quelques amis, en 1792, la *Feuille patriotique du dimanche*; mais, au bout de six mois, elle dut cesser de paraître. C'était en août 1792. Blessig joignit sa signature à celle des milliers de patriotes sincères qui protestèrent, le 8 août, contre l'invasion des Tuileries. Deux jours plus tard, le même événement se renouvelait, la royauté cessait d'exister, et tous ceux qui s'étaient prononcés pour elle passaient, par cela même, pour des traîtres et des factieux aux yeux des nouveaux détenteurs du pouvoir. Le conseil municipal fut suspendu, ses principaux membres traités comme suspects. Dentzel et Couturier, représentants en mission, expulsaient Blessig par arrêté du 11 février 1793. Il se rendit à Nancy, mais la Convention lui permit de revenir bientôt après à Strasbourg. Ce fut pour quelques mois seulement. Car dès octobre 1793 le Comité de salut public le replaçait sur la liste des suspects. L'intervention d'Eulogo Schneider lui permit d'abord de se retirer à Dorlisheim ; mais le 2 décembre 1793 l'adjudant Stamm le faisait arrêter dans ce village, sur l'ordre de l'ex-baron prussien de Clauer, un des principaux meneurs des Jacobins de notre ville. Blessig fut transféré le lendemain au Séminaire épiscopal, où se trouvaient déjà presque tous ses amis, tous les citoyens du parti *feuillant*, tous les adhérents de « l'infâme Dietrich », comme on disait alors. Douze cents prisonniers, hommes et femmes, remplissaient le Séminaire et le Collège national adjacent. Blessig, dont le Club des Jacobins demandait le renvoi devant le tribunal révolutionnaire, y resta pendant onze mois. Si j'avais le temps, j'aimerais bien vous retracer le tableau de son séjour dans cette triste prison, alors que, pendant de longs mois, il sentait « le glaive de la loi » — c'est ainsi qu'on appelait alors la guillotine — suspendu sur sa tête. Si je ne le fais pas, c'est que je pense qu'un autre entreprendra la tâche.

J'ai eu dernièrement l'occasion de voir à la Bibliothèque municipale, où j'allais pour chercher un bouquin qui manque à ma petite collection d'alsatiques, la correspondance originale de Blessig avec sa femme pendant ses longs mois de captivité. Une respectable compatriote, Mᵐᵉ veuve Schœfer, nièce de Blessig, venait d'en faire don à notre Bibliothèque, et le bibliothécaire, qui sait que je m'intéresse à ces antiquailles, a eu l'obligeance de me les faire voir. Il y a là des centaines de petits chiffons de papier — Blessig et sa femme correspondaient en cachette dans le double-fond d'une cafetière — que je n'ai pu voir sans un sentiment d'émotion et de respect. On m'a permis d'en parcourir quelques-uns. Le calme, la sérénité, l'enjouement même qui règne dans ces billets, montrent l'énergie du caractère de Blessig et son inébranlable confiance en la justice de sa cause. C'est un document fort curieux pour l'histoire de la Terreur à Strasbourg, et l'on ferait bien de le mettre au jour. Je l'ai dit au bibliothécaire.

— Mon pauvre ami, dit le docteur, on voit bien que vous n'êtes pas auteur. Ce ne sont pas les éditeurs scientifiques qui manquent à ces publications-là; ce sont les éditeurs-libraires. Votre bibliothécaire ne demanderait pas mieux sans doute que de mettre ces petits papiers en lumière et vous n'avez que faire de le prêcher là-dessus. Procurez-lui quelque estimable bibliopole qui rémunère son labeur, vous lui rendrez tout autrement service.

— Eh, laissez-moi finir; j'ai bien assez de

mes propres affaires ; je ne puis encore soigner celles des autres. Ce ne fut que le 3 novembre 1794 que le représentant Foussedoire signa l'élargissement de Blessig. Depuis lors, notre prédicateur, se retirant de la vie publique autant qu'il lui fut possible, se consacra tout entier à la restauration du culte. Ce fut lui qui, le 10 mars 1795, prononça au Temple-Neuf le premier sermon qu'on eut entendu dans Strasbourg depuis la fermeture violente des églises. Il travailla aussi, de concert avec Jérémie-Jacques Oberlin, à l'organisation de notre bibliothèque publique, enrichie par les dépouilles de tant de couvents. Quand le premier Consul procéda à la réorganisation des cultes, Blessig devint successivement inspecteur ecclésiastique, membre du Directoire de la Confession d'Augsbourg et professeur à l'Académie protestante, le futur Séminaire protestant. Il se consacra surtout dans ses dernières années, en dehors de ses fonctions ecclésiastiques, à toutes les institutions charitables de notre cité. Respecté de tous ses concitoyens sans différence de culte, il vit passer devant ses yeux l'Empire, ses gloires et ses revers, et salua le retour des Bourbons. Il eut à souffrir encore des fatigues du double blocus de Strasbourg et des douleurs morales de l'invasion étrangère, occupé sans cesse à consoler les malheureux, à soulager leurs misères matérielles, à prêcher la concorde et le support mutuel aux représentants des confessions et des partis hostiles. Sa mort, arrivée le 17 février 1816, fut un deuil public pour une grande partie de la population de Strasbourg. D'innombrables discours furent prononcés, des poésies françaises, allemandes et latines furent imprimées à l'occasion de ses funérailles. Ses recueils de sermons restèrent longtemps une lecture favorite des âmes pieuses en Alsace, et la *Fondation Blessig*, cette utile Société de patronage pour les enfants pauvres, conserve jusqu'à ce jour sa mémoire parmi nous.

— Elle méritait de revivre d'une façon plus visible encore, dit le notaire, et, pour ma part, je suis heureux de voir le nom de Blessig remis en honneur parmi les générations nouvelles. Cet homme avait compris la grande tâche sociale du christianisme ; il a courageusement lutté pour cette sage liberté dont jouiront peut-être un jour nos arrière-neveux. Il fut enfin — chose bien rare parmi nous et qui le devient chaque jour davantage ! — un théologien sincère, mais sans fiel, un homme qui fut croyant pour son compte, mais sans outrager ses adversaires et sans excommunier personne !

XIII.

— Ah, mon pauvre ami, me cria Z... au moment où j'entrais dans le sanctuaire, témoin de nos études gambrinales, vous voici rattrapé par l'administration municipale! Si vous ne vous dépêchez pas davantage, vos récits ne finiront jamais, et, d'arrêté officiel en arrêté officiel, vous nous traînerez ainsi jusqu'à la fin du monde.

— Soyez tranquille, répondis-je en me débarrassant des mille enveloppes nécessitées par la froidure hivernale qui vient enfin de nous arriver avec son cortège habituel de grippes et de rhumes. Vous finirez par voir la fin de toutes choses, et longtemps avant cela, j'espère, la fin de mes modestes récits. Rallumez votre pipe que vous avez laissé s'éteindre durant votre accès d'indignation ; laissez-moi déguster la « cravate » de cette blonde chope qui se prélasse devant moi, et puis nous nous mettrons résolûment à l'ouvrage.

— De qui nous parlerez-vous ce soir? demanda le notaire avec son aimable sourire habituel.

— Notre itinéraire nous conduit dans la rue Fischart. J'espère que notre ami Z... lui-même, malgré son antipathie pour le XVIe siècle, écoutera ce soir avec quelque indulgence la biographie de ce vieux poète, si attaché à notre cher Strasbourg, si soucieux de ses vieilles gloires, si original aussi, si gouailleur et si gai compagnon. Il pourra saluer en lui le typo accompli des *Steckelburjer* du temps jadis, alors que rien ne venait assombrir leurs confabulations joyeuses et substantielles autour du poêle enfumé, le broc écumeux ou la coupe à la main.

— Oui, nos pères nous dépassaient en bien des choses, soupira Z..., d'un air mélancolique, et leurs chopes, par exemple, étaient autrement grandes que les nôtres!

— Je ne vous raconterai pas bien longuement la vie de Fischart et pour cause. Rarement notices plus insuffisantes nous sont parvenues sur un personnage marquant des temps modernes. Encore aujourd'hui Strasbourg et Mayence se le disputent. Je pencherais néanmoins pour Strasbourg, même si j'étais Mayençais de naissance, tant nos prétentions me semblent mieux fondées. C'est sans doute vers 1550 que le poète vit le jour dans nos murs, sans qu'il me soit possible de vous fixer une date plus précise. Mais il fut élevé à Worms, chez un digne pédagogue, de ses cousins, nommé Gaspard Scheid, et pendant longtemps il ne séjourna qu'à de rares intervalles à Strasbourg, où la présence des

sions et surtout de son beau-frère, le célèbre éditeur et imprimeur Bernard Jobin, le rappelait de temps à autre.

En 1574 nous trouvons Fischart à l'Université de Bâle pour y conquérir son diplôme de docteur en droit. Quoique jeune encore, il avait passé bien des années déjà en courses vagabondes à travers la moitié de l'Europe. Le jeune étudiant, avide de connaissances et sans doute aussi d'aventures, avait séjourné successivement en France, aux Pays-Bas, en Angleterre, en Italie, sans que nous sachions quelque chose de ces pérégrinations multiples que par de rares allusions dans ses écrits. Elles suffisent cependant pour nous montrer qu'il n'avait pas « pioché » seulement les Institutes et les Pandectes, mais qu'il feuilletait aussi d'un œil attentif le grand livre de la nature humaine, largement étalé devant lui. Qui pourrait lui en vouloir de se rappeler plus tard les gracieuses pharmaciennes de Paris — je n'ose préciser, autant que le poète lui-même, le détail de ses admirations — de préférence aux savants docteurs qu'il avait entendus à la Sorbonne? Déjà quelques-uns de ses écrits avaient quitté sa plume avant qu'il fut coiffé du chapeau doctoral. Cependant le nom de Fischart était encore obscur, ce rimeur fécond n'ayant presque jamais publié ses œuvres sous sa véritable appellation patronymique. Les pseudonymes les plus étranges, les anagrammes les plus compliqués ont été successivement mis en tête de ses satires et de ses récits, comme s'il avait craint de nuire à sa réputation de jurisconsulte sérieux en signant de son nom des productions aussi légères.

— Mais comment s'appelait-il de son nom de guerre littéraire ? demanda le docteur.

— On pourrait vous répondre que son nom était *Légion*. Car, à vrai dire, ses travestissements foisonnent et tous ne sont pas sans doute encore connus. Cependant, si vous trouvez chez quelque antiquaire ou sur quelque étalage de bouquiniste en plein vent — mais vous ne les trouverez plus, hélas! — des volumes du XVIe siècle signés *Huldrich Elloposkleros, Hartfisch, Huldrich Visart, Jesuwalt Pickart, Ulrich Mansehr von Treubach, J. Noha Trauschiff von Trübuchen, Menzer*, etc., hâtez-vous de les enlever et de les garder pour vous.... ou de m'en faire cadeau. Ce sont là quelques-uns des anagrammes du « grave et spectable » avocat et docteur Jean Fischart.

C'est encore à Bâle qu'il commença l'un des plus considérables parmi ses écrits, la paraphrase du *Gargantua*, de Rabelais. Il revint ensuite à Strasbourg, où son cabinet d'affaires lui laissa suffisamment de loisirs pour composer divers ouvrages en prose et poèmes, la *Nef aventureuse de Zurich*, la *Consolation aux goutteux*, la *Philosophie conjugale*, etc., qui le rendirent célèbre, mais ne l'enrichirent guère. En 1581 Fischart se décidait à chercher fortune autre part et vint s'établir à Spire pour y exercer, comme avocat à la Chambre impériale, la plus haute cour de justice du Saint-Empire-Romain d'alors. Mais sa situation matérielle ne s'améliora pas, semble-t-il, pendant cet exil volontaire. Les gros bouquins de droit qu'il compila pour vivre, les traductions qu'il entreprit à la solde des libraires, ne remplirent pas son escarcelle dans la vieille ville rhénane. Il finit par revenir à Strasbourg et, comme tant d'autres, anciens ou modernes, il s'adressa dévotement à la Déesse des bénédictions matrimoniales, pour trouver, grâce à elle, et le bonheur de l'âme et le comfort matériel. Elle lui fut propice. En 1583 Fischart épousait Anne-Elisabeth, fille de Bernard Hertzog, bailli des comtes de Hanau-Lichtenberg en leur bonne ville de Wœrth, et bien connu des alsatiqueurs par sa *Chronique d'Alsace*. Dans les deux années qui suivirent, un fils et une fille naquirent de ce mariage. Le troisième fruit de cette union fut sa nomination comme bailli à Forbach, nomination que lui valurent les recommandations de son beau-père. Il vécut là pendant quelques années, de 1586 à 1589, comme représentant du comte Everard de Ribeaupierre. Nous aimons à nous figurer qu'après une vie de pérégrinations et de déboires, Fischart jouit pleinement de cette paisible retraite, au sein de sa petite famille, se reposant comme le juste — au figuré du moins — à l'ombre de sa vigne et de son figuier. Nous n'en savons rien cependant; nous ignorons même la date de sa mort, que l'on place d'ordinaire dans le cours de l'hiver de 1589 à 1590. En tout cas, les éditions de 1591 le mentionnent déjà comme « feu le savant et illustre docteur Fischart. »

— Les registres paroissiaux de Forbach ont sans doute été détruits, dit le notaire, sans quoi cette date serait facile à trouver.

— Il faut bien le croire, cher monsieur, puisque les érudits donnent là-dessus leur langue aux chiens. Envoyez-y messieurs les professeurs. Je ne suis pas un savant, moi, et ce n'est pas à des savants que je parle, Dieu merci ; ils me feraient trop peur.

— En voilà encore un naïf, ce bon M...., dit en riant le docteur. Si vous les connaissiez de plus près, vous verriez qu'il faut en rabattre. Il y en a dans le monde qui ressemblent terriblement au ballon de M. Toto, votre petit-fils. Ils prétendent avoir tout inventé, tout expliqué, tout découvert; ils sont tout gonflés de l'idée de leur propre importance. Un bon coup d'épingle critique suffit cependant à les aplatir.

— Vous en parlez à votre aise ; on vous sait assez docte pour que vous n'ayez pas à craindre une accusation de jalousie. Si je m'avisais de parler ainsi, vous me répondriez en chœur : Les raisins sont trop verts. Mais revenons à Fischart, qui vaut, ma foi, bien des érudits modernes. Je viens de vous résumer en quelques mots sa biographie; parlons un brin de ses œuvres. Elles sont nombreuses, je vous l'ai déjà dit, et j'ajoute que nous ne sommes nullement sûrs de les connaître dans leur ensemble. Homme de lettres aux gages de son beau-frère Jobin et d'autres éditeurs, Fischart semait sa prose et ses vers un peu partout. Il traduisait pour l'un des ouvrages de théologie, pour un autre des bouquins de droit. Pour vivre, il rimait les légendes de ces feuillets illustrés, précurseurs des imageries d'Epinal et de Wissembourg, qui répandaient alors en Allemagne les nouvelles du jour, sous une forme plus ou moins satirique et littéraire. De ces feuilles volantes, véritables journaux et brochures du temps, combien sont irrévocablement perdues, combien ne sont point connues comme émanant de notre poète ! Celles qui existent encore se vendent au poids de l'or. Voyez plutôt l'un des derniers catalogues publiés par la librairie Trübner, de notre ville. Et dire que nos arrière-grands-pères ont fait peut-être des fidibus avec ces papiers aujourd'hui si précieux !

Fichart était bien jeune encore quand il publia son premier ouvrage, *Aller Pracktick Grossmutter*. C'était une satire contre les Mathieu de la Drôme de son temps, ces faiseurs d'almanachs qui ne se contentaient pas de pronostiquer la pluie et le beau temps, comme les nôtres, mais prophétisaient en même temps l'avenir politique des États et ne se fatiguaient pas surtout de prédire la fin du monde. Pourquoi faut-il que Fischart, dont les vers bafouent si gaiement les astrologues et leurs prétentieux calculs, se soit montré si crédule sur d'autres points, sur le chapitre de la sorcellerie, par exemple, dont il acceptait les théories les plus ineptes ? En 1573 paraît une autre et bien amusante satire, au titre intraduisible (*Flœhhatz*, *Weibertratz*), qui a dû lui créer bien des ennemies parmi le beau sexe de sa ville natale. Mais par contre, que de bons, gros rires, quel épanouissement jovial devait produire, dans un cénacle comme le nôtre, le récit malicieux des luttes entre les femmes et.... les puces, puisqu'il faut les appeler de leur nom? Il me semble voir d'ici nos bons aïeux, groupés autour des cruches de grès de leurs tavernes enfumées, se gaudir au tableau des aventures de ces lestes et brunes créatures, compagnes trop obstinées de notre existence (d'alors), baptisées par le poète du nom de *Senftmhemd*, *Zwickste* ou *Springinsrœckel*.

Le chef-d'œuvre de Fischart, parmi ses écrits en prose, c'est sa paraphrase du *Gargantua* du « gentil curé de Meudon ».

— Reposez-vous, cria le docteur, en frappant la table de sa chope, et vidons notre hanap en l'honneur de maître Rabelais, le plus illustre des docteurs en médecine de tous les temps.

Nous obéîmes en souriant à l'enthousiaste, puis je repris : Ce n'est pas une traduction ; c'est à peine une paraphrase. Fischart s'est approprié seulement les contours généraux des premiers livres de l'œuvre française ; il l'a transportée, comme il le dit lui-même, sous le méridien germanique. Ce qu'il a emprunté surtout à son émule gaulois, c'est la verve endiablée de l'original, c'est la richesse abracadabrante de locutions, de dictons, d'images, que nous rencontrons dans ces pages touffues, toutes bourrées d'*humour* et d'entrain, bourrées parfois jusqu'à éclater pour ainsi dire, à force de joyeusetés folichonnes. Que notre langue actuelle paraît pauvre, incolore, anémique, quand on la compare soit à la prose de Rabelais, soit à celle de Fischart! Dieu me garde de médire de la période classique de Versailles ou de Weimar; un parc, tracé par Le Nôtre, est chose assurément belle, mais parfois dans ces longues allées droites, si bien ratissées, je soupire après un coin de forêt vierge. Eh bien, l'*Affenteuerliche Geschichtsklitterung* de Fischart est un de ces coins-là et c'est pour cela que je l'affectionne. Pour se faire une idée de la vigueur et de la richesse de la langue allemande à cette époque, rien ne vaut la lecture d'un chapitre du grand roman de notre poète. Prenez les pages sur les noces de Grandgousier, par exemple, et vous serez stupéfaits de l'avalanche de lazzis, de proverbes, de synonimes sous laquelle l'auteur vous enterre par moments, surtout quand il s'agit du boire et du manger. Vertubleu! quels estomacs robustes que ceux de nos ancêtres, et quels virtuoses ils étaient dans l'art de les dépeindre en activité de service!

— Le fait est, dit le docteur, que vous me donnez envie de manger, je veux dire de lire de cette prose-là. Ce soir-même je me paie une lecture de ce digne émule de Rabelais.

— Comme il faut se borner, même en parlant d'un poète aussi fécond, je ne vous entretiendrai pas des nombreux écrits polémiques de Fischart, dirigés contre l'Eglise catholique. Il a pris sa large part à la lutte acharnée qui passionna le XVIe et le XVIIe siècle, et que de sinistres farceurs s'efforcent de ressusciter dans le nôtre. Son *Bonnet carré des Jésuites*, sa *Ruche des frelons sacro-romains*, ouvrages imités du français et du flamand, eurent en leurs temps un très grand succès. Si, continuant à élever parmi nous des prétentions d'un autre âge, on réussissait finalement à réveiller les passions religieuses, ils trouveraient encore aujourd'hui de nombreux admirateurs, et les rieurs, croyez-le-moi, seraient toujours du côté de Fischart.

Mais ce n'est point parmi nous, messieurs, que le fanatisme confessionnel trouvera jamais des recrues. Catholiques ou protestants, croyants ou libres-penseurs, nous savons tous trop bien que notre propre liberté ne repose que sur le respect des libertés d'autrui, pour qu'on réussisse jamais à nous enrôler dans une croisade quelconque au profit de n'importe quelle infaillibilité sacerdotale. Aussi parlons d'autre chose, pour finir. J'ai réservé pour ma péroraison le plus connu peut-être des poèmes de Fischart, celui qui nous montre le mieux son profond attachement à notre ville natale, celui de tous ses écrits qui fut le plus étranger aux luttes du jour, bien qu'il fut, lui aussi, un poème de circonstance; c'est la *Nef aventureuse de Zurich*. Qui de vous ne connaît les détails de la visite rapide faite par les nautoniers de Zurich à leurs amis de Strasbourg, lors du tir mémorable de 1576 ? Des publications nombreuses ont ravivé dans notre mémoire cet épisode charmant de notre passé local, quand, il y a quelques années, nous en fêtions le trois centième anniversaire. La vieille marmite de fonte dans laquelle les Zurichois avaient apporté la bouillie de mil encore fumante, qui prouvait la rapidité de leur course, cette marmite a péri dans le désastre de nos collections scientifiques et littéraires, en août 1870. Les débris seuls en sont conservés aujourd'hui à la Bibliothèque municipale. Mais nous n'avons pas besoin, n'est-ce-pas, de ces témoins muets du passé pour nous rappeler la façon touchante dont les Zurichois d'aujourd'hui sont venus, il y a bientôt douze ans, réaliser les promesses de leurs pères? Fischart doit participer, à mon avis, à ce regain de popularité sincère que les événements de 1870 ont valu à l'épisode de 1576. Son attachement profond à Strasbourg, son admiration naïve pour les prouesses helvétiques l'ont si bien inspiré dans l'élaboration de son œuvre, qu'il a produit ce jour-là l'un des meilleurs poèmes historiques de la littérature allemande. Sa muse l'a rendu prophète, en faisant prononcer au vieux Rhin ces paroles à l'adresse des rameurs zurichois :

> Je le sais, je verrai plus tard encore
> Course pareille entreprise par vos enfants ;
> Car c'est le propre du caractère suisse
> De se montrer fidèles et bons voisins
> Et constants dans la détresse.

La prophétie n'a pas été trompeuse, cette fois. Ils sont venus en effet, au milieu de nos pires destins, nous tendre, à nous et aux nôtres, une main secourable. Le Conseil municipal de Strasbourg a perpétué le souvenir de cette assistance fraternelle, en donnant le nom de rue de Zurich à la belle voie de communication qui recouvre aujourd'hui le bras de rivière, traversé jadis par la *Nef aventureuse*. Il est question, dit-on, d'élever aux abords de cette artère une fontaine monumentale, pour décorer le quartier. Eh bien, personne n'y trouverait à redire, ni dans le vieux, ni dans le nouveau Strasbourg, si le buste de Fischart surmontait quelque jour cette fontaine et si la mémoire du poète strasbourgeois et du plus connu de ses écrits, était associée de la sorte au souvenir de l'un des épisodes les plus touchants dans l'histoire contemporaine de sa cité natale.

XIV.

— Aujourd'hui, messieurs, nous repassons du côté sud des bâtiments universitaires pour nous engager dans une nouvelle artère transversale, parallèle à la rue Blessig. Le titulaire de cette voie publique, s'il est permis de s'exprimer ainsi, était connu, respecté, aimé de nous tous. Il nous a quittés hier seulement et le nom de Philippe-Guillaume Schimper n'avait pas besoin de cette consécration quasiment officielle pour rester vivant dans la mémoire reconnaissante de la génération contemporaine. Mais quand une fois nous et nos enfants, nous reposerons sous les sapins du cimetière de Sainte-Hélène ou de Saint-Gall, la rue Schimper conservera le souvenir de l'excellent professeur, de l'administrateur dévoué de nos collections municipales, d'une illustration de premier ordre dans le domaine des sciences naturelles.

— Oui, c'était un grand savant, dit le docteur d'un air plus grave qu'on n'avait l'habitude de lui voir prendre, mais c'était surtout un excellent et digne caractère. Quel aimable et franc sourire sur ce visage intelligent et presque majestueux ! Vous le savez, je partage l'humanité tout entière en trois groupes, malheureusement fort inégaux en nombre, les sympathiques, les indifférents et les antipathiques. Schimper était l'une des natures les plus foncièrement sympathiques que j'aie connues dans ma carrière. Rien qu'à le voir entrer au cercle, vers les quatre heures, pour y parcourir les journaux, on éprouvait une satisfaction véritable, et c'était toujours un plaisir pour moi d'échanger avec lui quelques rapides paroles.

— Et quelle belle et noble tête ! ajouta le notaire. Chaque fois que je le rencontrais dans ces dernières années, il me paraissait ressembler d'une manière plus frappante au buste traditionnel d'Homère que nous a légué la sculpture antique.

— Je suis heureux, messieurs, de me sentir en communion de sentiments et d'idées avec vous au sujet du compatriote dont je comptais vous résumer aujourd'hui en quelques mots la carrière, toute de labeur et d'étude. Je ne vous retiendrai pas longtemps, car aucun événement marquant n'a signalé son existence extérieure, et les batailles pacifiques, les conquêtes même de la science n'intéressent pas encore, hélas! les foules au même degré que les luttes sanglantes de la force brutale, célébrées par de pompeux bulletins de victoire.

Ph. G. Schimper naquit au presbytère de Dossenheim, petit village coquettement établi sur la Zinsel, dans une large vallée de nos Vosges, le 8 janvier 1808. Peu après sa naissance, le pasteur Schimper, son père, fut appelé à la cure d'Offwiller, située plus au nord, dans l'arrondissement de Wissembourg. C'est là, dans le voisinage immédiat des Vosges et de la Hardt que l'enfant intelligent et précoce passa les longues et paisibles années de sa jeunesse, recevant les premières notions des sciences par l'enseignement paternel. C'est là qu'il apprit à saisir d'un œil attentif les mystères de la nature, à l'observer patiemment dans ses menus détails, avant de devenir l'un des interprètes les plus autorisés de ses secrets. Il touchait à ses quinze ans quand il dut enfin quitter le village paternel pour puiser à d'autres sources une instruction plus complète. Après avoir suivi les classes du collège de Bouxwiller de 1822 à 1826, il vint à Strasbourg l'année suivante pour y commencer ses études académiques. C'était encore le bon vieux temps où nos dignes pères ne connaissaient que trois carrières libérales, la chaire, la médecine ou le barreau, sans se préoccuper beaucoup des études linguistiques, historiques, scientifiques et autres, qui leur semblaient superflues pour la raison concluantes qu'elles ne menaient à rien. Le père de Schimper avait exprimé le désir que son fils suivît la voie qu'il avait parcourue lui-même. Le jeune Philippe-Guillaume entra donc au Séminaire protestant, dont il suivit les cours préparatoires, puis il aborda l'étude même de la théologie. Il s'y mit consciencieusement, comme en toute chose qu'il devait entreprendre dans sa longue carrière. Mais la vocation n'y était point, et les études scientifiques disputaient dès lors les loisirs du jeune étudiant à la dogmatique et à l'exégèse. Schimper termina cependant ses études en 1832 et devint ministre du saint Evangile. Il débuta même dans la carrière pastorale comme remplaçant occasionnel de son père pendant qu'il résidait au Bœrenthal en qualité de précepteur dans la famille de Dietrich. Les paysans d'Offwiller trouvaient que le « jeune Guillaume », qu'ils avaient vu grandir au milieu d'eux, était l'homme qu'il leur fallait. Il n'aurait tenu qu'à lui de succéder un peu plus tard à son vieux père, mais le charme des vallées vosgiennes, les occasions qui s'offraient à lui d'y étudier en détail la formation de nos montagnes, leurs richesses végétales et minérales, l'entraînèrent définitivement du côté de la science. La théologie y perdit peut-être, mais la science et le grand public y gagnèrent davantage.

Cette décision ne fut pas prise sans de longues hésitations et de grandes luttes intérieures. On peut la qualifier d'héroïque, car Schimper ne possédait aucune fortune, et, pour avancer dans une direction nouvelle, les diplômes conférés par la Faculté de théologie ne pouvaient plus être pour lui d'aucune valeur. Il dut recommencer ses études officielles à un âge où ses amis et condisciples entraient dans la vie pratique, et où les préparatifs nécessaires pour des examens préliminaires apparaissent comme une corvée doublement pénible. Il ne se découragea pas cependant, car il avait, avec beaucoup de douceur, une grande énergie de caractère. En 1835 il était aide-naturaliste au Musée d'histoire naturelle, et les trois cents francs que lui rapportaient cette place furent longtemps son unique traitement officiel. D'autres arrivent rapidement, et comme en se jouant, aux honneurs, aux positions lucratives. Schimper n'a point joui de ce douteux privilège. Il avait encore à lutter péniblement pour son existence matérielle alors qu'il était depuis longtemps déjà une célébrité scientifique, estimée par l'Europe érudite tout entière. C'est bien tard seulement que le gouvernement et les représentants de notre ville natale ont récompensé ses mérites autant qu'il leur était possible de le faire. En effet, ce n'est qu'en 1862 que Schimper devint professeur à la Faculté des sciences, en remplacement de M. Daubrée ; c'est en 1866 seulement qu'il était nommé directeur titulaire du Musée municipal, qu'il dirigeait et enrichissait en réalité depuis de longues années. Il est vrai de dire qu'avide de science plus que de vaines distinctions et de hochets futiles, content de bien peu, pourvu qu'il put se livrer à ses chères études, Schimper ignora toujours l'art de se faire valoir, et dédaigna même, un peu trop peut-être, les filières administratives de l'Université de France. Il avait publié de nombreux volumes, il était une autorité respectée en botanique, avant qu'il put se décider à soutenir une simple thèse de docteur, condition préliminaire pourtant pour arriver à une chaire de professeur.

Schimper n'avait pas précisément une diction élégante ; il appartenait à cette génération qui éprouvait encore quelque gêne à revêtir sa pensée de l'idiôme gaulois. Mais combien vite on perdait de vue ce léger défaut quand on assistait à l'une de ces leçons élémentaires, à l'une de ces conférences populaires dans lesquelles il résumait, avec une lucidité merveilleuse, les problèmes les plus ardus de la science ! En se livrant à l'une de ces causeries familières, son langage, un peu hésitant au début, s'animait par degrés et bientôt le sujet l'entraînait, sans qu'il cessât de le dominer de haut. Les trésors de sa science si sûre et si consciencieusement acquise se déversaient avec une abondance qui n'avait rien de prolixe et qui ne laissait pas d'être admirablement précise. Il savait mêler une pointe d'*humour* à la discussion des plus grands problèmes que l'homme ait abordés jamais, l'origine du monde et sa propre origine, les révolutions du globe, le développement des races, et tant d'autres sujets qu'il a traités dans nos conférences publiques, ne laissant à ses auditeurs qu'un seul regret, celui de les voir finir toujours trop tôt. Il savait intéresser les dames elles-mêmes aux mystères de la géologie et de la paléontologie, et cela, j'ai hâte de le dire, sans rabaisser jamais la science au niveau d'une amusette banale — il la respectait trop pour cela — mais par l'unique moyen d'un enthousiasme profond qu'il communiquait aux autres et d'une limpidité d'exposition merveilleuse, que je n'ai jamais vu égaler par un autre professeur. J'ai suivi, voilà bien des années déjà, les leçons d'histoire naturelle que M. Schimper donnait au Gymnase. Nous étions de turbulents vauriens parfois, et nos professeurs d'alors, les Himly, les Engelhardt, les Schweighæuser et les Bœgner, ne réussissaient pas également à nous maintenir sous leur discipline paternelle. Je ne suppose pas non plus que nous avions tous la bosse spéciale de l'histoire naturelle. Mais M. Schimper n'avait qu'à entrer en classe pour qu'un parfait silence s'y établît, et pendant ses leçons jamais il n'eut de réprimandes à nous faire, tellement nous étions intéressés par les développements, élémentaires pourtant, que nous donnait le savant professeur, et captivés par les horizons nouveaux qu'il ouvrait à nos esprits étonnés. Bien des élèves du Gymnase lui conservent encore aujourd'hui la plus vive reconnaissance. Ce qu'ils savent de ces sciences qui n'existaient pas hier et qui demain changeront peut-être notre conception de l'univers, c'est à ce cours modeste de l'illustre géologue qu'ils le doivent.

Et ceux qui ne l'ont pas entendu du haut de sa chaire de professeur, ceux qui parmi nous n'ont point assisté à ses conférences à l'Hôtel-de-Ville, à l'Aubette, à Saint-Pierre-le-Vieux, ceux-là connaissent du moins le monument — le mot n'est pas trop prétentieux, je vous prie de le croire — que Schimper s'est érigé à lui-même, et cela sans y chercher aucune gloriole personnelle, dans notre beau Musée d'histoire naturelle, une des plus grandes collections de ce genre qui existent en Europe, et qui doit la meilleure part de ses richesses au zèle infatigable, au dévouement éclairé de son conservateur. Pour enrichir *son* Musée, Schimper est allé butinant, des déserts de la Laponie aux rochers abruptes de la Sierra Morena, sans cesse préoccupé de trouver quelque échantillon précieux, quelque animal nouveau qui put orner les vitrines de nos collections municipales.

Je ne vous entretiendrai point des grands ouvrages de M. Schimper sur les mousses, sur la géologie des Vosges, sur la paléontologie et tant d'autres matières scientifiques. Je ne les connais pas tous et je les connaîtrais, messieurs, que je n'aurais aucune compétence pour en parler devant vous. Nous pouvons nous en fier là-dessus au jugement des plus savants spécialistes de l'Europe et de l'Amérique. Ils ont suffisamment fait voir depuis un quart de siècle quel cas ils faisaient de l'auteur de la *Bryologie européenne* et du *Traité de paléontologie végétale*. Quand Schimper, après avoir vaillamment lutté contre la maladie qui le minait depuis longtemps, succombait à ses atteintes dans la soirée du 20 mars 1880, le concert d'éloges et de regrets dont nous avons pu recueillir l'écho dans la presse étrangère, fut unanime. Sa perte fut également sentie des deux côtés des Vosges, sur les deux rives du Rhin, dans ces belles vallées de la Suisse où il avait trouvé le bonheur domestique et laissé tant d'amis. Ses enfants, ses amis, nous tous, ses concitoyens, nous n'avons pas seulement perdu en lui l'une des plus hautes illustrations scientifiques du Strasbourg moderne, mais encore un des caractères les plus intègres, les plus sincèrement, les plus naïvement voués au culte exclusif de la science, les plus faits pour inspirer cet amour désintéressé du vrai, sans lequel aucun travail n'est fécond et la science elle-même devient un mensonge.

XV.

— Si vous vous ennuyez ce soir, mon pauvre Z..., je ne m'en étonnerai pas trop et je ne m'en scandaliserai pas davantage. Notre voyage en zig-zag nous amène en effet à la rue Wimpheling, et ce Wimpheling, que vous m'assuriez dernièrement ne pas connaître, est le plus célèbre pédagogue de son temps. Or vous n'aimez guère, les pédagogues, ni les vieux, ni les jeunes. Ils vous paraissent — que de fois l'avez-vous dit ici ! — également rogues, prétentieux et hérissés de grec et de latin. Je ne puis néanmoins faire autrement que de vous parler de Wimpheling, puisque vous rencontrerez bientôt son nom sur les écriteaux officiels. Ce fut en définitive un bien digne homme, même en admettant qu'il nous paraisse légèrement ennuyeux. Ses contemporains, moins difficiles que leurs arrière-neveux, l'ont décoré du surnom de *pædagogus Germaniæ*, le maître par excellence de l'Allemagne entière.

— Il paraît que ça se gagne, grommela Z... en me lançant un regard hargneux. Voilà ce brave M... qui nous parle latin ! Enfin, défilez toujours votre chapelet. Je suis résigné à tout, même à un cours de pédagogie, très utile assurément pour un vieux célibataire comme moi.

— Je vous dirai donc que Jacques Wimpheling naquit à Schlestadt le 27 juillet 1450. C'était le fils de pauvres gens, qui trouvèrent moyen néanmoins de lui faire suivre les cours de l'école de Dringenberg, la première « école latine » qui ait été fondée en Alsace et qui donna pendant trente ans une réputation considérable à cette petite ville. Nous savons par les Mémoires de Platter qu'on y venait de loin s'asseoir, dans ces salles primitives, sur des bottes de paille, afin d'y puiser les éléments de la science, sans souci des rats, des punaises et d'autres ennemis plus désagréables encore, contre lesquels on bataillait, tout en commentant Donat ou en lisant Virgile. Quand Wimpheling eut quatorze ans, il quitta le toit paternel et se dirigea, comme tant d'autres bacheliers errants, vers l'Université de Fribourg.

— Est-il possible? s'écria le notaire. Des étudiants de quatorze ans!

— Eh oui, monsieur; cela se voyait souvent alors. Vous pensez quel sabbat devaient faire des vauriens de cet âge, réunis par centaines et parfois par milliers, vivant en partie de la charité publique, et s'occupant de tout, parfois même de leurs études. Wimpheling eut du moins la candeur de reconnaître hautement plus tard qu'il avait été terriblement corrompu là-bas par les mauvais garnements, ses aînés, et quarante ans plus tard, il adressait de belles et touchantes exhortations aux jeunes gens pour les prémunir contre le vice. Y réussit-il? C'est ce que je me garderai bien de décider ici. Après avoir séjourné quelque temps à Fribourg, le jeune homme se rendit à Erfurt, alla plus tard à Heidelberg, y devint *magister* et s'y fixa comme professeur. Il avait vingt-deux ans.

— Quelle singulière précocité des esprits à cette époque! reprit le notaire. Vous nous avez raconté déjà que Geiler, lui aussi, commença ses cours à dix-neuf ans. On n'admettrait pas de nos jours une aussi curieuse facilité de production scientifique de la part de gens qui ont à peine fini d'apprendre, sans avoir réussi peut-être à rien digérer encore ou à rien comprendre.

— Erreur profonde, mon ami, répondit le docteur. Aujourd'hui, comme alors, c'est bien souvent la même chose. On pourrait dire tout au plus qu'il y a progrès relatif de nos jours, en ce sens que bien des gens professent avec une suprême aisance ce qu'ils n'ont jamais appris du tout. Ça n'empêche pas qu'ils aient du succès, et même beaucoup de succès.

— Pendant quelques années Wimpheling resta à Heidelberg ; ce fut peut-être l'époque la plus heureuse de sa vie. Secrétaire intime du comte palatin Frédéric, recteur de l'Université, directeur d'une école savante, poète fort goûté, malgré la faiblesse de ses vers latins, il ne songeait pas à quitter les bords du Neckar, quand on lui offrit en 1483 la place de prédicateur à la cathédrale de Spire. Il refusa d'abord ; mais ses concurrents ayant répandu le bruit qu'il le faisait, ne pouvant établir sa naissance légitime, Wimpheling finit par accepter l'activité nouvelle qu'on lui offrait pour protéger l'honneur maternel contre ces lâches insinuations. Il resta quinze ans à Spire, remplissant consciencieusement ses devoirs de prédicateur, de confesseur, de conseiller ecclésiastique. Nous le voyons s'élever avec une courageuse franchise contre l'impudicité du clergé, contre l'avidité et l'avarice d'un trop grand nombre de ses collègues, attaquant les abus, soit du haut de la chaire, soit au sein des synodes provinciaux. Nous le voyons aussi prendre non moins énergiquement la défense des gens d'Église contre les puissants, princes, chevaliers ou bourgeois, qui les tourmentent, les pillent, les rançonnent ou les persécutent. Nul n'a plus catégoriquement refusé, par exemple, de soumettre le clergé aux tribunaux laïques, nul n'a plus chaudement défendu contre le bras séculier les immunités de l'Église, accumulées pendant les siècles du moyen âge. Son activité théologique n'absorbe pas tous ses loisirs. Il a beaucoup écrit pendant son séjour à Spire, mais ses écrits politiques ne sont guère intéressants. Bon patriote allemand, tel que je vous l'ai dépeint déjà, en parlant de Murner, il en resta toujours à la vieille conception du moyen âge, à l'idée d'un Saint-Empire-Romain dominant sur les nations chrétiennes, et du Pape et de l'Empereur, ces deux «étoiles polaires» du firmament politique, gouvernant de concert le monde entier. Le brave homme oubliait d'expliquer ce qu'il y avait à faire quand les deux « étoiles » étaient en guerre ensemble, ce qui pourtant était alors — et même un peu de nos jours — l'attitude habituelle de l'Eglise et des pouvoirs civils.

Plus importants sont ses écrits didactiques, consacrés à l'éducation de la jeunesse. Il leur doit une renommée légitime, et si maint précepte du célèbre pédagogue nous fait sourire aujourd'hui, n'oublions pas que bien des règlements, qui sont proclamés aujourd'hui indispensables et qui font l'admiration de la bureaucratie, paraîtront quelque jour excessivement curieux, mais non pas, à coup sûr, admirables, aux générations à venir. L'enseignement public se faisait alors dans des conditions détestables. Depuis des siècles on se servait des mêmes manuels insuffisants et fautifs, mal compris des maîtres et que les disciples ânonnaient à leur tour sous la férule magistrale. Wimpheling se mit à composer des

livres de classe pour remplacer le *Doctrinal
d'Alexandre* et d'autres écrits du même genre.
Sa *Moëlle des élégances du style*, ses *Elégances
majeures* — pour n'en citer qu'un ou deux,
presque au hasard, — fourniront d'excellents
manuels à la jeunesse allemande. En même
temps, il traitait les théories pédagogiques à
l'usage des professeurs dans d'autres écrits
spéciaux. L'excellent prédicateur n'était pas,
à vrai dire, un humaniste, c'est-à-dire un con-
naisseur sérieux, ni un admirateur de l'antiquité classique. Il préférait, pour son compte,
Prudence et Baptiste de Mantoue à Virgile et
à Horace. Il ne conseillait de lire le grec que
puisque Saint Augustin l'avait déclaré nécessaire. S'il s'élevait avec énergie contre les
coups de fouet et les verges dont on agré-
mentait alors les études, il le faisait surtout
puisque Quintilien et Aeneas Sylvius l'avaient
blâmé avant lui.

— Que de pédagogues aujourd'hui qui se
croient forts en latin et qui n'ont pas su retrouver cependant dans leur Quintilien ce
passage qu'on ferait bien de graver en gros
caractères sur la porte d'entrée de chacune de
nos classes ! s'écria le docteur.

— Tous ces travaux cependant ne donnaient
pas à Wimpheling la sérénité d'esprit qu'on
s'attendrait à trouver chez un savant aussi tra-

vailleur, chez un ecclésiastique aussi consciencieux. La vie lui pesait ; esprit chagrin, nature mélancolique et morose, il constatait chaque jour davantage que ses exhortations morales ne portaient guère de fruits. Comme Geiler, il fut pris du désir de quitter le monde et de s'ensevelir dans un couvent. Son ami, le chanoine Christophe d'Utenheim, prébendaire à Saint-Thomas, l'invitait à chercher avec lui quelque Thébaïde bien à l'abri des bruits et des misères d'ici-bas. Wimpheling ne put résister à cet appel. Il donna sa démission de prédicateur à Spire, en 1498, vint en Alsace pour y régler ses affaires et pour visiter ses parents avant de réaliser ses nouveaux projets. Mais son ami n'était point encore prêt Wimpheling alla s'établir alors momentanément à Heidelberg, où il se livra derechef à ses travaux littéraires, écrivait l'*Agatharchie* ou le traité des devoirs d'un bon prince et le plus complet de ses traités pédagogiques, l'*Adolescence*. Si nous en avions le temps, je vous en ferais voir quelques chapitres. Il y a là des traits bien curieux ; témoin la page où il conseille d'engager les jeunes gens dans la carrière ecclésiastique, en leur dépeignant bien vivement le fardeau du joug conjugal et les soucis de l'entretien d'une famille. Si on ne le savait si respectable de mœurs, on pourrait croire, en vérité, qu'il a fait à ce sujet de bien pénibles expériences ! Il y annonce également aux jeunes gommeux d'alors qui se faisaient friser et teindre les cheveux que Dieu se refuserait à les reconnaître, ainsi travestis, au Jugement dernier. Espérons que la menace fit plus d'effet alors qu'elle n'en ferait aujourd'hui sur un public analogue.

Au moment où le chanoine Christophe d'Utenheim se disposait enfin à partir avec Wimpheling, il se vit appelé inopinément au siège épiscopal de Bâle et dut abandonner ainsi ses projets de cénobite. Notre prédicateur, resté seul, se fixa près de Geiler à Strasbourg et prit son domicile au couvent des Guillemites, dans la Krutenau. C'est dans cette tranquille retraite qu'il continua ses labeurs scientifiques; c'est là qu'il composa sa *Germanie* dont je vous ai parlé naguère et à laquelle répondit Murner; c'est là aussi qu'il écrivit son *Epitome* ou *Résumé de l'histoire d'Allemagne*, que je considérerais volontiers comme son meilleur ouvrage, si j'avais la moindre compétence en cette matière. C'est le premier manuel de ce genre, erroné souvent, tendencieux à coup sûr, mais écrit d'une plume alerte et rempli d'un souffle patriotique. Après avoir fait en 1503 une visite à son ami Christophe, le nouvel évêque de Bâle, et avoir rédigé, à sa prière, la *Constitution synodale bâloise*, où je suis frappé surtout des procédés cruels prescrits à l'égard des Juifs, Wimpheling se rendit à Fribourg, en qualité de précepteur et de tuteur d'un jeune patricien de Strasbourg, dont nous aurons à reparler dans la suite, de Jacques Sturm de Sturmeck. Pendant ce séjour il rédigea son livre fameux *De integritate* ou *de la continence du clergé*, qu'il eut l'idée, pour le moins bizarre, de dédier à son jeune élève. Il y énumérait onze moyens principaux de résistance au vice; il avait oublié le plus simple, la suppression du célibat des prêtres. Sans songer à mal, Wimpheling avait, dans son écrit, raconté bien des histoires scandaleuses dont il avait été le témoin. Aussi fut-il accusé avec une extrême violence par les prêtres stigmatisés de la sorte. On le dénonça comme hérétique auprès du Saint-Siège — Murner fut du nombre des dénonciateurs — et l'auteur dut adresser une longue supplique en vers au pape Jules II, pour attester sa parfaite orthodoxie. D'autres désagréments surgirent. Dans une de ses brochures il avait invectivé les Suisses, qui se refusaient à reconnaître l'autorité de Maximilien I, et les avait apostrophés comme des rénégats. Les rudes citoyens des cantons helvétiques lui répondirent en le traitant d'espion et en lui conseillant de ne plus jamais venir se montrer à Bâle. Une autre querelle avec le poète Jacques Locher l'entraîna plus loin encore. Je ne vous redirai pas les aménités qui s'échangèrent en latin plus ou moins classique entre ces deux fils d'Apollon. Wimpheling termina la polémique en dénonçant à son tour son adversaire à l'Inquisition et en déclarant que les Muses étaient filles, non pas de Jupiter, mais du Diable.

On comprend que toutes ces luttes l'aient rendu de plus en plus irritable et morose. Il ne se sentait plus heureux, ni à Fribourg, ni à Heidelberg, où nous le voyons retourner et où il rencontra Mélanchthon encore enfant, ni à Strasbourg, où il eut la douleur de voir mourir son ami Geiler en 1510. Ses travaux scientifiques (parmi lesquels je citerai encore son *Catalogue des évêques de Strasbourg*), sa célèbre *Société littéraire* elle-même, qui conviait à de fréquents débats les plus remarquables esprits du monde littéraire de notre cité, rien en un mot ne lui rendait le calme intellectuel et moral, nécessaire à son repos. Quand éclata la grande querelle de Reuchlin avec les Dominicains de Cologne, qui marque le commencement de la lutte religieuse en Allemagne, il se tint coi, partagé entre son mépris pour les moines et sa haine pour les

Juifs. Se sentant de plus en plus isolé à Strasbourg, il finit par revenir aux lieux où s'était écoulée son enfance. C'est chez sa sœur Marguerite, à Schlestadt, qu'il passa ses dernières années. Son neveu, Jacques Spiegel, était secrétaire impérial ; du moins il pourrait s'entretenir avec lui de ce Maximilien qu'il avait tant chanté, tant aimé, et qui venait de mourir. Mais les luttes religieuses vinrent le poursuivre jusque dans sa dernière retraite. L'Ecole de Schlestadt et Sapidus, son directeur, se prononcèrent pour les idées nouvelles. Le neveu de Wimpheling, lui aussi, penchait vers la Réforme. Son élève de prédilection, Jacques Sturm, aidait à l'introduire un peu plus tard à Strasbourg, et Wimpheling eut la douleur de lui entendre répondre, quand il le taxa d'hérésie : Oui, maître, je suis hérétique, mais c'est vous qui m'avez rendu tel ! Quel amer chagrin pour lui, le prêtre attaché à l'Eglise, le chantre enthousiaste de l'Immaculée Conception, d'avoir produit de pareils disciples! Cruellement tourmenté par la goutte, cassé par l'âge, oublié déjà des uns, honni des autres qui le regardaient, bien à tort, comme un transfuge, le pauvre savant s'éteignit à Schlestadt, le 17 novembre 1528, âgé de 78 ans. Il subit le sort de toutes les âmes timides en ces temps de crise ou d'orage où, selon la parole biblique, les violents seuls sont assurés du royaume de Dieu. Si vous passez jamais par Schlestadt, ne manquez pas d'aller voir à la cathédrale son monument, orné d'une épitaphe composée par son concitoyen Beatus Rhenanus, et qui redit en termes simples et touchants les mérites de ce « zélateur des Saintes-Ecritures, de ce défenseur de l'union parmi les chrétiens, de cet ami sincère de la jeunesse. »

XVI.

— Aujourd'hui, mon cher docteur, dis-je en serrant la main à notre excellent ami B..., aujourd'hui c'est le tour de la Faculté de médecine. La rue Lobstein nous mènera chez un de vos confrères d'autrefois, un peu oublié peut-être du grand public contemporain, mais resté justement célèbre dans l'histoire de l'Ecole de Strasbourg.

— Il en est bien temps, dit le docteur en riant. Que de théologiens vous avez fait défiler devant nous, avant de produire ici le moindre enfant d'Esculape! Mais à propos de théologiens, laissez-moi d'abord m'acquitter d'une commission dont l'un de mes amis m'a chargé pour vous. Il désirerait savoir comment Wimpheling a pu chanter l'Immaculée Conception, laquelle n'a été promulguée, dit-il, que par Pie IX et de nos jours il avait l'air de vous croire un peu…. blagueur.

— Mon cher monsieur, répondis-je, légèrement piqué par ce dernier reproche, votre ami ne semble guère aimer les théologiens, et la théologie plus que vous, ou partager du moins votre indifférence bien connue pour des études de ce genre. Il saurait sans cela que si le dogme de l'Immaculée Conception a été officiellement promulgué par Pie IX seulement, il y avait des siècles qu'il était admis par d'illustres docteurs de l'Eglise, et que, dès le moyen âge, il a fourni matière à des traités volumineux que je ne veux pas jeter à la tête de votre ami. Ce serait trop cruellement me venger. Mais prescrivez-lui toujours la lecture du poëme de Wimpheling ; c'est un excellent soporifique pour qui sait le latin.

— Je crois qu'il préférera sa chope à la *Lanterne*, répliqua le docteur. Le remède est encore plus efficace.

— Réflexion faite, ne lui dites rien du tout, mon ami ; cela vaudra mieux encore. Je pourrai le vexer sans le vouloir, et je tiens à ne pas contrarier inutilement mes lecteurs, surtout quand ils signent : « un lecteur assidu ». Ce n'est pas, je vous l'avoue, l'un de mes moindres amusements de trouver sur mon bureau, de temps à autre, une épître louangeuse ou sévère qui m'apporte un écho des sentiments du public. Il y en a quelquefois de bien aimables, de véritables bouquets de roses, mais aussi.... Enfin, vous le savez, il n'y a point de roses sans épines, et vous avez tous appris, je suppose, dans votre tendre enfance, la fable du *Meunier, de son fils et de l'âne.* Tenez dernièrement....

J'allais m'engager plus avant dans le compte-rendu de ces échanges de vue anonymes, quand le père Z..., qui fumait tranquillement au coin du poêle, m'interrompit en me criant de sa voix aigrelette : M'est avis, mon brave M...., que vous nous faites perdre un temps précieux avec ces bavardages. Puisque Lobstein il y a, parlez-nous ce soir de Lobstein et ne nous rebattez pas les oreilles de votre correspondance particulière. Il est déjà suffisant d'avoir à goûter votre éloquence officielle, et je vous trouve d'ailleurs bien naïf de répondre à des gens qui me paraissent se.... moquer de vous.

— Cela ne me semble pas aussi évident qu'à vous, répondis-je vivement, et je tiens que toute question polie vaut bien une réponse. Mais puisque vous êtes d'un avis contraire, je n'insiste pas et je passe, non pas au déluge, mais à la naissance de mon héros, ce qui ne nous fait guère reculer qu'à cent ans en arrière.

La famille Lobstein est une vieille famille strasbourgeoise, dont le nom, fort honorablement connu par des spécialités très-diverses, est encore largement représenté parmi nous. Jean-Georges-Frédéric Lobstein, dont la rue, parallèle à la rue Schimper, portera le nom, n'est pas né cependant dans nos murs. Son père, qui avait débuté comme diacre à l'Eglise française de Strasbourg, fut appelé plus tard comme professeur à la Faculté de théologie de Giessen, et c'est là, dans la petite ville universitaire hessoise, que Jean-Georges-Frédéric vit le jour, le 8 mai 1777. Son père était un homme d'une grande piété, mais attaché aux principes de l'orthodoxie la plus rigide; sa mère une femme très-intelligente, dit-on, mais d'un caractère remarquablement sévère. Le savant professeur ne pouvait se rappeler plus tard avoir jamais reçu une seule caresse, un seul baiser maternel.

— Pauvre petit! s'écria le notaire d'un ton compatissant.

— Il était encore bien jeune quand son père quitta Giessen pour revenir à Strasbourg. En 1784 l'ancien diacre était nommé pasteur à l'Eglise du Temple-Neuf et joua depuis lors un rôle marquant dans les discussions et les disputes théologiques qui précédèrent de peu, parmi nous, les années de l'époque révolutionnaire. L'enfant suivit les classes du Gymnase, montrant une précocité si grande et tant de moyens qu'à *treize* ans il fut inscrit comme étudiant sur les registres universitaires. Sa vocation fut décidée surtout par l'exemple d'un oncle, enseignant à la Faculté de médecine de notre Université. C'est le professeur Lobstein, connu dans l'histoire de la littérature allemande pour avoir été le professeur du jeune Gœthe et pour avoir opéré Jean-Geoffroi Herder.

Notre Lobstein commença ses études académiques sous des auspices peu favorables. Les événements politiques absorbaient l'attention de tout le monde et bientôt allaient détruire l'Université elle-même. Les malheurs inhérents à toute révolution violente allaient frapper bientôt tout particulièrement la famille du jeune étudiant en médecine. Son père, conservateur en politique comme en religion, fut dénoncé aux Jacobins comme *agioteur* et *fanatique* et brusquement arrêté, par une soirée de novembre 1793, au milieu des siens. Cette arrestation subite, l'incarcération au Grand-Séminaire, où se trouvaient déjà tant d'autres victimes, portèrent un coup mortel à la santé déjà chancelante du malheureux prédicateur. En vain le jeune interne courut chez le cordonnier de la famille, le citoyen Jung, ardent jacobin et devenu, à ce titre, officier municipal de la cité, pour obtenir la permission de voir son père. Tout ce qu'il put obtenir de Jung, guillotiné plus tard lui-même comme suspect, ce fut le droit d'envoyer chaque jour une écuelle de bouillon réconfortant au malade. Au fond de cette écuelle on plaçait une lettre dans une petite boîte en cornaline, et c'est par ces billets que la famille communiquait avec son chef. Neuf mois se passèrent de la sorte. Un jour le billet resta sans réponse; le pasteur Lobstein était mort le 29 juin 1794, et c'est trois jours après seulement que le maire Monet permettait aux enfants du défunt de revoir encore une fois le cadavre avant que la charrette des prisons le conduisît au cimetière. Ils n'ont même pas sû, dit-on, en quel endroit fut enfouie la dépouille paternelle. On ne s'étonnera pas si la Révolution, si les idées professées alors restèrent odieuses au jeune homme, qui faisait un pareil début dans la vie, et si bien des années plus tard il en parlait avec une antipathie, avec une certaine peur même, qui se manifesta surtout après les événements de 1830. Tant il est vrai que nos principes politiques ou religieux nous sont le plus souvent dictés par nos sympathies ou nos antipathies et non d'après les postulats de la raison pure.

— N'entrez pas sur le terrain philosophique, dit le notaire en souriant. Vous risqueriez de n'être plus compris d'une partie de votre auditoire.

— Et surtout de vous-même, ajoute Z... en clignant méchamment de l'œil.

— La mort du père, continuai-je, sans répondre aux interrupteurs, qui tous deux avaient raison, cette mort amena la dispersion de la famille. M_me Lobstein se retira au village de Lampertheim et subvint à ses modestes besoins en brodant des bonnets de paysannes. Les fils se séparèrent. L'un d'eux fut par la suite secrétaire intime de la grande-duchesse Hélène de Russie. Notre jeune étudiant, âgé de dix-sept ans, entra comme aide aux ambulances, en octobre 1795, et dès l'année suivante fut nommé officier de santé de l'armée de Rhin-et-Moselle. Mais il fut bientôt renvoyé, sur sa demande, comme soutien de famille, afin de pouvoir continuer ses études. Devenu prosecteur de l'Ecole de médecine cette même année, il poursuivit avec zèle ses travaux scientifiques. Encore une fois appelé aux armées, ce n'est qu'en 1803 qu'il soutint sa thèse de docteur ; peu après il se vit honoré d'une proposition du gouvernement hessois et appelé comme professeur extraordinaire à l'Université de Marbourg. Il refusa de quitter Strasbourg et en fut récompensé par sa nomination comme chef des travaux anatomiques, position qui lui permit de se vouer tout entier à la création ou du moins à la réorganisation du Musée dont nous parlerons tantôt. En 1805 il devenait médecin-accoucheur en chef à l'Hôpital civil. En 1819 le gouvernement créa pour lui à la Faculté la chaire d'anatomie pathologique et lui confia la direction du Musée d'anatomie. Un peu plus tard, la chaire de clinique et de médecine interne étant devenue vacante par le décès de M. Coze père, Lobstein cumula l'enseignement de ces deux branches de la médecine. A ce moment Lobstein était l'une des célébrités médicales de notre cité, la plus en vue peut-être alors. Ses cours, suivis non-seulement par les auditeurs nationaux, mais par des nombreux étrangers venus d'outre-Rhin, attiraient par leur lucidité parfaite, sans aucun apparat oratoire. Lobstein qui parlait peu en général, ne s'exprima jamais qu'avec une certaine timidité devant un public plus nombreux. Ce petit homme gros, à boucles blondes, se sentait plus à l'aise dans son cabinet de travail ou les salles de son Musée que dans les salons de Strasbourg. Musicien passionné, il aimait à se distraire de ses préoccupations scientifiques par quelque sonate de Beethoven ou de Mozart, ou bien il se livrait au classement de sa collection de médailles, l'une des plus riches de Strasbourg, car elle comptait trois mille pièces au moment de sa mort. Je ne sais ce qu'elle est devenue depuis. Je n'ai pas à vous entretenir ici de ses écrits professionnels que je n'ai point qualité pour juger. Son principal ouvrage, son *Traité d'anatomie pathologique*, dont deux volumes seulement ont paru, lui valut en 1834 la croix de la Légion d'honneur. Un travail opiniâtre lui permettait seul de mener de front ses études de cabinet et les soins d'une clientèle nombreuse. Chaque matin, dès cinq heures, il se mettait au travail et ne se couchait jamais avant minuit, pour ne pas ravir à la science le temps qu'il consacrait à ses malades. Avec cela, messieurs, il ne fumait jamais et ne prenait ni vin, ni café, ni liqueurs, comme le font certains médecins de ma connaissance quand ils veulent abattre quelque besogne extraordinaire... ou même sans cela.

Le vénérable doyen Ehrmann, qui repose, lui aussi, maintenant sous les arbres de Saint-Gall, après une vie noblement remplie, me disait encore peu de mois avant sa mort, un jour que nous parlions des célébrités médicales du vieux Strasbourg, qu'il n'avait jamais vu médecin d'une patience aussi angélique au lit des malades que son maître Lobstein. Aussi les mères n'en voulaient elles point d'autres pour soigner leurs petits chéris, et le professeur, si fatigué qu'il fût par les labeurs du jour ne marchandait jamais son concours. On aimait à raconter parmi ses élèves qu'il veilla une fois cinq nuits consécutives dans la maison d'un brasseur du faubourg de Pierres pour disputer un pauvre enfant au croup qui l'avait terrassé. Toujours soucieux du bien-être d'autrui, il sortait à pied, par tous les temps, quand on venait le chercher la nuit, afin de ne pas priver de sommeil ses chevaux et son cocher!

Chose bizarre! cet homme si tendre et si bon ne songea que tard à se créer un foyer domestique. Il avait quarante-neuf ans en se mariant et ne jouit pas bien longtemps de son nouveau bonheur. Usé par le travail, souffrant depuis plusieurs années, il succombait le 7 mars 1835 aux attaques d'une fièvre typhoïde, combinée de diphtérite, laissant ses vastes travaux interrompus.

Ses théories de philosophie médicale et ses recherches anatomiques approfondies lui ont assuré sa page dans l'histoire de la médecine au XIXe siècle. Mais ce qui lui a valu tout particulièrement le respect et la reconnaissance du monde scientifique de Strasbourg, ce qui conservera le plus sûrement sa mémoire parmi les jeunes débutants dans la science difficile de guérir l'humanité (ou de lui faciliter au moins l'opération pénible du départ), c'est le beau Musée d'anatomie de notre ville. Ce Musée existait avant lui ; Bœcler, Spielmann, Thomas Lauth l'avaient doté tour à tour du fruit de leurs travaux. Mais c'est Lobstein qui en fut le véritable rénovateur, qui le classa d'après les règles de la science moderne, qui l'enrichit de milliers de pièces nouvelles, supérieurement préparées pour servir aux démonstrations des professeurs. Il poussa le dévouement professionnel jusqu'à le doter, par testament, de telles parties de son propre corps qu'il jugeait spécialement intéressantes au point de vue de la science pathologique.

Ce Musée, je n'ai pas besoin de vous le dire, n'est pas chose agréable à voir, et je ne vous conseillerais certes pas d'y conduire vos femmes et vos enfants, si même on les y laissait entrer, ce dont je doute très-fort. Moi-même, je n'ai nulle envie d'y retourner, après m'en être une première fois procuré le spectacle. Mais quand on songe combien l'étude attentive des maladies et des souffrances d'autrui peut profiter indirectement à nous et aux nôtres, on ne peut être trop reconnaissant à l'homme qui a consacré de longues années d'un travail souvent rebutant et pénible à réunir là comme le dossier, avec les pièces à l'appui, de tout le cortège effrayant des difformités et des dégradations dont est susceptible notre pauvre machine humaine.

Nos étudiants en profitent-ils autant qu'ils le devraient? Attendent-ils, comme on le prétend parfois, qu'ils aient leur diplôme en poche, pour étudier à nos dépens, et sur le vif, ce qu'ils auraient mieux fait peut-être d'examiner dans les pièces préparées par M. Lobstein? C'est ce que le docteur vous dirait mieux que moi, si ce n'était chose entendue que les loups ne se dévorent jamais entre eux. Mais cela ne diminue d'ailleurs en rien le mérite du savant professeur, mort il y a bientôt un demi-siècle. En 1877 la Faculté de médecine inaugurait solennellement le buste de notre concitoyen, placé dans une des salles du Musée d'anatomie. La municipalité a bien fait de s'associer à cet hommage en donnant à l'une des nouvelles rues du quartier universitaire ce nom de Lobstein, qui revit aujourd'hui dans les annales académiques de notre cité.

XVII.

— Au milieu des graves professeurs et docteurs dont nous nous sommes entretenus naguère, voici venir un nom que l'on pourrait croire placé là par malice, pour rappeler aux érudits présents et futurs, qu'eux aussi sont sujets à toutes les humaines faiblesses. C'est celui de Jean-Michel Moscherosch, le célèbre satirique, dont quelques-unes des *Visions* les plus connues nous dépeignent avec une verve si profondément réaliste les ridicules des pédants universitaires et les vices ignobles de la vie académique de son temps.

— Il n'est guère possible, dit en souriant le notaire, de prêter une intention pareille à nos édiles actuels. On a simplement fait figurer à son rang le dernier grand écrivain de l'Alsace allemande, à la suite de ses maîtres en satire, les Brant, les Murner et les Fischart.

— Assurément, monsieur. Mais permettez-moi d'entrer immédiatement en matière, notre course menaçant d'être un peu longue aujourd'hui. Moscherosch, qui en fera les frais, n'était pas Strasbourgeois de naissance. Son père était fonctionnaire des comtes de Hanau-Lichtenberg et receveur consistorial en leur bourg de Willstætt, situé sur la rive droite du

Rhin, non loin de la cité de Kehl, bien connue de vous tous. L'honnête receveur descendait-il réellement, comme il le croyait lui-même, et comme on le lit encore aujourd'hui dans certains manuels de littérature, d'un noble seigneur aragonais, Marculfe de Musenrosch, arrivé dans nos parages au commencement du XVIe siècle? Ou bien, ses ancêtres s'étaient-ils prosaïquement et bourgeoisement appelés *Kalbskopff*, ainsi que le prétendent d'autres critiques, et avaient-ils traduit cette succulente mais peu poétique dénomination par un équivalent composite de grec et d'hébreu? J'abandonne ce problème difficile à l'investigation des savants; peu m'importe d'ailleurs. Noble ou roturier, l'enfant qui naquit à Willstætt, le 5 mars 1600, était un garçon fort heureusement doué. Son père l'envoya de bonne heure au Gymnase de Strasbourg et lui fit faire ensuite ses études de droit à l'Université nouvellement fondée de notre ville. Il s'y appliqua de si bon cœur qu'il conquit la place d'honneur parmi les jeunes magisters solennellement promus en l'an de grâce 1621. Pour le récompenser de son zèle, ses parents lui permirent de voyager. Il séjourna pendant près de deux ans à l'étranger, s'arrêtant particulièrement à Genève, à Orléans et à Paris, surtout dans cette dernière ville, qu'il devait revoir encore une fois, vingt ans plus tard et dont il fera l'éloge avec un enthousiasme d'autant plus curieux que Moscherosch était un bon patriote allemand, ainsi que nous le verrons tout à l'heure. Cela ne l'empêchait pas d'écrire — en très bon français, messieurs, — les lignes suivantes : « Cette ville de Paris, ce monde, cet univers, ce paradis terrestre, où tout vient, où tout va, où tout est, et ce que ni l'Allemagne, ni l'Espagne, ni l'Italie, ni l'Angleterre, ni les autres royaumes ne pourront fournir, ni faire voir, Paris seul vous le présentera ! » Curieux exemple de la fascination qu'exerçait alors déjà la grande ville sur tous les esprits ouverts, avides de science et de lumières!

Moscherosch revint de ce voyage, parfaitement au courant de la langue et des manières élégantes de cette nation française contre les envahissements de laquelle il devait protester plus tard avec une éloquence aussi sincère qu'inutile. Aussi lui offrit-on mainte place, à son choix. En août 1626 il acceptait celle de précepteur des jeunes fils du comte Jean-Philippe de Linange-Dabo, qu'il occupa pendant près de deux ans. Il quitta le château de Hartenbourg et les labeurs de l'enseignement pour la carrière administrative et matrimoniale. Le 9 septembre 1628, il épousait Esther

Ackermann, la fille d'un joaillier de Franckenthal, et s'installait peu après, comme bailli de Créhange et de Vellange, dans le petit comté lorrain de ce nom. C'est là qu'il passa, semble-t-il, les plus heureuses années de sa vie, exerçant judicieusement ses fonctions pacifiques, honoré de la confiance de son maître, voyant en peu d'années quatre enfants se grouper autour de son foyer domestique. La mort de sa jeune femme assombrit un peu ce charmant tableau ; mais il semble s'être consolé passablement vite en épousant Marie-Barbe Paniel, jeune fille de dix-huit ans, qui ne se montra pas cruelle pour M. le bailli. Bientôt cependant les horreurs de la guerre de Trente-Ans vinrent troubler cette existence jusque-là si tranquille. Une armée française envahit la Lorraine ; les troupes du roi occupèrent et détruisirent à peu près le château de Créhange, et notre bailli dut se mettre en fuite pour échapper à leurs vexations quotidiennes. Un malheur vient rarement seul. Moscherosch se dirigeait avec les siens vers Strasbourg, quand sa femme tomba subitement malade en route, épuisée sans doute par la traversée des Vosges au milieu de l'hiver, et mourut à La Petite-Pierre.

Pendant près d'un an, Moscherosch resta retiré chez ses parents, qui habitaient alors Strasbourg; puis il accepta l'offre que lui fit Ernest Bogislas, duc de Croy et d'Aerschot, seigneur de Fénétrange, d'occuper la place de bailli dans cette petite cité lorraine. Il s'y rendit en 1636. Homme aimable et spirituel, fort bien fait d'ailleurs de sa personne, si nous en jugeons par le portrait d'Aubry gravé quinze ans plus tard, le nouvel intendant de Fénétrange réussit rapidement à faire une nouvelle conquête en la personne d'Anne-Marie Kilpurger, jeune beauté lorraine, que n'effraya point le fardeau de la succession d'un double veuvage. Mais les événements qui bouleversaient alors l'Europe ne permirent pas à l'érudit et galant bailli de jouir en paix de ses fonctions nouvelles. Impériaux, Lorrains et Français passaient et repassaient sans cesse dans ces parages vosgiens. Quand l'ennemi n'apparaissait pas avec son cortège lugubre de pillages, d'incendies et de meurtres, l'inimitié de la population catholique environnante dressait des embûches non moins dangereuses au fonctionnaire hérétique. Trois fois Moscherosch vit Fénétrange et sa propre demeure pillés à fond par ces rudes soudards, qu'une lutte de vingt ans avait rendus experts en la matière; la peste et la famine venaient, à intervalles presque réguliers, achever la besogne de la soldatesque ennemie. Notre auteur s'est dépeint lui-même, marchant, le mousquet à la main et mèche allumée, derrière la charrue conduite par un valet de labour — les chevaux avaient depuis longtemps disparu — afin d'ensemencer quelques champs à la hâte et de protéger ainsi les siens contre le danger de mourir de faim. Finalement il se sentit trop menacé pour continuer son séjour à Fénétrange, et, quittant la Lorraine, il vint se réfugier une seconde fois à Strasbourg Ses capacités administratives appelèrent alors sur lui l'attention du résident suédois Mockel et du major-général Moser, qui le nommèrent secrétaire et conseiller militaire de la couronne de Suède, en résidence à Benfeld. Il paraît pourtant que le vacarme de la guerre ne lui souriait pas, car il chercha bientôt une position nouvelle, bien que le feld-maréchal Gustave Horn voulût l'élever aux emplois supérieurs. Colmar lui offrit une place de syndic et d'ambassadeur aux conférences de Münster et d'Osnabrück ; Strasbourg lui adressa vocation comme secrétaire d'Etat et procureur fiscal. Il accepta cette dernière position, qu'il occupa dignement pendant près de dix ans. Mais en ce temps de gêne universelle, un fonctionnaire intègre et zélé, chargé de faire rentrer les revenus de l'Etat, devait s'attirer de nombreuses et puissantes inimitiés.

Moscherosch n'échappa point à cette fâcheuse destinée ; bien qu'il eut compté finir ses jours dans nos murs, et qu'il y eut composé le grand ouvrage qui fera vivre son nom, les tracas que lui suscitèrent ses adversaires le poussèrent à se démettre de ses fonctions en 1656. Le souverain du petit territoire qui l'avait vu naître, le comte Frédéric-Casimir de Hanau, l'appela dans sa capitale, le nomma membre et bientôt président de son Conseil. Mais là aussi des envieux l'attendaient, qui le desservirent auprès de son nouveau maître. Il leur céda la place et s'en fut à Mayence, où l'électeur, Jean-Philippe de Schœnborn, en fit son conseiller intime, en même temps que la landgravine Hedwige-Sophie de Hesse l'honorait d'une charge analogue, en l'appelant à Cassel. Comme ces charges honorifiques lui laissaient des loisirs, il accepta de plus les fonctions d'administrateur général des terres du rhingrave de Dhaun et de Kirbourg. Ses occupations officielles lui permettaient de vaquer doucement à ses propres affaires, de s'absenter de temps à autre pour visiter ses enfants, dont l'un, pédagogue de mérite, était professeur au gymnase de Francfort, de se reposer, en un mot, des fatigues et des tourments de son âge mûr, tout en se préparant à l'adieu suprême. Le sort lui fut clément en ses dernières années. Il enleva le vieillard avant qu'il vît se renouveler au Palatinat les horreurs de la guerre dont il avait tant souffert en Lorraine. Un jour qu'il s'était rendu à Worms, en famille, pour y traiter d'affaires et y voir quelques amis, Moscherosch tomba subitement malade, avec tous les siens, d'une épidémie de fièvre maligne. C'était au printemps de l'année 1669. Le dimanche des Rameaux, il mourait en cette ville, et, le 6 avril suivant, on le portait en terre au milieu d'un grand concours d'admirateurs et d'amis. Un des pasteurs de Worms, maître Mathias Meigener, prononça sur sa tombe une longue et savante — si j'osais dire, une trop savante — oraison funèbre, qui fut imprimée plus tard à Francfort, et dont j'ai tiré les détails qui précèdent, car j'ai le bonheur de la posséder dans ma petite bibliothèque.

— Vous nous parlerez une autre fois de votre petite bibliothèque, exclama Z.. d'un ton bourru. Si vous nous entretenez aussi longuement des écrits de ce Moscherosch que vous venez de le faire pour sa biographie, nous coucherons sur ces bancs. C'est fort beau d'honorer les morts; mais, que diable! songez un peu aux vivants!

Les autres se mirent à rire bruyamment de cet aveu d'ennui, dénué de tout fard. J'aurais dû faire de même, connaissant de trop longue date le bizarre personnage pour me formaliser d'aucune de ses paroles. Mais j'étais nerveux, paraît-il, ce soir et ce coup de boutoir inattendu me démonta complètement. Je me retournai vivement vers mon interlocuteur :

— Soyez sans crainte, mon bon monsieur ; vous serez dans votre lit à votre heure précise et Babet vous apportera votre lait de poule habituel. Ce n'est pas moi qui me permettrais de déranger votre précieux sommeil. Vous avez encore une bonne demi-heure à rester ici ; employez-la, je vous en prie, à rattraper le temps que je vous ai fait perdre en parlant littérature. Votre voisin vous parlera de l'exposition laponne et le docteur consentira peut-être à vous faire un exposé scientifique sur le phénomène à deux têtes. Pour moi, j'ai l'honneur de vous souhaiter le bonsoir.

Et sortant du cabinet d'un pas rapide, je franchis la porte, avant que personne eut pu me retenir.

XVIII.

J'étais un peu honteux en cheminant le lendemain vers notre local habituel. Avait-on dû gloser sur ma fugue inattendue ? Ne s'était-on pas formalisé de l'abandon dans lequel j'avais laissé mon auditoire et mon héros? Ce n'est pas sans appréhension que je poussais la porte. Mais Z... était déjà là ; venant à ma rencontre, il me tendit la main d'un geste cordial et cria : Ce soir, vous parlerez jusqu'à minuit, je vous l'ordonne, et si ça vous fait plaisir, j'apprends votre conférence par cœur. Etes-vous satisfait maintenant ou faut-il décidément se couper la gorge?

— Messieurs, répondis-je légèrement ému, je vous présente toutes mes excuses pour ma conduite d'hier soir. J'aurais dû tranquillement expliquer à notre excellent ami Z... que si j'ai parlé trop longuement, selon lui, des péripéties de l'existence de Moscherosch, c'est que je l'ai cru nécessaire pour vous faire comprendre ses ouvrages. On ne saisit le sens des *Visions de Philander de Sittewald* qu'en sachant avec quelle rudesse les orages de la guerre de Trente Ans ont secoué l'auteur lui-même, et combien les amertumes dont son existence quotidienne fut abreuvée ont infiltré de misanthropie, de colère et de tristesse dans ses écrits. Ces écrits, messieurs, sont assez nombreux. Mais je ne vous parlerai point ici de ses épigrammes latines, dont les nombreuses centuries ont été souvent rééditées, ni de ses écrits politiques, tels que la traduction de la *Germanie* de Wimpheling, qu'il fit paraître, accompagnée d'un commentaire patriotique, l'année même où se signaient les traités de Westphalie. Moscherosch est avant tout l'auteur des *Visions*, et c'est grâce seulement à ce curieux ouvrage qu'il vivra dans la littérature allemande. Comme Fischart, son prédécesseur au XVIe siècle, le satirique strasbourgeois du XVIIe siècle a choisi le modèle de son principal écrit dans une littérature étrangère. C'est aux *Rêveries* de l'Espagnol Quévédo de Villégas qu'il emprunte le canevas, l'idée-mère de l'ouvrage. Les *Visions de Philander* forment une série de tableaux détachés, tantôt fantastiques et tantôt empruntés à la vie réelle, dans lesquels Moscherosch passe en revue les vices, les travers, les ridicules de ses contemporains, les criblant parfois de sarcasmes, mais les flétrissant plus souvent encore d'une éloquence vengeresse. Ce n'est pas sans raison que le livre porte en sous-titre la qualification de *Straffschriften*, de réprimandes austères, adressées par l'auteur à ses contemporains. Nous ne retrouvons plus en lui le joyeux et sonore éclat de rire qui retentissait dans les pages de Fischart; plus de plaisanteries naïves et parfois un peu grossières, mais éveillant chez le lecteur une gaîté de bon aloi. Les temps ont changé, la misère publique pèse lourdement sur ceux que les malheurs particuliers n'ont pas écrasé déjà sans retour ; le présent est lugubre et l'avenir paraît plus sombre encore. Ecrasée, foulée aux pieds, à peine vivante encore après cent batailles livrées sur son sol par tous les peuples de l'Europe, l'Allemagne a perdu dans une lutte trentenaire ses richesses, son prestige et ses provinces. Elle va perdre plus encore, jusqu'au sentiment de son génie, jusqu'à la foi en ses propres destinées ; on la verra, se jetant aux pieds des vainqueurs, adopter leur langue, leurs costumes, leurs idées, leurs vices et leur travers. Quels pouvaient être, je vous le demande, en un temps de misère pareille, les sentiments et le rôle d'un poète patriote, sincèrement attaché aux traditions du passé, et qui devait combattre avec d'autant plus de véhémence l'invasion morale et matérielle du dehors qu'il en avait souffert davantage? S'attachant à prêcher avec une indignation sincère la croisade sainte contre l'étranger, il n'avait pas le loisir de s'arrêter aux bagatelles joviales dont s'amusaient ses aïeux. Il n'était pas d'humeur à faire rire les bonnes commères, le soir de la veillée, ni à délecter de ses lazzis les buveurs groupés dans un recoin de taverne. Il ne connaît donc point cette « joyeuseté » de propos et de style qui fut le propre du XVIe siècle. Il n'a rien, non plus, de cette netteté tranchante, de ce poli, de ce brillant dans la forme, que nous demandons à la satire moderne. Il est trop pressé, trop échauffé pour peser ses paroles; peu lui importe parfois qu'il frappe juste, pourvu qu'il frappe fort. Sa satire est amère, haineuse, exagérée; trop souvent le bon goût demande grâce devant ses comparaisons prétentieuses et ses imaginations bizarres. L'anathème à jet continu qu'il lance contre l'étranger, les sermons sans répit dont il poursuit le vice et les vicieux, nous paraissent parfois horriblement monotones. Et cependant, quand on se met à la lecture de ces *Visions*, quand on sait les comprendre et qu'on veut bien les juger à la clarté des événements d'alors, il est difficile de ne point aller jusqu'au bout. Il est plus difficile encore de ne pas ressentir une vive et profonde sympathie pour l'homme de bien, dont on peut assurément ne point partager la manière de voir, mais qui lutte avec une conviction si entière pour la conservation de ce qu'il regarde comme ses biens les plus précieux.

— Ce que vous nous dites là, mon cher M..., est captivant à coup sûr, interrompit le docteur; mais puisque tant est que vous avez bien voulu vous charger de la tâche difficile d'instruire des ignorants aussi fieffés que nous le sommes, je vous serai reconnaissant de m'indiquer, d'une façon un peu plus précise, de quoi il retourne dans ces *Visions de Philander de Sittewald*. Je ne sais point encore si c'est une histoire, un roman, un poëme, et je ne voudrais point sortir d'ici sans le savoir. Car si je ne l'apprends pas ce soir, je ne l'apprendrai sans doute jamais.

— J'y arrivais, docteur ; en m'arrêtant, vous n'avez fait de tort qu'à votre propre soif de savoir. Ces *Visions* — je parle des morceaux authentiques, car leur succès fit naître d'innombrables imitations, mises sous le patronage de l'auteur — sont au nombre de quatorze. Moscherosch s'y présente lui-même au lecteur, au cours d'un voyage à travers la France, la Suisse et l'Allemagne, comme le héros ou l'acteur principal dans les scènes diaboliques ou *visions* qu'il rencontre sur sa route. Elles sont censées rédigées, soit à Paris, soit à Moulins, soit à Lyon, soit à la Grande-Chartreuse, soit à Genève ou sur les bords de la Saar, etc. Ces scènes n'ont d'autres liens entre elles que de se passer presque toutes en enfer ; mais chacune, prise à part, constitue une description satirique d'un des vices ou des travers du temps, description qui, bien souvent, s'appliquerait encore parfaitement au nôtre. Les

premières visions (*Le diable sergent de ville,
Le monde comme il est, Les fous de Vénus*)
s'attaquent à des péchés relativement mignons ; il y règne une certaine bonne humeur
qui disparaîtra plus tard. L'auteur nous y fait
voir les laveuses logées en enfer à l'enseigne
des aubergistes, pour leur avoir aidé à couper leurs vins, ou bien encore les tuiliers associés au destin des épiciers, pour leur avoir
fourni de la farine difficile à digérer. Il nous
fait assister au coucher d'une coquette beauté
déposant sur sa toilette la majeure partie des
charmes encensés pendant la journée ; il nous
montrera le jeu habile des plus rusées courtisanes de Paris, dont il a flairé les artifices
alors qu'il habitait à la *Ville-de-Strasbourg*,
chez le sieur Courtin, rue de Seine, au faubourg Saint-Germain. Il se moquera volontiers des maris malheureux qu'on laisse à la
maison pour surveiller leurs moutards, pendant que madame est censée prier à l'église,
mais qu'elle se promène en réalité avec ses
galants au *Schiessrain*, à Kehl, à la Robertsau,
ou qu'elle vogue en nacelle sur l'Ill pour gagner les vertes prairies d'Ostwald. Dans son
Jugement dernier, l'auteur frappera d'une
égale réprobation les pâtissiers qui ont fourni
à leurs clients des hachis de chien ou des pâtés de lièvre de gouttière, et les philosophes

qui servent des théories creuses à leur public, les notaires filandreux et embrouillés, et les sacristains voleurs. Mais peu à peu le style change. Dans son *Armée des morts*, la gent d'Esculape est prise à partie de la façon la plus virulente, et si notre docteur....

— Oh, ne vous gênez pas, je vous en prie. Nous sommes habitués aux quolibets du public, et nous le laissons dire. A la première colique, ses moqueries se changent en touchants appels. Dites-donc hardiment ce que nous voulait ce bon Moscherosch.

— C'est, docteur, une étrange procession qu'il déroule dans cette vision médicale. On les voit s'avancer, vos collègues du temps jadis, avec leurs scies, leurs tenailles, leurs couteaux, leurs pinces, leurs ciseaux, portant comme pistolets des clystères et des boîtes à médicaments comme canons. Ils courent après leurs malheureux clients, hurlant à qui mieux mieux : « Arrête, coupe, frappe, enfonce, brûle, pousse, tire, écrase ! » Mais dans ce tableau se révèle déjà l'intention patriotique et morale de l'auteur. La vieille Mort, assise sur son trône lugubre, entourée de petites Morts souriantes et décharnées, prêche un terrible sermon à tous ces malades qui succombent à leurs propres excès. « Vous autres Allemands, s'écrie Moscherosch, c'est par goinfrerie et par ivrognerie que vous vous rendez malades, que vous vous tuez et vous expédiez vous-mêmes en enfer ! » C'est avec une âpreté plus grande encore qu'il reprend ses compatriotes dans la vision des *Enfants de l'Enfer*, où nous rencontrons les rois cruels, les gentillâtres débauchés, les enfants ingrats, les domestiques infidèles, les alchimistes trompeurs, les journalistes, hélas ! et même le prophète Mahomet. Mais cette vision est restée célèbre surtout par le tableau de la vie académique d'alors, avec ses écœurantes trivialités, avec ses brutalités sans nom. On devrait en offrir un tirage à part à chaque nouvel étudiant des universités modernes, pour l'empêcher de succomber à la tentation. On dirait un tableau de l'école flamande, ou, mieux encore, quelque page d'un Zola du XVIIe siècle, mais d'un Zola plus scrupuleux et plus attristé que celui du *Gaulois*. C'est aussi là que nous rencontrons ces véhémentes apostrophes aux ecclésiastiques infidèles, aux prévaricateurs qui déshonorent l'Eglise, qui forment un des passages les plus éloquents du livre. Mais les plus connues de ces visions, celles qu'on vous citera toujours dans les anthologies et les cours de littérature, ce sont celle intitulée *La vie militaire* et cette autre, qui porte le titre intraduisible de *A la mode Kehraus*. Dans la première, Moscherosch nous dépeint, j'allais dire nous photographie, la vie désordonnée des soudards d'alors, de ces maraudeurs, plutôt brigands que soldats, qu'il a vu rôder si souvent autour du château de Fénétrange ; il nous fait assister à leurs amusements grossiers, aux tortures infâmes qu'ils font subir à leurs malheureuses victimes ; il nous initie même aux mystères de leur argot curieux. C'est une page d'histoire, encore plus que de littérature ; c'est le récit d'un témoin véridique, qui dépose devant la postérité ! Le *Kehraus* est une protestation violente contre l'invasion de plus en plus accentuée des modes françaises. L'auteur y charge de malédictions ces Allemands qui sont aux 5/8 Français, 1/8 Espagnols, 1/8 Italiens, et qui pour 1/8 à peine ont conservé quelque chose de leur origine germanique. Il les raille de s'affubler de chapeaux français, de vestes françaises, de bas français, de porter leur barbe à la française, leur épée à la française, etc., et d'excuser leur lâche complaisance par cette phrase éternellement la même : *Es ist à la mode !* Pour mieux faire ressortir son idée, Moscherosch raconte qu'il s'est égaré un jour aux environs du château de Geroldseck, dans les Vosges. Dans ce vieux bourg en ruines se trouvait réunie belle et nombreuse compagnie, Arminius, le vainqueur de Teutobourg, Ariovisto, Wittekind, Sigfrid, le héros des Nibelungen, et d'autres preux du bon vieux temps. Introduit dans ce cénacle, le poète moraliste est soumis à un long et pénible interrogatoire. Le sieur Teutschmeyer examine dédaigneusement sa personne, sa barbe, son chapeau, ses cheveux, comme Gulliver fut examiné plus tard à la cour de Brobdignac. Pourquoi ces frivolités ridicules, ces déguisements anti-germaniques? Et là-dessus l'écrivain, laissant libre carrière à son ressentiment, se livre aux plus violentes attaques contre cette France envahissante qui subjugue les esprits et ravit les provinces de son pays. C'est à ces harangues surtout, restées alors sans écho, que Moscherosch doit aujourd'hui sa réputation renaissante. A cause d'elles, les critiques d'outre-Rhin lui pardonnent la lourdeur de son style, le pédantisme de ses images, les citations grecques et latines dont il a surchargé ses meilleures pages. Ils lui pardonnent même ses emprunts continuels à la littérature et à la langue française, cette langue dont il a dit lui-même quelque part : « Je m'en traite comme de la meilleure viande de ma table, car pour l'allemande vous savez qu'elle nous sert de pain ordinaire, et la latine de confitures. »

— D'après ce que vous dites, interrompit le docteur, il me semble que Moscherosch a suivi parfois pour son style des traditions culinaires, encore en vogue sur les bords de la Sprée, et qu'il a trop mêlé sa viande et ses confitures.

— Ne soyons pas injuste à son égard. Il n'était pas possible que, vivant en une époque de rapide décadence, son style et sa pensée même n'en subissent pas les atteintes. Déclamateur parfois, souvent obscur, et plus souvent encore pédant, Moscherosch n'en reste pas moins l'un des plus remarquables écrivains de son époque. C'était à coup sûr une illusion de la part de ses admirateurs, d'inviter en médiocres vers latins Rabelais et Fischart à lui céder leur place au Parnasse; mais il y a droit à la sienne, qui, pour n'être point au premier rang, n'en restera pas moins honorable. Et quand l'auteur signait dans nos murs la préface des *Visions de Philander*, et les faisait reproduire ensuite par nos presses strasbourgeoises, il illustrait notre cité par la création de la dernière œuvre littéraire de quelque importance qui, pour longtemps, allait se produire parmi nous.

— C'est aussi, dit le notaire en se levant, c'est surtout, à mes yeux, le représentant d'une époque entière de notre histoire, d'une époque qui s'en va presque en même temps que lui. Moscherosch fut alors le dernier champion, battu d'avance, d'un passé souvent glorieux. Il dût en être d'autant plus malheureux qu'il était plus ardent et plus sincère. Aussi, messieurs, quand nous rencontrons des hommes pareils dans le passé de notre ville ou de notre province, sachons respecter leurs convictions intimes. Nous acquerrons ainsi le droit d'exiger à notre tour qu'on respecte les nôtres, ce qu'il n'est pas, vous le savez, toujours facile d'obtenir.

XIX.

— Bientôt vous serez délivré du tourment de nos incessantes pérégrinations autour du massif universitaire. Encore deux noms seulement, deux stations rétrospectives, et nous pourrons nous diriger vers d'autres parages, où, rencontrant des noms moins célèbres, il nous sera loisible d'aller plus vite en besogne.

— A moins que d'ici-là nous ne voyions poindre un nouvel arrêté municipal, appelant à l'existence une demi-douzaine de rues nouvelles dans ces régions académiques que nous hantons depuis de si longues semaines. Je vous préviens, mon cher M...., que nos entrepreneurs s'apprêtent à créer là-bas de nouveaux quartiers.

— Tant pis! Ils attendront, ces nouveaux quartiers! Chacun à son rang; nous ne donnons pas ici de tours de faveur. Sans cela nous aurions fait une exception, bien sûr, pour l'homme dont je me propose de vous parler ce soir, pour l'écrivain strasbourgeois le plus populaire du XIXe siècle, lu et admiré celui-là, par beaucoup de nos concitoyens qui ne connaissent guère notre passé, ni notre vieille littérature, et qui, — je dois le dire — ne s'y intéressent pas davantage.

— Vous voulez nous parler sans doute d'Arnold, dit le père Z... d'un air plus aimable que d'habitude. C'est une bonne idée que vous avez là. Je crois que ce soir on vous écoutera sans trop murmurer.

— Touché juste, mon cher Z.... C'est en effet de l'auteur du *Pfingstmonda* que je voudrais vous entretenir, du jurisconsulte distingué, dont la verve poétique et le talent d'observation ont immortalisé notre bourgeoisie strasbourgeoise à la veille de 1789, et en ont transmis les types, toujours admirés et toujours vivants, jusqu'à la génération présente.

Georges-Daniel Arnold — les plus vieux d'entre vous se rappellent sans doute qu'il y eut une époque où tout petit Strasbourgeois faisant son apparition dans le monde recevait le prénom de Daniel — naquit le 18 février 1780. Il vit le jour dans cette maison basse de la rue derrière Saint-Nicolas, que vous vous rappelez tous avec ses auvents enfumés, ses fenêtres étroites et son toit gigantesque. Elle a été détruite, il y a quelques années, par l'incendie et remplacée par une haute bâtisse à trois étages, sans aucun cachet. La petite place devant la maison paternelle où le poète jouait, tout enfant, se prêterait à merveille, ce me semble, à l'érection d'un monument modeste à sa mémoire.

— On pourrait transformer la pompe peu gracieuse qui se trouve au milieu de la place, en une borne-fontaine surmontée du buste de l'écrivain, dit le père Z..., qui jusque-là n'avait guère témoigné de sympathies pour les embellissements officiels de sa cité natale.

— Le père d'Arnold, repris-je, était un tonnelier qui jouissait d'une certaine aisance et qui put faire donner une éducation solide à son fils unique. Entré au Gymnase en 1787, l'enfant semble avoir été bon élève ; du moins je le retrouve parmi les lauréats de l'école et je remarque qu'il y remportait régulièrement les prix de français. C'était pourtant une époque bien peu favorable à l'application. Maîtres et élèves étaient également distraits par le drame politique qui se jouait sous leurs yeux et dont ils étaient tous, plus ou moins volontairement, les acteurs. Les fêtes patriotiques, les préparatifs militaires, les émeutes fréquentes devaient détourner, ce me semble, l'attention du grand nombre. Notre jeune Georges-Daniel n'avait point encore entièrement parcouru ses classes quand la Terreur, s'accentuant chaque jour, amena la clôture du Gymnase, dont le personnel était presque tout entier, soit en fuite, soit en prison. Il n'y avait pas moyen de continuer ses études; l'Université, elle aussi, avait sombré dans la tempête révolutionnaire. Le père, dérangé dans ses affaires par la grande crise publique, ne pouvait que difficilement subvenir aux besoins de sa famille. Il fallut donc chercher une position sociale à l'adolescent, et c'est ce qui explique que nous le rencontrons en 1795, installé dans les bureaux de l'administration départementale, en qualité de sous-chef au bureau de la guerre. Les hommes faits étaient bien rares à Strasbourg, et la jeunesse valide tout entière aux frontières; espérons que l'esprit saint de la bureaucratie soutint le jeune sous-chef de seize ans dans cette besogne inattendue et certainement au-dessus de ses forces !

Mais ce n'est pas dans l'administration qu'Arnold aspirait à faire sa carrière. Dès que la tempête se fut un peu apaisée, il s'empressa de reprendre ses chères études, sous la direction d'un certain nombre de professeurs de l'ancienne Université, qui, sans mandat officiel, avaient organisé parmi nous une école libre de hautes études. Koch, Blessig, Oberlin, Schweighæuser furent ses nouveaux maîtres. Il s'attacha surtout au théologien Redslob, qui dirigeait alors un petit cénacle littéraire dont Arnold fut membre très actif. Les preuves en subsistent en deux volumes manuscrits, rédigés de sa main et intitulés *Erholungen junger Alsatter*, qui appartenaient autrefois à M. Ch. F. Heitz, le libraire-bibliophile bien connu, et que l'on peut voir encore à la bibliothèque de l'Université. Le père d'Arnold étant mort dans l'intervalle, sans lui laisser aucune fortune, il accepta pour vivre une position de précepteur, tout en continuant ses études, et partit même, un peu plus tard, pour l'Allemagne, pour s'initier de plus près au mouvement scientifique de ce pays, et y suivre les études de ses élèves. Il séjourna pendant deux années à Gœttingue, fit une rapide tournée par Hambourg et Berlin, visita Schiller à Iéna et reçut de l'auteur de *Wallenstein* une lettre d'introduction pour le poète de *Faust*. Ce fut un grand honneur et un grand bonheur pour Arnold de causer à Weimar avec l'ancien étudiant de 1771, qui n'avait point oublié Strasbourg. De son côté, le jeune docteur en droit fit bonne impression sur l'Excellence saxonne; il devait en bénéficier plus tard. De retour à Strasbourg, il n'y séjourna pas longtemps. Koch, son ancien maître, alors tribun, l'appelait à Paris, pour l'y présenter à Cuvier et à Fontanes, occupés de la réorganisation de l'enseignement supérieur en France. Arnold y séjourna quelque temps, et c'est même là qu'il fit paraître son premier opuscule littéraire, une *Notice historique sur les poètes alsaciens*, devenue passablement rare aujourd'hui. Mais il s'ennuya d'attendre une nomination qui tardait à venir; pour charmer ses loisirs forcés, il prit le chemin de l'Italie, qu'il parcourut pendant plusieurs mois et dont il décrivit les beautés dans une série de lettres, réunies plus tard en volume et tirées à petit nombre, à l'usage exclusif de ses amis.

Enfin le ministre l'appela comme professeur à l'Ecole de droit fondée à Coblence, dans le département de Rhin-et-Moselle. Arnold avait alors vingt-six ans. Son caractère, mûri par les événements, avait conservé sa vigueur juvénile; érudit distingué, sans aucun pédantisme, son esprit caustique, mais toujours aimable, en faisait un hôte bien accueilli dans tous les salons. Il se lia surtout, à Coblence, avec le préfet du département, M. de Lézay-Marnésia, avec lequel il devait de nouveau se rencontrer plus tard à Strasbourg. Ce furent peut-être les années les plus douces de son existence que celles qui s'écoulèrent là-bas, sur les rives verdoyantes du grand fleuve. Mais comme tout bon Strasbourgeois, Arnold aspirait à se retrouver à l'ombre de notre vieille cathédrale. Aussi se décida-t-il à solliciter en 1810 la chaire d'histoire, devenue vacante à la Faculté des lettres de notre ville. Ce n'était pas une tâche commode que d'enseigner l'histoire dans les dernières années du premier Empire. Les vérités désagréables étaient naturellement interdites au professeur; mais on attendait en outre des flatteries continuelles à l'adresse des puissances du jour, et la disgrâce de celui qui ne flattait point avec assez de délicatesse était presque aussi certaine que celle du frondeur maladroit. Une situation de ce genre ne pouvait convenir à la nature indépendante et droite d'Arnold, qui s'empressait de rentrer, dès 1811, à la Faculté de droit. L'enseignement du Code Justinien ne l'exposait pas, du moins, aux dénonciations des délateurs qui pullulent à de semblables époques, quand le pouvoir, impuissant à rallier les cœurs honnêtes, essaie d'asservir au moins les esprits par la violence et les menaces.

Quand l'Empire tomba, Arnold n'eut aucun

scrupule à se rallier à la monarchie des Bourbons, dont on ne soupçonnait pas alors l'incurable attachement aux idées rétrogrades, condamnées par l'esprit moderne. En 1820, le ministère Decazes le nommait conseiller de préfecture, et peu après, à la mort de Frédéric Hermann, doyen de la Faculté de droit. Il remplaça également ce dernier comme représentant du gouvernement dans le Directoire de l'Eglise de la Confession d'Augsbourg. C'est vers ce moment de son existence que, fatigué de la vie un peu mondaine qu'il avait menée jusqu'ici, il se résolut à se créer un foyer domestique. Son mariage avec Mlle Henriette Boisser, fille d'un ancien maire de Ribeauvillé, lui donna quelques années de bonheur, et la naissance d'une petite fille combla tous ses vœux. Mais l'horizon politique s'était rembruni. Le ministère Decazes avait glissé dans le sang du duc de Berry, pour employer une expression célèbre, et le ministère Villèle accentuait bientôt la réaction politique et religieuse. Arnold fut obligé de donner sa démission de conseiller de préfecture, et se vit contrarié parfois dans ses fonctions de doyen de l'Ecole de droit. Le triomphe croissant de la Congrégation le remplissait de colère et d'une patriotique tristesse, dont ses vieux amis nous ont transmis le souvenir. Il ne devait plus avoir la satisfaction de voir la Révolution de Juillet reconduire aux frontières cette monarchie de droit divin qui se refusait à vivre de la vie de son peuple et de son temps. Le 18 février 1829, le jour même où il entrait dans sa cinquantième année, usé prématurément par une activité multiple et trop soutenue, Arnold s'affaissait dans son cabinet de travail, foudroyé par l'apoplexie. On lui fit de belles funérailles ; ses supérieurs, ses collègues, ses élèves, les Türckheim, les Rauter, les Klimrath, payèrent un juste tribut de reconnaissance à sa mémoire. A la reprise des cours, M. Hepp, professeur suppléant, débutait par l'éloge du défunt, vantant surtout en lui ce patriotisme local, si pur et si vrai, qu'aucun autre avantage, aucune distinction ne pouvait contrebalancer à ses yeux le bonheur de consacrer à la ville de Strasbourg ses forces et ses travaux.

Mais, vous le comprenez sans peine, ce n'était pas devant une tombe ouverte, ni dans une salle de cours, que l'on pouvait parler longuement du principal titre de gloire d'Arnold, aux yeux de la postérité locale. Que nous importent en définitive, à vous et à moi — cela soit dit sans vous blesser, mon cher notaire — les savants écrits de jurisprudence du défunt ou ses hautes fonctions administratives et ecclésiastiques ? Il est bien rare que les savants, même les plus illustres, vivent parmi nous en contact avec la population qui les entoure, et cela n'est pas près de changer. Pour un professeur dont tout le monde connaît et vénère le nom, comme Schimper, par exemple, combien de célébrités universitaires dont nous n'avons appris l'existence que par la nécrologie de notre journal? C'est donc, avouons-le franchement, au littérateur spirituel, au peintre inimitable des mœurs de nos ancêtres, au poète du *Pfingstmonda* en un mot, que nous aimons à reporter l'hommage de la municipalité, qui l'installe sur une place spacieuse, saluant de loin le carrefour où nous avons installé déjà Sébastien Brant. Arnold a fait bien d'autres vers; mais ce ne sont ni ses épigrammes ni ses élégies, trop visiblement imitées de celles de Matthisson, qui auraient sauvé sa mémoire de l'oubli. La célébrité que lui refusa l'idiome littéraire de l'Allemagne, il l'a trouvée, grâce au dialecte natal, dont il a connu, mieux que personne, les ressources et les finesses. Ce fut une heureuse inspiration qui poussa le professeur de droit à payer son écot charitable en faveur des malheureuses victimes du second blocus de Strasbourg, par la publication de cette petite pièce de théâtre, qui n'a pas été sans doute composée tout entière à cette époque, mais qui, vraisemblablement, n'aurait pas vu sans cela le jour. Le drame sans prétention de l'auteur anonyme alla droit au cœur de la population strasbourgeoise ; son succès n'a fait que grandir depuis lors et le *Pfingstmonda* est resté le bréviaire de tout bon *Steckelburjer*, si bien que vous me ririez au nez si j'avais la prétention de vous en raconter la trame ou d'en esquisser les caractères. Pourquoi? A vrai dire, je ne pense pas que ce soit, en première ligne du moins, à cause du mérite dramatique, incontestable pourtant, de la pièce. On a peut-être exagéré la mesure, en comparant la réponse de Lissel à son père au mot du vieil Horace de Corneille. On n'assomme pas ainsi de compliments ceux qu'on aime. Réservons ces tuiles pour nos ennemis, si nous avons le malheur d'en avoir ; c'est un moyen presque assuré de les rendre ridicules. Ce qui rend encore aujourd'hui le *Pfingstmonda* si cher à nos concitoyens, c'est l'exactitude minutieuse avec laquelle l'auteur a su calquer la réalité des choses d'autrefois ; c'est l'habileté avec laquelle il a fait entrer dans un cadre restreint les traits principaux du caractère strasbourgeois, ses vertus et ses défauts, enfin toutes les nuances tranchées et si spirituellement rendues de cette société, si peu démocratique encore, de 1789. Qui de nous ne sait par cœur le récit du messager d'Oppenau ou la description de l'assaut perpétré sur le malheureux licencié par les dogues du cimetière de Saint-Urbain? Qui ne peut assister parfois — disons-le bien bas, pour ne pas être grondés — aux règlements de compte de Mme Dorothée Starckhans et de Brigitte? N'avons nous pas pu vérifier hier encore, aujourd'hui même, dans nos rues et sur nos places publiques, la mutation regulière des jeux qui faisaient la joie du petit Daniel, des « kinnées » au nom mystérieux, des billes et des toupies?

Voilà soixante-dix ans bientôt qu'Arnold a rédigé ces pages si remplies d'humour, et cependant son œuvre est jeune encore et vivante, comme au premier jour. La langue seule, hélas! en a légèrement vieilli. Je veux dire que notre dialecte local, si coloré, si plein de verve dans les vers du poète, a singulièrement perdu depuis lors de son éclat pittoresque et de sa fraîcheur. Nos pères déjà, et nous-mêmes plus qu'eux, nous n'avons point imité, sous le rapport du langage, nos ancêtres d'avant 1789. Les personnages du *Pfingstmonda* se moquaient également de l'allemand prétentieusement classique de l'amoureux de Brême et du français corrompu du licencié Mehlbrüh; ils n'entendaient sacrifier, ni à l'un ni à l'autre, le vigoureux rejeton de notre terroir à nous. Mais les temps ont changé. Pendant quarante ans notre dialecte strasbourgeois s'est infiltré lentement, mais sans relâche, d'une foule de mots d'origine française, si bien qu'à la fin nous avons tous parlé ce dialecte, quand nous devions nous en servir, un peu plus mal encore que le bon licencié lui-même. Depuis douze ans, la détérioration se continue, mais en sens contraire. Grâce aux écoles publiques, grâce au zèle plus ardent qu'éclairé de certains littérateurs acharnés à la chasse contre toute expression venant d'outre-Vosges, l'infiltration de l'allemand classique déforme à son tour la physionomie de notre patois local, en y fourrant une quantité de mots originaires des bords de l'Elbe ou de la Sprée, et déguisés à peine sous des désinences autochthones. Aussi voyez quel triste mélange forme aujourd'hui la langue autrefois si nette et si précise de notre excellent poète! Epluchez, à ce point de vue, l'une des scènes d'Arnold et vous serez étonnés de voir tout ce que nous avons perdu, depuis 1816, en expressions pittoresques et originales. Prenez un jeune homme, un enfant surtout, de nos quartiers populaires; écoutez-le parler et vous serez encore frappés de l'avachissement, du manque de cachet de son langage. Il est grand temps de conserver à notre dialecte local cette saveur légèrement archaïque dont les événements de ce siècle ont travaillé, bien qu'en sens contraire, à le dépouiller sans cesse. Et pour cela, relisons le *Pfingstmonda*, faisons-le relire à nos enfants. C'est dans ce manuel par excellence que la « substantifique moelle » du vieux strasbourgeois a été condensée par une volonté patriotique et par un remarquable effort de l'art. C'est-là qu'on ira l'étudier de préférence, si jamais nos descendants devaient cesser de le parler. C'est encore là qu'on viendra quelque jour — espérons que ce jour est encore loin de nous — étudier curieusement, comme une race éteinte, cette bourgeoisie strasbourgeoise des vieux temps, qui avait ses défauts, ses étroitesses et ses travers, mais qui peut nous servir encore de modèle par son dévouement à la chose publique, son amour du travail et son énergie placide au milieu des dangers.

XX.

— Si nous quittons maintenant la place Arnold pour descendre, par la rue de l'Observatoire, vers les anciens remparts aujourd'hui démolis, il nous reste à faire connaissance avec une dernière rue latérale, qui se trouve immédiatement au sud du nouvel observatoire astronomique et se dirige vers l'esplanade de la Citadelle. Cette voie de communication, c'est la rue Hermann, et je vous avouerai, messieurs, que ce nom me place dans un nouvel embarras.

— Il n'est pas facile pourtant de vous y mettre, dit avec un sourire aimable le notaire, tandis que le père Z...., moins charitable, s'apprêtait à rire de mon ignorance supposée.

— Oh, ce n'est pas que j'ignore ce dont je dois vous parler, continuai-je en haussant légèrement les épaules, car la grimace de Z.... ne m'avait point échappé. J'aurais suffisamment de pain sur la planche pour vous nourrir pendant plusieurs heures. La difficulté, c'est que, pour cette rue, je n'ai point un, mais deux titulaires à vous offrir, et la municipalité n'a pas assez clairement indiqué lequel avait ses préférences pour que je ne risque point de me tromper. Il y a eu en effet deux Hermann, tous deux fort savants, tous deux professeurs à Strasbourg, l'un à l'ancienne Université, l'autre à l'Académie nouvelle, tous deux dignes, à coup sûr, de figurer sur les nouvelles plaques bleues au coin de nos rues. Heureusement qu'ils étaient frères et s'aimaient d'un amour tendre ; ils ne se querelleront donc pas aujourd'hui au sujet de cet honneur posthume. Et puisque je ne sais au juste si c'est au jurisconsulte ou bien au botaniste que l'hommage s'adresse, si c'est le collectionneur infatigable ou l'administrateur habile qu'on prétend rappeler à vos souvenirs, je ne vois guère qu'un moyen de nous tirer d'affaire, c'est de vous parler de tous deux à la fois.

— Il y en aurait bien un second, mais il ne ferait pas votre affaire, murmura Z....; c'est de ne parler ni de l'un ni de l'autre.

— N'ayez pas peur, mon ami, je serai court et si je vous inflige une double biographie, je réduirai chacun de mes héros à la portion congrue. Je commencerai donc par vous dire que les deux Hermann étaient les fils d'un honorable théologien de Strasbourg, établi comme pasteur à Barr, dans cette charmante petite cité vosgienne que nous avons eu l'honneur de compter pendant deux siècles parmi nos sujets.

— Et qui nous en veut toujours un peu, dit le docteur, de cette suzeraineté du temps jadis !

— C'est à Barr que naquit Jean, l'aîné des deux frères, en 1738. Après avoir terminé ses études classiques au Gymnase, il se mit à l'étude de la médecine, afin d'y trouver un gagne-pain ; mais, dès son adolescence, ses goûts scientifiques le portèrent vers l'histoire naturelle, et surtout vers la botanique. Dans ses courses fréquentes à travers la plaine et les montagnes d'Alsace, il réunissait dès lors les premiers éléments de son herbier et de son cabinet d'histoire naturelle, devenus si célèbres depuis. Il continua ses études et ses collections à Paris, puis revint à Strasbourg en 1763 pour y soutenir ses thèses de docteur. Il débuta dans la carrière académique à l'âge de vingt-six ans comme agrégé libre, par des cours d'histoire naturelle, les premiers qui se fissent d'une façon régulière à Strasbourg et qu'il continua jusqu'à sa mort. Nommé professeur extraordinaire à la Faculté de médecine en 1768, il passa plus tard à la Faculté de philosophie, selon l'habitude de ce temps, afin d'arriver plus vite à une place de titulaire. Mais en 1784 la mort de son ancien maître et ami, le célèbre Reinhold Spielmann, — encore un nom, soit dit en passant, que je recommande à nos édiles, — ayant rendu vacante la chaire de botanique et de matière médicale, Hermann put s'occuper dorénavant, et d'une manière exclusive, de ses études favorites. C'était parmi les professeurs de notre ancienne Université l'un des plus connus dans le monde savant. Non qu'il ait beaucoup écrit. Son désir de tout approfondir avant de rien affirmer dans le domaine de la science, sa grande modestie, le peu de loisirs que lui laissaient la direction du Jardin botanique et ses propres collections, tout cela contraria son activité littéraire. Mais, grâce à ses connaissances encyclopédiques, il devint le correspondant, consulté de préférence et répondant toujours, de presque tous les hommes qui se firent un nom dans les sciences naturelles, vers la fin du siècle dernier et au début du nôtre. Sa correspondance ne s'étendait pas seulement aux académiciens d'Europe; il lui venait des questions et des envois des rives de l'Hudson et des côtes du Coromandel. Parmi ses plus célèbres correspondants je citerai seulement Buffon, Cuvier, Lacépède, Banks, Fœrster, Pallas, Alexandre de Humboldt. Il aimait à interrompre ses démonstrations scientifiques par des herborisations prolongées avec ses élèves, comme à une époque plus rapprochée de nous, ce bon professeur Kirschleger, dont vous vous rappelez tous la figure joviale. La Révolution vint jeter le désarroi dans cette existence scientifique, si calme et si féconde, en fermant les salles des cours de l'Université, en dispersant la jeunesse studieuse qui les remplissait naguère. Un coup plus terrible cependant que ces ennuis extérieurs vint frapper Hermann au plus fort de la tourmente. De son mariage avec Frédérique-Cléophé Kœnig était né un fils unique, qui s'était fait connaître déjà par des écrits révélant une science précoce. Appelé comme médecin à l'Hôpital militaire, le jeune Jean-Frédéric Hermann y fut enlevé par le typhus en 1793. Ce fut une rude épreuve pour le malheureux père, qui répétait souvent en pleurant : Il aurait été bien autrement savant que moi! Du moins notre érudit compatriote eut-il la consolation de trouver dans la personne de son gendre, du professeur Hammer, un homme partageant ses goûts et qui l'aida désormais dans ses recherches scientifiques. Quand le gouvernement créa la nouvelle Ecole de médecine en l'an III, Hermann y reprit son enseignement et fut encore chargé l'année suivante du cours d'histoire naturelle à l'Ecole centrale du Bas-Rhin. Bientôt après, l'Institut réorganisé le désignait comme correspondant de la section des sciences. Un refroidissement qu'il prit pendant une excursion botanique en automne 1799 le rendit malade. Il vit arriver la mort avec un calme stoïque, observant sur lui-même les progrès du mal et s'entretenant en latin du moment probable de sa fin avec son ami et médecin, le professeur Thomas Lauth, afin de ne pas affliger son excellente épouse. Le bruit de sa mort courut dans le monde savant du dehors avant qu'elle fut venue le frapper, et Hermann eut la satisfaction bien méritée de lire, encore quelques jours avant de fermer les yeux, les sincères et touchantes effusions que d'illustres savants adressaient à son gendre sur la perte que l'Europe savante faisait en lui. Il répondit encore lui-même à quelques-unes de ces lettres et s'éteignit doucement le 12 vendémiaire an IX, ou si le calendrier officiel républicain vous fait peur, le 4 octobre 1800.

— Tout le monde n'oserait pas se risquer à décacheter ainsi une correspondance où il serait question de son départ, dit le docteur, et, pour ma part, j'aime autant ne pas savoir ce qu'on dira de moi quand je serai mort.

— Le second frère, Jean-Frédéric, moins âgé de plusieurs années, était jurisconsulte de profession et entra en 1784 dans l'administration de la république de Strasbourg comme secrétaire-adjoint du Conseil des XV. En 1789, au moment où l'ancien gouvernement disparaissait après la prise de l'Hôtel-de-Ville, Hermann était secrétaire titulaire de ce corps politique. Il n'eut pas personnellement à se plaindre des changements opérés autour de lui, car en 1790 le suffrage de ses concitoyens le portait aux fonctions de substitut du secrétaire du Conseil général de la

Commune, titre un peu long peut-être, qui répondait à peu près à celui de secrétaire-général de la Mairie de Strasbourg. Cette position, passablement difficile en des temps si orageux, il sut la garder même après la chute de Dietrich, en août 1792, sous l'administration provisoire des maires La Chausse et de Türckheim. Lors des élections communales en janvier 1793, Hermann fut nommé procureur du Conseil de la Commune, mais un *modéré* comme lui ne pouvait occuper longtemps des fonctions de ce genre, quel que fut son mérite et l'habileté qu'il mit à ne froisser personne. Le 3 octobre 1793, il était destitué, avec le reste de ses collègues, comme « aristocrate avéré, regrettant les chaînes de l'ancien régime et ayant sans cesse entravé les mesures révolutionnaires. » Le 14 du même mois, les représentants en mission le faisaient incarcérer au Séminaire, comme suspect ; il y rejoignit l'élite des citoyens de notre ville, amis sincères de la liberté, mais résolûment opposés par cela même à ces tristes saturnales, qui souillaient alors l'élan patriotique animant la France tout entière.

Hermann resta en prison jusqu'après la chute de Robespierre. En janvier 1795, le représentant Bailly le replaçait comme procureur à la tête du parquet de la Commune, mais en octobre un autre représentant en mission, nommé Fricot, le destituait pour avoir convoqué les sections strasbourgeoises en assemblées délibérantes. On craignait sans doute quelque délibération désagréable à propos des décrets conventionnels qui suivirent la journée du 13 vendémiaire. En tout cas le fonctionnaire municipal destitué avait été l'organe de l'opinion publique en agissant de la sorte, car quelques jours plus tard les électeurs le désignaient comme représentant du Bas-Rhin au Conseil des Cinq-Cents. Il y siégea de 1795 à 1799 et y rendit de notables services à notre ville en plaidant avec succès, au sein du corps législatif, en faveur de la réorganisation de nos établissements scientifiques et de bienfaisance. Un an environ après le 18 brumaire, le 6 décembre 1800, l'ex-législateur remplaça M. Livio comme maire de Strasbourg et conserva ces importantes fonctions municipales jusqu'à la fin de 1805, où il céda la place à M. de Wangen de Geroldseck, courtisan plus assidu de l'astre impérial. On n'a jamais bien tiré au clair les motifs de cette destitution subite, car c'est bien ainsi qu'on l'appellerait aujourd'hui. On prétend que Napoléon, passant par Strasbourg, déconcerta Hermann par une de ces brusques apostrophes auxquelles il se plaisait, et que le maire, interloqué par ces questions inattendues et ne sachant que répondre, fut classé parmi les administrateurs incapables. C'était lui faire une injure aussi cruelle que peu méritée. Car pendant son administration il s'occupa avec un grand zèle de la chose publique, fit rebâtir plusieurs des ponts de la ville, élargit la rue Mercière, organisa l'Orangerie, décida la construction d'un nouveau théâtre, proposa la construction des nouveaux quais à la place des faux-remparts, fit décider en principe l'établissement des trottoirs, qui n'existaient point alors, et la création d'un bas-port sur le quai Saint Nicolas. Peut-être bien son principal tort fut-il de ne pas savoir courber l'échine aussi bas que le voulait la nouvelle étiquette impériale et sous ce rapport un noble des temps jadis faisait mieux à la tête de la cité que le simple roturier, issu du mouvement révolutionnaire.

Toutefois Hermann reçut une fiche de consolation par sa nomination comme professeur à la nouvelle Ecole de droit, créée en 1804 à Strasbourg. Il en devint plus tard le doyen et fut en cette qualité, ainsi qu'au Directoire de l'Eglise d'Augsbourg, le prédécesseur d'Arnold, comme je vous le disais la dernière fois. Nommé chevalier de la Légion d'honneur, Hermann mourut à un âge avancé, le 20 février 1820. Quel qu'ait été son mérite comme législateur et comme maire, il serait allé rejoindre cependant dans l'oubli tant d'autres illustrations passagères que nous avons envoyées siéger dans les conseils du pays, ou qu'on nous a envoyées pour nous diriger nous-mêmes, tantôt de l'ouest et tantôt de l'est, s'il n'avait pas consacré les dernières années de sa vie à un travail qui lui assurera toujours une place des plus honorables dans la littérature alsatique. Dès avant la Révolution, il travaillait à esquisser le tableau de l'ancien Strasbourg. Comme procureur de la Commune, comme maire il avait trouvé facilement accès aux trésors de nos archives et de nos bibliothèques. Il en avait extrait pendant de longues années des matériaux nombreux, quand il se décida, en 1817, « au dernier déclin de la vie », à mettre au jour ses *Notices historiques, statistiques et littéraires sur la ville de Strasbourg*, en deux volumes. Ce n'est être injuste envers personne que d'affirmer la haute valeur de ce recueil, qui reste encore aujourd'hui la mine la plus féconde en renseignements sur notre passé local. Sous une forme très concise — aujourd'hui de ces deux volumes on en ferait six, avec un peu de verbiage — il renferme une énorme variété de détails inédits et curieux, et remplace, sur bien des points, les manuscrits aujourd'hui brûlés de nos pauvres bibliothèques. Aussi vous pensez bien comme on l'exploite, sans le nommer, trop souvent, et quels plagiats impudents se commettent au détriment du bon maire de 1803. Nous, du moins, n'oublions jamais la reconnaissance que nous devons à ce digne vieillard, qui déclarait vouloir travailler « à la conservation et au rétablissement de ce patriotisme local, qui est le premier mobile de l'amour du bien public », et reconnaissons hautement ce que nous devons à ses recherches assidues.

Et maintenant, messieurs, libre à vous de décider lequel des deux frères vous saluerez comme le patron de la rue nouvelle. Ceux qui raffolent d'histoire naturelle.... appliquée, comme le père Z...., se prononceront pour l'aîné; ceux qui préfèrent les livres aux bêtes et aux herbiers, tiendront pour le cadet. J'avoue pour ma part que s'il me fallait absolument choisir, c'est à Jean-Frédéric que j'accorderais la palme.

XXI.

— Aujourd'hui, messieurs, nous nous mettrons en route, si vous le voulez bien, dans la direction de l'ouest. Longeons rapidement la rue de l'Université, en saluant au passage toutes les rues latérales qui font suite à la rue Hermann, et que nous connaissons déjà, la rue Lobstein, la rue Schimper et la rue Blessig. Aux confins du massif universitaire, aboutissant aux terrains vagues qui bordent au nord le quartier Saint-Nicolas, et débouchant de l'autre côté sur la place de l'Université, nous rencontrons une dernière voie de communication dont le nom nous reporte au passé scientifique de notre cité. Ça été une excellente idée de l'administration municipale d'associer le nom de Grandidier à celui des savants dont nous venons de parcourir la biographie. Bien qu'il n'ait jamais appartenu au corps enseignant de Strasbourg, il fut le digne élève et l'émule des Schœpflin, des Koch, des Lorenz, etc. C'est le nom le plus marquant que l'Eglise catholique de notre province puisse inscrire sur la liste de nos illustrations scientifiques; c'est l'un des personnages les plus sympathiques que nous puissions trouver parmi les hommes de mérite qui firent connaître au loin l'Alsace pendant la seconde moitié du dernier siècle.

Quelques-uns d'entre vous ont déjà vu sans doute au Musée de Colmar la fine et charmante physionomie de cet ecclésiastique érudit, qui vécut au milieu des grands, sans se corrompre à leurs côtés, qui conserva l'amour du travail au milieu de la société la plus frivole qui fût alors, et qui mourut à la fleur de l'âge, épuisé par cet amour même de l'étude et de la science. Ses traits, délicatement fixés sur la toile, ont été reproduits par la photographie, et rarement, je dois le dire, j'ai rencontré figure plus intelligente et plus douce, une de ces figures qui vous poussent à dire : Quel malheur que je n'aie pu connaître cet homme-là ! Quel malheur surtout qu'il n'ait pas vécu assez longtemps pour nous donner les grands travaux que ses débuts faisaient prévoir !

Philippe-André Grandidier naquit à Strasbourg, le 29 novembre 1752. Il était d'origine lorraine ; son père, Antoine Grandidier, avait été avocat au parlement de Metz, sa mère était Alsacienne et native de Molsheim. Il fit ses classes avec une rapidité prodigieuse. Dès l'âge de dix ans, il se révélait auteur et trois ans plus tard il terminait déjà ses études à l'Université épiscopale de Strasbourg. Ses parents le destinaient à l'Eglise et il reçut la tonsure à quatorze ans. Mais comme il ne pouvait être ordonné prêtre de longtemps, le cardinal Constantin de Rohan, prince-évêque de Strasbourg, qui s'intéressait à ce jeune « phénomène », le chargea de mettre un peu d'ordre dans les archives passablement délabrées de son Eglise. Grandidier s'acquitta de cette tâche avec un talent si remarquable que le cardinal le nomma archiviste titulaire de l'évêché, en 1771. Il n'avait pas dix-neuf ans. Un autre se serait mis à l'aise dans cette sinécure, mais le jeune abbé n'y vit qu'un moyen de mieux préparer ses travaux sur l'histoire ecclésiastique, et résolut de mettre en pleine lumière le passé du diocèse dont il conservait les parchemins. De 1777 à 1778 il publiait les deux premiers volumes de l'*Histoire de l'évêché et des évêques de Strasbourg*, qui racontaient les origines de l'Eglise d'Alsace jusque vers le milieu du dixième siècle. Le jeune érudit avait consciencieusement travaillé à éclairer ce passé lointain que la piété mal inspirée du moyen âge avait obscurci par mille légendes absurdes ou grotesques. Il croyait avoir bien mérité de l'Eglise et ne fut pas peu surpris du déchaînement général que souleva tout autour de lui l'apparition de son ouvrage. Les gens éclairés et de goût s'intéressaient trop peu aux questions qu'il traitait pour former contre-poids dans l'opinion publique aux clameurs indignées des chanoines et des curés dont les patrons mythiques, mais cependant fructueux, étaient mis en danger ou rayés de la liste des vivants par l'archiviste épiscopal.

Bientôt d'ailleurs son protecteur naturel ne fut plus là pour le défendre, le prince Constantin de Rohan étant mort à Paris, en mars 1779, et son successeur, Louis-René de Rohan-Guéménée, étant trop occupé de ses entreprises amoureuses et diplomatiques pour accorder une attention sérieuse au jeune ecclésiastique, que lui seul aurait pu défendre contre ses confrères. Aussi Grandidier tomba-t-il dans un découragement profond et se promit-il de ne plus rien écrire en ce genre, pour échapper à la critique enfiellée des dévots. Pendant quelques années il se tint tranquille en effet, se délassant par des jeux d'esprit inoffensifs, comme la *Dottomachie*, poëme dans le genre du *Lutrin*, ou travaillant en silence à des travaux scientifiques, moins compromettants, pensait-il, que ceux dont il venait d'éprouver le danger. En 1782 paraissaient ses *Essais historiques et topographiques sur l'église cathédrale de Strasbourg*, un livre de recherches quasiment locales, et le meilleur qu'on eut écrit jusque-là sur la matière. Mais là encore des intrigues secrètes, contre lesquelles il protestait d'avance dans sa préface et qu'il stigmatisait dans la fable du *Dindon et du Serin*, si bizarrement appendue à la fin de l'ouvrage, le dégoûtèrent d'aller jusqu'au bout. Ce nouvel ouvrage resta, lui aussi, inachevé. Cependant les honneurs ne lui manquèrent pas; à côté d'ennemis ouverts ou secrets, Grandidier comptait de nombreux admirateurs et de puissants amis. Il devenait successivement chanoine de la collégiale de Haguenau et de celle de Neuwiller, vicaire-général de l'évêque de Boulogne, protonotaire apostolique, historiographe de France, membre résident ou associé d'une foule de Sociétés savantes, parmi lesquelles je vous nommerai seulement l'Académie des Inscriptions et Belles-Lettres à Paris et celle des Arcades à Rome. Il publiait en 1785 un ouvrage très goûté du grand public, qu'effrayaient alors comme aujourd'hui les pesants in-quarto. Ces *Vues pittoresques d'Alsace*, devenues très rares et que le peintre Walter illustrait de charmantes vues au lavis bistré, lui donnèrent l'idée d'écrire une histoire complète de la province, et bientôt, en effet, grâce à un travail acharné, le premier volume de l'*Histoire ecclésiastique, militaire, civile et littéraire de la province d'Alsace* paraissait à Strasbourg en 1787. Il embrassait les événements historiques depuis l'époque romaine jusqu'à Clovis. Vous le voyez, le nombre des volumes aurait été considérable, si l'auteur avait pu mener son travail à bonne fin. Mais une inconcevable fatalité s'acharnait contre l'œuvre du malheureux érudit. Il était écrit qu'aucun de ses grands projets ne se réaliserait jamais. Cette même année, pendant que Grandidier compulsait les archives du couvent de Lucelle, il fut saisi par une fièvre pernicieuse qu'on essaya vainement de couper. Il mourut à Lucelle, dans les bras de ses frères, le 12 octobre 1787, et fut enterré dans l'église du couvent. Il n'avait pas encore trente-cinq ans !

Il avait accumulé de nombreux manuscrits, des notes plus nombreuses encore; car, écrivant d'abondance, il lui fallait seulement quelques points de repère pour rédiger un chapitre tout entier. Mais, même après sa fin, le sort ne lui devint point propice ; ses manuscrits disparurent en partie dans la tourmente révolutionnaire, avant qu'on eut réussi à leur faire voir le jour. Quand, soixante-quinze ans après sa mort, un homme qui a montré pour la mémoire de Grandidier un dévouement à toute épreuve, quand M. J. Liblin, le directeur de la *Revue d'Alsace*, essaya de publier en 1862 la suite de l'*Histoire de l'Eglise de Strasbourg*, la publication, faute de souscripteurs, dut s'arrêter au milieu du volume. Un peu plus tard, M. le professeur Jung, bibliothécaire de notre ville, ayant découvert, par un heureux hasard, de nombreux papiers du défunt dans une vente aux enchères faite à Leipzig, et les ayant acquis pour la ville, M. Liblin se remit à l'ouvrage et réussit cette fois à faire paraître les *Œuvres inédites* de Grandidier en six gros volumes. Il venait de réintégrer les originaux à la bibliothèque de Strasbourg, quand vint la guerre de 1870, le bombardement et l'anéantissement de nos collections scientifiques. Aujourd'hui les manuscrits du savant archiviste épiscopal se promènent en atômes impalpables à travers l'espace, sauf quelques cahiers que M. Liblin détenait encore et que vous pouvez voir, comme je les ai vus l'autre jour, à la nouvelle Bibliothèque municipale. Ce n'est pas sans émotion que j'ai contemplé les caractères de cette écriture rapide et allongée, qui semble trahir l'inquiétude d'esprit et l'humeur affairée du jeune écrivain qui les a tracés. Sa carrière, pour courte qu'elle fut, n'a point été sans gloire, ni surtout sans amertume. Après avoir été longtemps prônée, sa mémoire est en butte aujourd'hui à des attaques opposées. Certains pédants, qui se résignent difficilement à admettre, qu'avant leur venue, on ait pu connaître quoi que ce soit à l'histoire de notre pays, lui reprochent aigrement son ignorance et sa légèreté françaises. Certains hommes noirs, qui regrettent les temps où la crédulité populaire faisait leur force et leur puissance, et qui travaillent de leur mieux à renforcer la bêtise humaine, ne lui pardonnent pas d'avoir ébranlé quelques saints dans leurs niches vermoulues et d'avoir placé la vérité historique bien au-dessus des intérêts de sacristie. Ils n'ont pas tort à leur point de vue, car rien ne montre mieux la décadence de la science ecclésiastique contemporaine que la comparaison, même fugitive, de l'*Histoire de l'Eglise de Strasbourg*, avec les indigestes travaux sur la même matière que les dernières années ont vu se produire et dans lesquels les plus absurdes légendes du moyen âge ont repris leur place accoutumée.

Non, messieurs, croyez-le moi, Grandidier fut une des natures les plus heureusement douées pour l'accomplissement d'une grande œuvre historique. Quand on songe à l'âge qu'il avait en écrivant ses ouvrages, à la nécessité dans laquelle il se trouvait de tout apprendre par lui-même, à la robe qu'il portait, à l'esprit si peu critique de l'époque dans laquelle il vivait, on ne peut que l'entourer d'une admiration sincère. Et ce n'est pas là seulement, cela va sans dire, l'opinion d'un vieux négociant retiré des affaires, qui ne serait d'aucun poids dans la balance, c'est l'avis des gens les plus compétents, avec lesquels je me suis souvent entretenu sur cette matière. Ne nous joignons donc pas à ceux qui dénigrent ou sa science ou sa piété, mais faisons plutôt des vœux pour que l'Eglise d'Alsace produise de nouveau des hommes qui lui ressemblent, et qui l'illustrent comme lui, par leur tolérance profonde et leur esprit vraiment scientifique !

XXII.

— Mon cher ami, me dit le père Z... au moment où je pénétrais dans le sanctuaire, accordez-moi, je vous en prie, une légère faveur Vous me rendrez assurément ce témoignage que, depuis quelques séances au moins, loin de regimber contre votre éloquence melliflue, j'ai mis toute la bonne grâce du monde à la subir. Mais ce défilé légèrement monotone de gens qui naissent et qui meurent après avoir fait plus ou moins de grandes choses ou du moins écrit de gros bouquins, me fatigue énormément à la longue. Ne pourriez-vous pas, pour une fois, nous parler d'autre chose que d'un Strasbourgeois célèbre ?

— Je ne demande pas mieux que de vous être agréable, cher voisin. Croyez bien que si nos causeries ressemblent presque toujours aux articles d'un dictionnaire biographique, ce n'est pas précisément ma faute. Je voudrais, comme vous, que tout en honorant nos concitoyens illustres, on recherchât davantage les anciens noms de lieux, les désignations des localités que la nouvelle enceinte a fait disparaître, des couvents, par exemple, qui se trouvaient jadis devant nos murs, des châteaux-forts ou des tours de garde qui précédaient l'enceinte, de nos tribus ou confréries d'arts et métiers, etc. La difficulté, pour le moment, serait de trouver parmi les rues déjà baptisées par l'autorité municipale, quelque artère répondant à vos désirs légitimes. J'avoue que j'ai beau regarder autour de moi, du bout de la rue Grandidier où nous nous sommes arrêtés la dernière fois, je ne vois que d'autres noms propres poindre de tous côtés à l'horizon.

— Mais, dit l'un de mes voisins, auditeur attentif, bien que silencieux, de nos séances ordinaires, il n'est pas absolument nécessaire de suivre pas à pas le programme officiel, et l'on peut se permettre parfois une excursion dans des régions lointaines, sauf à revenir ensuite au bercail. Dans les parages qu'habite mon gendre, au Contades, il y a deux rues nouvelles dont vous pourriez nous parler aujourd'hui, sans agacer les nerfs de notre ami, la rue du Waseneck et celle du *Schiessrain*.

— Oui, mais peut-être notre bon M... n'est-il pas préparé, dit le docteur d'un air moitié bienveillant et moitié narquois. On n'improvise pas ainsi des conférences archéologiques !

— Je puis vous tranquilliser sur ce point, dis-je en riant. Mon siège est fait depuis longtemps déjà, et puisque notre ami Z... est momentanément fatigué des grands hommes, parlons-lui de nos Sociétés de tir et de leurs antiques exploits ; nous reviendrons ensuite sur les bords de l'Ill, où certains quais nous attendent, qui portent le nom de trop grands personnages pour qu'on les fasse attendre.

La rue du Waseneck, pour parler de celle-là d'abord, ne nous retiendra pas longtemps. Elle a reçu son nom du terrain sur lequel on l'a tracée, et qui s'étendait à gauche de la porte des Juifs, entre le Contades actuel et la grande esplanade de la Finckmatt, qui vient de disparaître à son tour. Bordé par un petit bras de l'Ill et par plusieurs fossés, comblés depuis en partie, le Waseneck abritait dès le XIVe siècle, et sans doute auparavant déjà, des bâtisses diverses, parmi lesquelles nos chroniques mentionnent surtout un couvent de Filles repenties. Lorsque les seigneurs d'Alsace, coalisés contre Strasbourg, vinrent assiéger notre ville en 1392, leurs coureurs essayèrent d'incendier les maisons du Waseneck, mais les canons de la place, mentionnés pour la première fois alors, les tinrent à distance. Ce que l'ennemi n'avait pu faire, les Strasbourgeois furent obligés de l'accomplir eux-mêmes un siècle environ plus tard, quand Charles-le-Téméraire menaça d'envahir nos parages. Les commissaires du Magistrat, chargés de raser les alentours de la ville, eurent à faire disparaître 250 bâtiments au Waseneck, ce qui prouve qu'il y avait alors une agglomération sérieuse à cet endroit. Le danger disparu, les anciens propriétaires y retournèrent sans doute, car en 1552, lorsque Henri II vint camper dans le voisinage avec une armée française, on dut procéder au même endroit à des démolitions nouvelles. Cette fois elles semblent avoir été définitives. On trouva que les bâtisses masquaient les remparts et permettraient des surprises; le terrain fut donc nivelé, les fossés comblés et la plus grande partie du Waseneck fut convertie en jardins, dont les derniers représentants sont probablement ceux que vous apercevez encore aujourd'hui entre le Contades et l'ancien glacis.

L'histoire du Waseneck n'est donc, vous le voyez, ni bien longue ni bien mémorable. Celle du *Schiessrain* par contre pourrait prêter à des développements plus étendus, surtout devant un auditoire de chasseurs émérites et d'anciens gardes nationaux de 1848, voire même de 1870. Les exercices corporels et les jeux militaires ont compté de tout temps de fervents adeptes à Strasbourg; d'ailleurs la nécessité même y poussait les moins assidus. Le service obligatoire universel, cette prétendue création des temps modernes, était la règle absolue de nos républiques bourgeoises du moyen âge, et chaque citoyen devait être prêt à endosser le harnois, à saisir la pique ou l'épée pour défendre ses foyers ou châtier les ennemis de sa cité natale. Il était donc naturel qu'il se formât de bonne heure des associations de tireurs, pour s'exercer pacifiquement en vue de luttes plus sérieuses. Le premier emplacement de tir que nos chroniques mentionnent, se trouvait, paraît-il, au Marais-Vert. Mais le voisinage se peuplant de plus en plus, on déplaça ce *Schiessrain* primitif en 1480, pour le reporter sur les bords de l'Aar, ce bras de l'Ill, qui la quitte près de l'ancienne porte des Pêcheurs pour la rejoindre plus tard aux abords du Wacken et du canal de la Marne-au-Rhin. C'est là que fut, pendant plus de trois siècles, l'emplacement où les générations successives vinrent s'exercer au maniement de l'arc, de l'arbalète, de l'arquebuse et du mousquet, où le bruit des salves pacifiques se mêla mainte fois

au choc des hanaps et des « vidrecomes », où
de glorieux vainqueurs étalaient aux yeux des
grandes dames et des gentilles bourgeoises
leurs coupes d'honneur et leurs couronnes de
verdure. S'il pouvait parler, ce sol foulé par
tant de tireurs étrangers, accourus pour participer aux fêtes de tir du XVe et du XVIe siècles, quelles scènes vivantes et variées ne
retracerait-il pas à nos yeux? A défaut de son
témoignage, nos vieilles chroniques et les
procès-verbaux de nos Conseils nous ont conservé le souvenir des principales vicissitudes
de ce terrain de manœuvres, devenu maintenant une élégante avenue qui se remplit de
maisons nouvelles. Il est difficile aujourd'hui
de vous donner une idée de l'aspect de cette
partie de notre ancienne banlieue, car tout y
a changé! Je ne pouvais prévoir que je vous
parlerais aujourd'hui du *Schiessrain*, sans quoi
je vous aurais apporté le vaste panorama dessiné par Tobie Stimmer à l'occasion du célèbre
tir de 1576. L'unique exemplaire qui en existait encore a été reproduit naguère par les
soins de M. Auguste Schricker, secrétaire de
l'Université, et c'est ce naïf mais fidèle croquis qui nous donne aujourd'hui l'impression
la plus exacte de ce qu'était le *Schiessrain* il
y a trois siècles. Au milieu de plantations
d'arbres entourés de vignes et disposés en

larges allées, s'élevait la maison de tir, souvent détruite et souvent restaurée. La première datait, comme je vous le disais tout à l'heure, de 1480 déjà. Démolie en 1536, elle le fut encore une fois, en 1552, alors que Henri II menaçait la ville libre impériale. Une simple baraque en bois la remplaça l'année suivante d'une façon provisoire. Le président de la Société des tireurs, le *Schützenmeister* Michel Kogmann, fit replanter en 1558 tout le terrain de jeunes arbres pour remplacer ceux que l'arrivée subite du roi de France avait fait jeter à bas. En 1562, une maison de tir plus confortable fut érigée aux frais de la ville; en 1566 enfin, l'orfèvre Thiébaut Krug établissait devant cette bâtisse un splendide jet d'eau pour rafraîchir les tireurs échauffés. C'est dans cette construction nouvelle et ses annexes qu'eurent lieu les concours de 1576, si célèbres dans notre histoire locale, grâce à la venue des Zurichois et de leur marmite de mil. Ce furent les plus beaux jours de notre champ de tir, qu'encombrait une foule joyeuse et bruyante. Bordé de tentes et de baraques, où s'étaient établis des marchands forains et des restaurateurs à prix fixe, il vit se succéder, dans ces journées de mai et de juin 1576, l'élite des tireurs de l'Alsace, de la Suisse et des contrées rhénanes. L'arbalète ou l'arquebuse à la main, ils s'y disputèrent les dons gracieusement offerts par le Magistrat aux plus habiles jouteurs, et les couronnes ornées de perles dont les plus jolies filles de Strasbourg ceignaient le front des vainqueurs.

Le XVIIe siècle vit se produire la lente et naturelle décadence de cette institution si florissante autrefois. La bourgeoisie de notre ville cessait de porter les armes et laissait le soin de la défendre à des mercenaires étrangers. Le dépérissement de son commerce et de son industrie, causé par la guerre de Trente-Ans et les luttes qui la suivirent, appauvrissait d'ailleurs les familles et les disposait moins aux fêtes bruyantes et dispendieuses, quand même le Magistrat les aurait encore permises. Cependant on continuait à fréquenter le *Schiessrain* par une vieille habitude. C'est là que les gouvernants organisaient de temps à autre des jeux d'adresse en l'honneur de quelque prince étranger, et venaient eux-mêmes tenir compagnie à leurs nobles hôtes. C'est ainsi que le 14 avril 1665 on fit dresser au champ du tir un mât gigantesque, haut de 140 pieds et surmonté d'une figure d'oiseau, contre laquelle s'escrimèrent deux princes de Birckenfeld, leur suite et les membres des Conseils. C'étaient déjà les fêtes officielles modernes, où le peuple s'amuse « par ordre », substituées aux réjouissances vraiment populaires et qui sortent des entrailles même de la cité.

Quand Louis XIV fut entré dans Strasbourg, il prit à nos ancêtres leurs couleuvrines et leurs canons, mais il se garda bien de leur enlever leurs inoffensives arquebuses. Intendants et gouverneurs, MM. de la Grange ou de Chamilly, assistaient volontiers aux fêtes annuelles de la corporation des tireurs, se rendaient en grand cortège, et par eau, jusqu'au *Schiessrain*, applaudissaient, entourés de belles dames et de fringants officiers, aux prouesses de nos tireurs, et terminaient la séance par une collation froide que leur offrait galamment le Magistrat. Mais ce n'était plus alors la population toute entière qui participait à ces exercices militaires, et la petite bourgeoisie seule semble avoir fourni désormais les membres de « l'Arquebuse de Strasbourg », qui se réunissait pendant les mois d'été, de Pâques à la Saint-Michel, à l'ombre du vieux tilleul, qui datait du XVIe siècle.

Ce tilleul du *Schiessrain* était presque aussi cher à nos aïeux que celui de la Robertsau, décrit par le marquis de Pezay dans ses *Soirées alsaciennes* et dont l'auberge au *Tilleul*, près du pont du canal, rappelle seule encore le souvenir. Le digne vétéran du champ de tir était d'une envergure énorme, à ce qu'il paraît, car ses branches s'appuyaient sur trente-deux colonnettes de pierre disposées en cercle. Sur ses branches était établi un balcon, perdu dans la verdure ; on y montait par un escalier tournant, et du haut de cet observatoire rustique on dominait les alentours. En 1764, le *Schiessrain* perdit en partie son aspect d'autrefois. Le Magistrat y fit tracer une promenade à larges allées régulières qu'il appela la promenade de Contades, en l'honneur du maréchal de ce nom, qui commandait depuis deux ans la province. Les plus anciens des vieux arbres que nous y admirons aujourd'hui sont plus jeunes cependant que ceux qui furent plantés alors. Aucun d'eux n'a plus vu les dernières prouesses et les derniers cortèges annuels des rares fidèles de l'arquebuse de la bonne ville libre et royale de Strasbourg. Ce sont leurs prédécesseurs qui assistèrent à la disparition de toutes ces antiques coutumes, balayées par le courant révolutionnaire. La menace d'un siège fit abattre en 1793 et la maison des tireurs et les arbres séculaires qui lui donnaient l'ombrage. La promenade publique ne fut rétablie qu'en 1799, mais sur un plan différent de celui qui avait existé d'abord, et le nom même du *Schiessrain* disparut peu à peu de la mémoire des générations nouvelles. C'est au Contades que se rattachent les souvenirs historiques du XIXe siècle. C'est au Contades que l'on posait, le 27 septembre 1801, la première pierre d'un monument en l'honneur de Moreau et de l'armée du Rhin, monument que le Premier Consul ne permit jamais d'ériger d'ailleurs. C'est un 27 septembre aussi — je n'ai pas besoin de vous en faire souvenir — que nos braves marins, commandés par le capitaine de vaisseau Du Petit-Thouars, évacuèrent les retranchements du Contades, défendus par eux avec tant de vaillance. Aujourd'hui le vieux nom du *Schiessrain* reparaît dans la nomenclature officielle, à côté du nom de la promenade moderne. Puissent-ils faire bon ménage ensemble, comme il y a cent ans !

Quittons sur ce souhait la rangée de maisons élégantes qui s'étale aujourd'hui sur l'emplacement de l'ancien champ de tir de Strasbourg. Elles ont détruit, elles aussi, de bien chers souvenirs. C'est dans un de ces jardins que j'ai passé jadis les plus douces heures de ma première enfance, et c'est tout à côté que, bien des années plus tard, j'allais faire goûter à mes mioches les gâteaux du père Lips et leur faire admirer les tours de son ours Martin !

XXIII.

Selon ma promesse, j'apportais à la séance suivante mes pièces justificatives. J'épinglai contre le mur le fac-similé du grand dessin de Stimmer sur le tir de 1576 et je fis circuler autour de la table une photographie de la vue du *Schiessrain*, dessinée par Jacques von der Heyden dans sa charmante série des *Quatre Saisons*. Il se passa quelque temps avant que je pusse prendre la parole.

— Puisque tant est que le père Z... nous a poussés du côté du Contades, je vous demande la permission d'y rester aujourd'hui, avant de revenir en arrière. Il y a là, touchant au Waseneck, deux autres rues qui n'exigent point de longs commentaires et dont les noms peuvent s'expliquer en deux mots. Permettez que je vous entretienne brièvement des deux personnages que l'administration municipale a choisis pour en être les parrains, et le reste de la soirée vous serez libres comme des écoliers en vacances.

— Allez, mon bon magister, dit le docteur en riant, l'annonce d'un demi-congé n'a rien qui nous effraie.

— Touchant directement au Waseneck, nous rencontrons d'abord la rue Strauss-Dürck-

heim, dont le nom vous rappelle, je l'espère
du moins, un bienfaiteur généreux des aveugles de notre ville, si même vous ignoriez ses
titres scientifiques. Après cela — comme on
dit à Strasbourg — je ne saurais vous blâmer
bien sévèrement si vous ne savez rien d'un
homme que M. Vapereau lui-même n'a point
placé dans son *Dictionnaire des contemporains*, où sont logées pourtant tant de médiocrités encombrantes. Hercule-Eugène-Grégoire de Strauss-Dürckheim naquit à Strasbourg
en 1790, mais il quitta de bonne heure sa
ville natale pour se fixer à Paris. Devenu
l'élève, puis le collaborateur du grand Cuvier
dans ses recherches scientifiques, il se distingua surtout par ses travaux anatomiques, sans
jamais rechercher cependant une position officielle, dont sa fortune individuelle lui permettait de se passer. Il s'est fait un nom
célèbre parmi les spécialistes, grâce à son
volumineux ouvrage, l'*Anatomie descriptive
du Melolontha vulgaris*, cette malheureuse
bête, si chère à la jeunesse strasbourgeoise.

— Pardon, vous dites? fit le père Z... d'un
air étonné. Je ne connais pas cet animal-là,
bien que je sois un *Steckelburjer* de vieille
roche.

— Aussi, mon ami, connaissez-vous parfaitement le hanneton vulgaire, car c'est de lui qu'il s'agit. Seulement je tenais à citer exactement mes sources. Cette étude, accompagnée de belles planches gravées, parut en 1828. Quatorze ans plus tard, Strauss-Dürckheim publiait un *Traité théorique et pratique d'anatomie comparative* en trois volumes, qu'il faisait suivre d'une *Anatomie descriptive et comparative du chat*, en deux volumes in-quarto. Ses recherches microscopiques ininterrompues finirent par affecter la vue de l'infatigable savant. Il voulut alors consacrer ses dernières forces à formuler ses convictions scientifiques et religieuses dans le plus connu de ses livres, la *Théologie de la nature*, qui parut en 1852 et qui forme trois volumes. Il y déclarait avec une conviction religieuse que l'univers tout entier est l'œuvre d'une intelligence toute-puissante, qui l'a tiré du néant, et, s'appuyant sur les recherches de quarante années de travail, il combattait à la fois le matérialisme des athées et les dogmes de l'Eglise. On a pu dire à bon droit de son livre que c'est le catéchisme du déiste, mais d'un déisme ému, presque mystique, tout en étant basé sur les données de la science positive. On m'a fait voir à la Bibliothèque de la Ville les volumes sur lesquels lui-même avait écrit *Exemplaire consacré à l'Eternel*, et en tête desquels, d'une main déjà incertaine et tremblante, il avait inscrit, le 26 janvier 1853, un touchant et lyrique « Hommage à Dieu ». Bientôt après la publication de cet ouvrage, l'état de sa santé s'aggrava ; une cécité complète vint mettre un terme à ses études. Ce malheur ne fit que rendre son cœur naturellement généreux plus accessible aux souffrances d'autrui. Dernier survivant de trois frères, resté célibataire lui-même, il disposa, par testament du 17 mai 1861, de sa fortune tout entière en faveur des aveugles de sa ville natale, soit que celle-ci voulût les secourir à domicile, soit qu'elle crût à propos de créer une école d'enseignement spéciale pour les aveugles. Lorsque le testateur fut mort à Paris, le 14 mars 1865, à l'âge de soixante-quinze ans, la municipalité de Strasbourg entra sans difficulté en possession d'une fortune qu'on évaluait à près de 240,000 francs, mais qui se trouvait grevée de quelques rentes viagères. Le Conseil municipal fut unanime pour accepter le legs et pour en exprimer sa vive reconnaissance, mais une longue discussion s'engagea sur l'emploi de cette somme considérable. Le maire d'alors, M. Humann, la trouvait insuffisante pour créer immédiatement, soit un véritable asile, soit une école d'aveugles dans notre ville, et ne croyait pas non plus devoir grever le budget municipal d'allocations annuelles qui, dans ce cas, auraient été pourtant indispensables. Aussi, malgré la consultation fortement motivée du docteur Monoyer, qui réclamait la création d'une véritable école d'instruction pour les aveugles à Strasbourg, le Conseil finit-il par se prononcer en faveur de M. Humann, qui proposait d'allouer seulement des bourses à des aveugles strasbourgeois qu'on placerait dans les asiles existants d'Illzach et de Nancy. Pour ne pas enlever cependant tout espoir aux partisans de l'avis contraire, le Conseil municipal décida, le 15 novembre 1867, qu'un quart des revenus serait capitalisé et qu'on reprendrait quelque jour la discussion sur l'emploi des revenus accumulés de la fondation. Treize ans se sont écoulés depuis lors. Au lieu de 8000 francs qu'il rapportait en 1867, le legs Strauss-Dürckheim en a fourni plus de 15,000 en 1881. Là-dessus 6500 francs environ ont été employés l'année dernière à entretenir seize boursiers aveugles alsaciens, dont dix de Strasbourg même, dans différents établissements spéciaux, soit douze à l'asile d'Illzach, trois à celui d'Ilveshelm, dans le grand-duché de Bade, et un à celui de Nancy. Le reste des revenus a été capitalisé, sauf le montant d'une pension viagère, que reçoit encore la vieille lectrice du testateur. Dans une dizaine d'années au plus tard, le capital sera sans doute assez considérable pour qu'on puisse répondre à la pensée première de l'homme de bien qui l'a légué, et qu'une Ecole Strauss-Dürckheim soit ouverte à Strasbourg même, sous la tutelle municipale. En attendant, l'administration a bien fait de rappeler ainsi le nom du généreux donateur à ses concitoyens.

Dans le voisinage de la rue Strauss-Dürckheim on a placé celle qui porte le nom d'Ehrmann, de cet autre bienfaiteur contemporain des misérables et des déshérités de notre ville. Né dans nos murs le 15 mars 1786, M. François-Auguste Ehrmann a vécu pendant quatre-vingt-dix ans d'une vie tranquille et retirée, consacrée tout entière au travail et à la charité. C'est seulement au moment de sa mort, quand il fut décédé à Donaueschingen, le 20 août 1876, que son nom, béni depuis longtemps par les pauvres, attira l'attention du grand public. En effet, l'énumération des legs divers qui consacraient la totalité d'une fortune, peu commune à Strasbourg, à des établissements de bienfaisance ou d'instruction publique, était de nature à frapper les imaginations et à toucher les cœurs accessibles à des sentiments généreux Le testament de M. Ehrmann donnait 150,000 francs au chapitre de Saint-Thomas pour création de bourses au

Gymnase et à l'Université de Strasbourg; 150,000 francs à l'Œuvre de bienfaisance pour les pauvres honteux; 50,000 francs au Bureau de bienfaisance de la ville; 20,000 francs à l'Ecole de filles fondée par Mlle Berstecher; la même somme à l'Asile des aveugles d'Illzach; à la Société des instituteurs émérites; à la Société de secours mutuels des instituteurs du Bas-Rhin; à la fondation Blessig, qui s'occupe des enfants pauvres; à l'établissement du Neuhof; à la Caisse des veuves des pasteurs de la Confession d'Augsbourg; à la Société de charité maternelle. Total, plus d'un demi-million.

Le reste de la fortune de M. Ehrmann, c'est-à-dire, en chiffres ronds, un million de francs, était légué aux Hospices civils de Strasbourg, à charge de créer avec le revenu de cette somme un hospice de convalescents dans sa ville natale et de l'appeler du nom de la mère du bienfaiteur, l'*Hospice Louisa*. C'était une belle et touchante idée de ménager aux pauvres, relevant de maladie, les moyens de jouir d'un peu de soleil et de bien-être, avant d'avoir à retourner au travail dans leurs logements trop souvent insalubres et malsains. Il fallait la réaliser cependant, et du choix du local dépendrait en bonne part la réussite de ce projet philanthropique. La Commission des hospices eut la main heureuse en décidant l'acquisition de l'ancienne propriété Tscheiller, sise au quartier Bleu de la Robertsau et qui se trouvait alors en vente. Elle fit approprier les locaux existants, en fit élever d'autres, et dans le courant de l'été 1880 elle put recevoir les premiers pensionnaires du nouvel hospice. Situé au milieu de vastes jardins potagers, environné d'un parc planté de marronniers touffus, le bâtiment principal comprend deux pavillons distincts, l'un pour les hommes, l'autre pour les femmes ; ils sont réunis par une large galerie vitrée. Au premier se trouvent les dortoirs, ayant chacun de quatre à six lits seulement, et comportant un chiffre maximum de soixante pensionnaires. On n'y reçoit que des convalescents des deux sexes relevant de maladies aiguës non contagieuses et non épidémiques. Les sujets atteints de maladies chroniques ou incurables n'y sont point admis. Par contre, les enfants âgés de plus de sept ans jouissent des mêmes droits que les adultes. La durée normale du séjour d'un convalescent à l'hospice est fixée à quinze jours, mais, sur l'avis du médecin, il peut être prolongé d'une semaine. Le régime alimentaire de l'hospice est de nature à hâter le rétablissement de malades, épuisés souvent par les privations plus encore que par la souffrance. J'ai eu l'occasion naguère de parcourir les salles, les bâtiments accessoires et le jardin. L'ensemble fait une agréable impression sur le visiteur, et les malades que l'on voit se chauffer au soleil ou se promener à pas lents dans les sentiers du parc, trouvent là tout le confort et le calme nécessaire à une prompte guérison.

— Oui, dit le docteur, en prenant une prise, somme toute et certains détails étant réservés, c'est une institution fort recommandable. Vous le savez, nous autres médecins, nous ne sommes jamais tout à fait contents. Mais on ne peut tout faire avec 35.000 francs de rente.

— Eh bien, répliqua le notaire, puisque vous trouvez la somme trop modeste, il est entendu que vous léguerez à l'Hospice le nouveau million dont il a besoin pour s'agrandir. En attendant, il existe, grâce à M. Ehrmann, et, grâce à ses sympathies pratiques, une foule de malheureux ouvriers, de braves mères de famille, de pâles et chétifs enfants pourront se rassasier d'air et de soleil, et se retremper pour la lutte journalière. Honorons de tels hommes ; ils ont été rares de tout temps, mais ils semblent le devenir de plus en plus de nos jours. M. Ehrmann a demandé, dans ses volontés dernières, qu'on n'érigeât point de monument sur sa tombe.

Il repose, loin de sa ville natale, au cimetière de Donaueschingen ; une pierre toute simple, avec son nom, la date de sa naissance et la date de sa mort, y recouvre ses restes. Mais il s'est dressé lui-même un monument durable en consacrant sa fortune au soulagement de l'humanité souffrante. Et ce qui me touche le plus, je l'avoue, dans cette donation princière, c'est la pensée délicate d'en rattacher l'existence au nom d'une mère chérie et d'en faire remonter ainsi jusqu'à elle le mérite et le souvenir.

XXIV.

— Vous m'avez si bien détourné de mon itinéraire primitif, messieurs, dis-je en occupant mon siège accoutumé, que nous aurons quelque peine à regagner les bords de l'Ill, d'où nous sommes partis. Je ne sais vraiment quel chemin prendre pour vous ramener du côté du pont Royal, sans vous faire affronter une grippe épouvantable dans les steppes désolés de la place Impériale.

— Est-il donc si urgent de retourner immédiatement en arrière ? interrompit le docteur. Pour moi, je vous déclare, en homme de métier, que rien n'est plus nuisible à la santé que d'arpenter les quais par l'aigre bise qui souffle depuis plusieurs jours. Il est vrai qu'il y a des médecins pour guérir les bronchites et les pneumonies, et que vous pourrez vous adresser en toute confiance à votre humble serviteur !

— Nous ferons mieux encore, je crois, grommela le père Z..., de ne pas nous exposer à en prendre.

— Mais, messieurs, dit le notaire, puisque nous voilà dans le futur « quartier humanitaire » de Strasbourg, pourquoi n'y resterions-nous pas encore un peu de temps? A côté des rues Ehrmann et Strauss-Dürckheim j'aperçois sur le plan de notre ami quelques noms analogues qui lui fourniront bien la matière de l'entretien de ce soir. D'ici à quelques jours saint Mamert et saint Pancrace auront terminé leurs fâcheux exploits, et, n'en déplaise à notre bon docteur, nous regagnerons sans rhume et sans bronchite les régions lointaines d'où nous sommes venus naguère.

— Je n'ai aucune objection à présenter pour ma part, répondis-je en riant. Vous savez que je suis prêt à parler de tout et sur toute chose. Il est toujours bon d'ailleurs de donner des éloges aux bienfaiteurs d'hier, pour stimuler ceux d'aujourd'hui, pour susciter peut-être ceux de demain. L'administration municipale fera bien de réserver une série de rues et de ruelles entre l'avenue des Vosges et le boulevard de Pierres pour récompenser dans l'avenir ceux de nos concitoyens qui mériteraient par leurs largesses de figurer dans la nomenclature de ce quartier civique.

Et tenez, messieurs, continuai-je d'un ton plus sérieux, pour commencer je m'en vais vous parler ce soir du plus méritant d'entre tous ceux qu'on y a placés jusqu'ici. Il n'était pas millionnaire, celui-là, comme les Apffel ou les Ehrmann ; ce n'était pas non plus un savant comme Strauss-Dürckheim, ou bien un poëte comme Lamey, ses deux autres voisins. Pauvre il est venu au monde et plus pauvre il l'a quitté. Il n'a créé aucune œuvre de génie, il n'a point reculé les bornes de la science humaine. Nous-mêmes et nos enfants nous n'avons tiré aucun profit direct de ses rudes labeurs, et cependant c'est à bon droit que le nom d'Oberlin vient orner l'une des artères principales de ce quartier consacré par l'administration de notre ville à la mémoire de ceux qui, parmi nous, ont le plus fait pour améliorer le sort de l'humanité souffrante. C'est qu'une grande cité comme la nôtre n'a pas seulement à recueillir des héritages matériels et que ses enfants peuvent lui léguer parfois un héritage mille fois plus précieux encore. Quel stimulant pour les générations futures dans l'exemple d'une existence pareille, toute de dévouement, dans le tableau du changement immense opéré par la foi confiante d'une âme humble et naïve ! L'inébranlable volonté qui ne recule devant aucun devoir et qu'aucun échec ne décourage, force, à elle seule, notre estime. Mais celle-ci se change en un respect attendri quand nous la voyons jointe à tant de simplicité, tant de mansuétude et de douceur. Moi, qui crois connaître un peu les hommes du passé, qui pratique en tout cas mes contemporains depuis d'assez longues années pour ne pas me tromper entièrement à leur égard, j'en ai rencontré beaucoup que j'apprécie et plusieurs que j'aime, mais aucun qui, de loin seulement, approchât de cette sérénité d'âme, de cette calme activité, de cet entier oubli de soi-même qui formaient le fond du caractère d'Oberlin. Léguer ses millions à ses citoyens est une belle action sans doute ; leur léguer l'exemple d'une vie pareille est chose plus belle encore, et bien autrement difficile. L'un permet de faire le bien, l'autre oblige d'y croire.

— Eh, ne dites pas trop de mal des millions, interrompit le docteur ; ils ont du bon, tout de même. Si seulement ceux qui les possèdent songeaient moins rarement à les laisser à ceux qui n'ont rien !

— Je n'ai pas besoin, je pense, de vous retracer ici la biographie détaillée de Jean-Frédéric Oberlin, l'apôtre et le civilisateur du Ban-de-la-Roche. Il y a de ces noms qu'il serait honteux de ne pas connaître, tant ils ont été, tant ils sont restés populaires, et ce n'est pas aujourd'hui, où quelques heures de chemin de fer nous conduisent au centre même de son activité bénie, qu'il est nécessaire de vous décrire en détail la vallée sauvage de nos Vosges, transformée par son labeur de soixante années.

Fils d'un modeste professeur au Gymnase, plus riche en enfants qu'en écus, Jean-Frédéric Oberlin naquit à Strasbourg le 31 août 1740. Une éducation rigide, une vie de privations allègrement portées le préparèrent à sa carrière future. Etudiant, puis candidat en théologie, précepteur, pour subvenir aux nécessités de l'existence, Oberlin venait d'accepter la place d'aumônier protestant au régiment de Royal-Alsace, quand par une soirée de février 1767 il vit entrer dans sa froide mansarde un ecclésiastique étranger. C'était le pasteur Stuber, du Ban-de-la-Roche, qui venait chercher en ville un successeur pour la cure qu'il désirait quitter, après avoir occupé pendant plus de dix ans ce poste avancé, je pourrais dire perdu, de l'Eglise de Strasbourg. On lui avait désigné le jeune Oberlin comme l'un des rares candidats alors capables de prêcher en langue française et suffisamment dévoués pour accepter une cure d'âmes aussi pénible. Stuber ne cacha point à son interlocuteur les fatigues matérielles et morales qui l'attendraient dans ce recoin sauvage de nos montagnes, et ce ne fut pas sans une lutte douloureuse qu'Oberlin renonça lui-même à ses projets d'avenir. Mais il était de ces âmes fortement trempées que la grandeur même de leur tâche attire, et son choix fut bientôt fait. Le 30 mars 1767, le jeune pasteur s'installait au presbytère de Waldbach, ou plutôt dans la cabane délabrée qui devait lui en tenir lieu. Il put s'assurer bientôt que Stuber ne lui avait point exagéré les difficultés de sa mission pastorale. L'âpre vallon, qui monte des bords de la Bruche au plateau désolé du Champ-du-Feu, effrayait alors à bon droit les rares visiteurs par son aspect inculte et sauvage; plus sauvage encore que la nature même étaient les rares habitants de cette région déshéritée par le sort. Sans cesse menacée par la famine, vivant en dehors des limites de la civilisation, la population clairsemée de ses cinq hameaux était entièrement abrutie par l'ignorance, l'ivrognerie et la misère. Quoi d'étonnant si, méconnaissant l'ardente sympathie que le nouveau venu lui portait, elle essaya d'abord d'entraver son œuvre civilisatrice. Esprit pratique avant tout, talent organisateur de premier ordre, Oberlin comprit de bonne heure qu'il fallait lutter d'abord contre les misères matérielles avant de pouvoir s'attaquer aux misères morales. Avant d'en faire des chrétiens, il résolut de faire des hommes de ses malheureuses ouailles. C'était un homme de prière, mais c'était aussi un homme de travail; il ne ressemblait en rien à ces mystiques contemplatifs qui se plongent dans de pieuses extases, attendant l'amélioration de leurs semblables de je ne sais quelle intervention miraculeuse et directe de la puissance divine, et qui s'en vont, répétant que l'obligation du travail est une expiation cruelle des péchés d'Adam. Pendant les chaleurs de l'été, pendant les froidures de l'hiver, il va de hutte en hutte, visitant les malades, encourageant les travailleurs laborieux, tâchant de convertir les paresseux et les ivrognes à des habitudes meilleures. Il réorganise les écoles, fonde des salles d'asile, forme des moniteurs et des monitrices pour le seconder dans la diffusion des connaissances élémentaires presque partout absentes. Tour à tour ingénieur, médecin, industriel, agriculteur, il enseigne à ces pauvres bûcherons et à ces paysannes ignorantes à mieux cultiver leurs champs infertiles ; il y propage la pomme de terre, le trèfle et le lin ; il leur apprend à assainir leurs misérables cabanes, à se créer des ressources nouvelles par le tricotage et la couture, à bâtir des ponts, à endiguer les torrents, à tracer des routes, à entretenir un peu de bétail, à se mettre en rapports suivis avec le monde extérieur. Il ne se contente pas d'exhortations théoriques, il paie de sa personne. Quand une de ces innovations, si simples pourtant, mais si difficilement acceptées partout par l'esprit soupçonneux, borné des campagnes, rencontrait l'opposition sourde des uns et se heurtait à l'indifférence des autres, Oberlin, sans se décourager, se mettait seul à l'œuvre, bêchant son champ, établissant ses semis, piochant le chemin vicinal, jusqu'à ce que son exemple eut entraîné les plus rebelles. Ce ne fut pas l'œuvre d'un jour, ni même de plusieurs années. Mais peu à peu le tenace apôtre put voir lever partout la semence qu'il répandait abondamment autour de lui, aidé de sa vaillante épouse, qui pendant quinze ans partagea ses humbles joies et ses rudes travaux. Ce fut un coup terrible pour le digne pasteur et sa nombreuse famille, quand elle lui fut enlevée durant l'hiver de 1783. Mais déjà l'affection sincère de son troupeau le soutenait dans d'aussi rudes épreuves. Vous connaissez tous le nom de cette brave fille, de cette admirable servante, Louise Scheppler, qui se dévoua pendant un demi-siècle à la famille de son maître, et dont l'Académie française récompensa plus tard le mérite en lui décernant le prix Monthyon. D'autres encore, hommes et femmes, furent les aides dévoués d'Oberlin dans cette incessante croisade pour la diffusion des lumières et de l'Evangile. Quand la Révolution éclata, grâce à lui, le Ban-de-la-Roche resta calme et tranquille. Les revendications sociales n'avaient point à faire entendre leurs voix menaçantes là où tous étaient pauvres et tous se sentaient frères. La Terreur ne pouvait épargner pourtant une aussi noble victime. En juillet 1794 le pasteur Oberlin reçut l'ordre de se constituer prisonnier à Schlestadt. Il s'y rendit calme et confiant, et sa confiance ne fut pas trompée. Quelques jours plus tard, le 9 thermidor ouvrait les portes de sa prison, et la joie de ses paroissiens fut bien douce à son cœur quand il revint à son paisible vallon.

A partir de ce moment, sa tâche augmentant toujours, il n'en est plus guère sorti. La population du Ban-de-la-Roche avait plus que doublé depuis son arrivée, et le maigre sol ne suffisait plus à sa nourriture. Ce fut encore Oberlin qui combattit alors la misère renaissante en décidant un fabricant de Sainte-Marie-aux-Mines, M. Reber, et plus tard son digne ami, M. Daniel Legrand, de Bâle, à s'établir dans la vallée pour y créer cette industrie textile, si florissante aujourd'hui. C'est, grâce à ses efforts, que furent aussi réglées sous l'Empire les contestations bientôt séculaires entre les propriétaires et les usagers des forêts du Ban-de-la-Roche ; c'est à lui, c'est à ses appels de secours éloquents que des milliers de malheureux durent de ne pas mourir de faim pendant la terrible famine de 1817. Le gouvernement, si clérical pourtant, de la Restauration reconnut ses mérites un peu plus tard en le décorant de la croix de la Légion d'honneur, mais plus que ces hochets extérieurs, l'attachement, l'amour d'une population tout entière récompensaient le vieillard de tant d'années d'un incessant labeur. Depuis longtemps déjà les anciens habitants de la vallée, ceux qui l'avaient vu débuter au milieu d'eux, reposaient dans leurs tranquilles cimetières. Deux générations successives, baptisées et mariées par le respectable octogénaire, avaient appris à leurs petits-enfants à le chérir et à lui obéir. Trop faible pour marcher désormais, le vénérable Oberlin, monté sur un cheval d'allures pacifiques, parcourait encore les modestes hameaux, visitant ses ouailles, les consolant dans leurs afflictions, partageant leurs joies, s'efforçant de les garantir contre le mal, mais bien affaibli pourtant, bien désireux de repos, soupirant après la paix du Seigneur. Ses vœux furent enfin exaucés. Le 2 juin 1826 il expirait sans agonie, veillé par sa fidèle Louise, dans les bras de son ami Daniel Legrand. Quand on le porta, trois jours plus tard, au cimetière de Fouday, tous les habitants du Ban-de-la-Roche et de la vallée de la Bruche, depuis les vieillards cassés jusqu'aux enfants de six ans, suivirent en larmes le cercueil de leur maître, de leur bienfaiteur, de leur ami. On a vu de plus pompeuses funérailles; on n'en vit jamais où d'unanimes sanglots manifestèrent un deuil plus véritable. On n'a pas travaillé en vain quand on est ainsi pleuré.

— C'est une des impressions les plus vives de mon enfance, dit le notaire, que le souvenir de ma première visite au Ban-de-la-Roche, une vingtaine d'années peut-être après la mort d'Oberlin. Bien des personnes vivaient encore qui l'avaient connu de près et qui parlaient de lui avec une vénération profonde. Mon père qui nous avaient emmenés, mon frère et moi, dans un voyage d'affaires, voulut nous conduire lui-même au cimetière de

Fouday. C'était un excellent homme, vous le savez, mais qui lisait plus souvent Voltaire que la Bible, et qui ne manifestait guère ce qu'on est convenu d'appeler des sentiments religieux. Notre impression n'en fut que plus vive quand il nous conduisit par la main sous le saule pleureur qui, de ses branches ténues, ombrage la tombe du bienfaiteur du Ban-de-la-Roche. Là, d'une voix grave, il nous ordonna de nous découvrir devant cette pierre modeste recouvrant les restes du plus grand homme de bien qu'il eut connu. Les paroles émues de notre ami viennent de réveiller en moi ces lointains souvenirs et je tiens à m'associer à son hommage envers une pareille mémoire. Le spectacle d'une vie uniquement vouée au bien réconforte et console au milieu des misères présentes, des lâchetés, des défaillances, de la surexcitation de tous les appétits matériels de ce temps. L'exemple d'Oberlin parle plus haut à nos cœurs et s'impose autrement à nos consciences que toutes les homélies et tous les préceptes de sagesse. Si j'étais gouvernement quelque part, la biographie du vénérable ministre du Ban-de-la-Roche se distribuerait dans toutes les écoles, pour y raviver sans cesse les sentiments moraux, sans lesquels les individus comme les nations ne sauraient vivre, et que peuples et particuliers semblent disposés de plus en plus à jeter par-dessus bord comme un lest inutile.

XXV.

— Qui donnerez-vous aujourd'hui pour successeur à Oberlin? me demanda le notaire, quand nous eûmes quelque peu causé des affaires du jour. Ce n'est pas une situation bien agréable que d'avoir à soutenir la comparaison forcée avec tant de vertus.

— Je tâche d'obéir autant que possible à la loi des contrastes, et l'administration, cette fois, m'a rendu la tâche facile. Voyez plutôt mon plan. De la rue Strauss-Dürckheim vers la rue des Vosges vous y rencontrez tout d'abord la rue Apffel, qui doit nous rappeler le souvenir d'un homme auquel les amateurs strasbourgeois sont redevables de tant de jouissances musicales depuis trente ans, sans lui payer toujours leur dette de reconnaissance. C'est donc de lui que je dois vous parler et l'homme de loi succèdera tout naturellement ainsi à l'homme d'Église.

— Je l'ai connu, cet Apffel, fit le père Z.... en bourrant sa pipe, dans le temps que je possédais encore quelques arpents de vigne du côté de Wissembourg. C'était un fameux original et il n'était pas précisément en odeur de sainteté parmi ses compatriotes.

— Nul n'est prophète en son pays, remarqua le notaire, toujours porté à la conciliation.

— Je ne vous ai point annoncé le panégyrique de M. Apffel, répondis-je à Z.... Je n'ai pas entrepris à forfait, que je sache, la besogne de répandre des fleurs de rhétorique sur tous les noms qui figureraient quelque jour au coin de nos rues, et je me réserve pour le présent et pour l'avenir une entière liberté de parole...

— .... Voire même la liberté de vous taire, ajouta malicieusement le docteur. Vous avez, du reste, mille fois raison. Si l'on doit, à la rigueur, quelques égards aux vivants, puisque sans cela nous vivrions comme des loups, on ne doit aux morts que la vérité.

— Avocat, passez au déluge, s'écria le père Z.... impatienté. A quoi bon toutes ces déclarations de principes? Personne ici ne songe à vous couper le sifflet.

— Il n'y a jamais de mal à rappeler nettement les conditions d'un programme. D'ailleurs ne vous fâchez pas ; je commence.

Jean-Louis-Guillaume Apffel, le titulaire de la présente rue de ce nom, naquit à Wissembourg le 20 janvier 1777. Son père était homme de loi dans cette ville; sa mère, une Vigélius, était d'origine hessoise et ses parents avaient été naturalisés français au XVIII⁰ siècle. Un oncle paternel, engagé dans les hussards de Kleist, était mort au service de Frédéric-le-Grand pendant la guerre de Sept-Ans. Le jeune Apffel commença ses études classiques au collège de Bouxwiller. Il les continua plus tard au Collège national du Bas-Rhin, dirigé par l'abbé Petit, et qui s'appelait en 1793 Collège républicain de Strasbourg. Il s'y distingua, paraît-il, car, à la date du 22 août 1792, son professeur, le citoyen Mertian, attestait que le jeune homme avait réussi « à développer d'une façon distinguée les principes philosophiques des arts ». Un an plus tard, en pleine Terreur, ses maîtres certifiaient qu'il avait « donné à ses condisciples l'exemple d'une conduite irréprochable et du plus pur patriotisme ». C'est durant ce séjour à Strasbourg qu'Apffel fut le camarade de chambre d'Eugène Beauharnais, le futur vice-roi d'Italie, qui lui écrivait tendrement en août 1793 : « Aime-moi, comme je t'aime! »

De retour à Wissembourg, à peine âgé de dix-sept ans, il eut l'occasion de rendre un service signalé au général Hoche, alors commandant en chef de l'armée de la Moselle, ainsi qu'en témoigne le billet suivant adressé par le jeune héros des armées de la République au « bravo sans-culotte Apffel » : « J'ai reçu, mon cher concitoyen, ta lettre, y joint l'arrêté des représentants du peuple. Compte sur mon éternelle reconnaissance. Cette pièce précieuse n'a point de prix pour moi. Lazare Hoche.

« Au quartier général de l'armée de la Moselle. Thionville, 22 ventôse an II. »

J'ignore malheureusement et ne puis donc vous dire quelle fut la nature du service rendu par Apffel au pacificateur de la Vendée. Il en était fier à bon droit, car il le mentionne en passant dans son testament, dont nous parlerons plus tard.

La Convention nationale venait de fonder alors une grande école militaire au camp des Sablons, près de Paris. En juin 1794, Apffel fut dirigé sur cette Ecole de Mars, avec cinq autres Wissembourgeois de son âge, par l'agent national du district. Il fut inscrit dans la première décurie de la quatrième centurie de la deuxième millerie — pardon de ce barbarisme officiel ! — de l'Ecole. Mais il n'y resta pas longtemps. Tombé malade en automne, il fut renvoyé dans ses foyers, où il remplissait en 1796 les fonctions de quartier-maître-trésorier de la cavalerie nationale du Bas-Rhin, requise par le général de brigade Frühinsholtz pour la défense de la frontière. Je suppose qu'il poursuivait en même temps ses études de droit, sous la direction paternelle. En tout cas, le jeune Louis-Guillaume était déjà secrétaire de l'administration provisoire du canton de Wissembourg en 1799, au moment où la conscription le fit rentrer au service militaire, comme cavalier au 7e hussards. Il fit partie de l'armée du Danube; mais dès le 23 ventôse an VIII (14 mars 1800), il recevait son congé de réforme, pendant qu'il était à Besançon, pour cause « de myopie et de gâle opiniâtre ». A peine de retour, un arrêté du Premier Consul le nommait juge suppléant au tribunal de Wissembourg; un peu plus tard, il devenait juge titulaire. Pendant les années de l'Empire, il sut se faire bien voir sans doute des puissants du jour, car en 1811 nous le retrouvons premier adjoint de sa ville natale. Lié avec les Bonaparte, il n'en fit pas pour cela mauvaise mine aux Bourbons, lors de leur retour. Aussi le 24 août 1814, notre compatriote Kellermann, duc de Valmy, lui annonçait-il que S. M. le roi Louis XVIII avait daigné le décorer de l'ordre du Lys. Quelques années plus tard, Apffel contribuait encore pour cinquante francs à la restauration de la statue de Henri IV établie sur le Pont-Neuf. Ayant donné sa démission de magistrat en août 1818, il était bientôt après nommé maire de Wissembourg. Ce fut le point culminant de sa carrière publique. Il tenta bien encore de gravir d'un échelon l'échelle des grandeurs. Aux élections de septembre 1819, il fut l'un des candidats *agréables* à la députation du Bas-Rhin, et le maire de Wissembourg faillit être élu quatrième représentant de notre département. M. F. de Turckheim ne l'emporta sur lui que de 70 voix environ. Cet échec aigrit-il le caractère d'Apffel ou rendit-il sa position officielle trop difficile? Je ne sais, mais il donna bientôt après sa démission de maire, tout en restant conseiller municipal. C'est en 1828 que je le vois figurer pour la dernière fois dans une cérémonie publique. A cette époque, Charles X faisait en Alsace le voyage célèbre qui lui donna l'illusion trompeuse de la popularité, cette illusion si facile à faire naître autour des souverains en tournée. Apffel fut envoyé par ses collègues à Strasbourg, pour y saluer le monarque au nom de ses fidèles sujets de Wissembourg.

Après la révolution de juillet, des chagrins de famille vinrent s'ajouter aux mécomptes politiques. En 1802, âgé de vingt-cinq ans, Apffel s'était marié avec une concitoyenne de trois ans plus jeune que lui. Mais, dès 1804, les époux mal assortis réclamaient le bénéfice du divorce. Un fils était issu de cette union éphémère. Après une jeunesse orageuse, inégalement partagée entre l'étude du droit et les plaisirs, il était venu mourir dans la maison paternelle en automne 1833. Le séjour de sa ville natale devint alors insupportable au vieillard excentrique et malheureux. Il alla se fixer à Strasbourg, mais bientôt il s'y sentit plus dépaysé encore et revint à Wissembourg dès 1838. C'est là qu'il rédigea, le 26 janvier 1839, le curieux testament qui fera vivre son nom ; c'est aussi là qu'il est mort, huit ans plus tard, le 11 avril 1847, à l'âge de soixante-dix ans.

— Jusqu'ici je ne vois pas trop pour quels motifs on baptise une rue du nom de ce particulier, fit le père Z.... d'un air bourru. Il y en a bien d'autres qui ont été lycéens, hussards, maires, voire même époux malheureux, auxquels on n'accorde point un pareil honneur.

— Décidément vous êtes incorrigible, dit en riant le docteur. Quand donc saurez-vous attendre, et masquer quelque peu votre honteuse ignorance ? Ce n'est point Apffel vivant qui nous intéresse à Strasbourg. Sa mort a été le premier de ses nombreux bienfaits à notre égard. Et vous serez obligé de reconnaître tantôt que ses mérites posthumes valent bien, sinon une statue, du moins un buste quelconque, et surtout une plaque en fer-blanc, au coin d'une de nos rues. Tout le monde ne lègue pas pour dix-huit cent mille francs de biens-fonds à une ville étrangère, et l'on ne saurait trop encourager une générosité pareille !

— Dans son testament olographe, continuai-je, sans m'arrêter à répondre aux interrupteurs, Apffel déclarait consacrer sa fortune entière à une dotation, « dont le principal but serait la perfectibilité et un plus ample développement de l'art dramatique et musical, tel qu'il convient à l'antique métropole, siège permanent de tant et si divers établissements publics et industries privées pour lesquels le théâtre et la musique sont surtout, dans l'état de notre civilisation progressive, un besoin indispensable. » L'intention bienveillante est ici plus nette que le style, mais suffisamment claire pourtant. Le testateur voulait développer parmi nous le goût des arts et surtout de la musique, en permettant à la ville de Strasbourg d'augmenter, de tous les revenus de son legs, les sommes annuelles déjà consacrées à ces « distractions honnêtes ». Il ne demandait pas grand'chose en échange au Conseil municipal: Une place aux archives de la ville pour « son secrétaire ferré au bas, son coffre-fort surmonté d'un coussin bleu, sa pendule principale, son canapé de velours vert et son porte-chandelle à coulisses ». Il sollicitait de plus l'impression d'une brochure relatant l'historique de la dotation, à distribuer « chaque année demi-séculaire et chaque année séculaire, au nombre d'au moins cent exemplaires, parmi des familles strasbourgeoises influentes et sédentaires ». Enfin il réclamait « une modeste petite niche à établir au mur interne du grand foyer public du théâtre », pour son portrait et celui de ses parents, avec l'inscription suivante : « Le fondateur de la dotation Apffel, de Wissembourg, constituée par acte du 26 janvier 1839, pour la perfectibilité de l'art dramatique et musical dans la ville de Strasbourg, entouré de ses père et mère. »

On peut bien accéder à des conditions pareilles quand il s'agit de cinquante mille francs de rente. Aussi le maire d'alors, M. F. Schützenberger, et le Conseil municipal se hâtèrent-ils d'accepter le legs nullement onéreux. Mais il y avait des héritiers naturels qui n'étaient point disposés à céder sans combat une aussi splendide fortune. Peu de mois après la mort d'Apffel, le public strasbourgeois apprenait par un mémoire de MM. Delaborde et Moreau, avocats aux Conseils du

Roi, que le défunt, s'il n'avait plus d'enfants, possédait encore, au moment de tester, un frère, ancien magistrat, employé au ministère de la guerre à quinze cents francs d'appointements et père de famille; qu'il possédait en outre à Wissembourg un neveu, dans la maison duquel il avait vécu et était mort. Le public apprenait en outre, avec plus d'étonnement encore, que l'auteur de cette riche dotation dramatique et musicale n'allait jamais au spectacle et ne fréquentait aucune réunion musicale. Ses parents profitaient de cette circonstance pour l'accuser d'avoir fait son testament, non par amour de l'art, mais poussé par le désir immodéré d'une célébrité posthume. Le maire de Wissembourg, les adjoints et le Conseil municipal tout entier délivraient aux plaignants un certificat portant que leur ancien collègue, le sieur Apffel, « se distinguait dès sa jeunesse par un caractère excentrique et bizarre, qui tourna plus tard à une misanthropie profonde... en même temps qu'il poussait l'avarice à l'excès. Toute sa vie, était-il dit dans cette pièce officielle, jusqu'au jour de sa mort, ne présente qu'une suite d'actes des plus insolites et des plus extravagants. »

Ces doléances et ces attestations ne servirent à rien cependant. La loi ne défend pas d'être excentrique, avare et misanthrope. Aussi la Ville de Strasbourg fut elle envoyée en jouissance du legs, bien que l'apurement définitif des comptes n'ait eu lieu qu'en juillet 1859, après des négociations longues et difficiles.

La propriété de cette fortune n'étant plus contestée à la Ville, qu'allait-elle en faire? Il y eut là-dessus d'assez longues hésitations, des discussions assez vives, qui eurent d'autant mieux le temps de se produire que, huit années durant, les revenus devaient être accumulés pour agrandir encore le capital. En 1855 enfin, le Conseil municipal décidait, à la date du 6 février, la création d'un Conservatoire de musique municipal, qui fut ouvert en effet le 1er septembre de cette même année. Le 3 janvier 1856, le Conseil décidait en outre de couvrir une quote-part régulière du budget théâtral par le reliquat considérable qu'offrait encore la dotation. Les biens-fonds, situés dans la Bavière rhénane, furent peu à peu vendus, et l'ancien Hôtel de Neuwiller, situé sur le Vieux Marché-aux-Vins, acquis pour le compte de la fondation nouvelle.

Il n'entre pas dans mon plan de raconter ici tout ce que, grâce au legs Apffel, on a pu faire à Strasbourg, depuis trente ans, en faveur de l'art musical. J'ai d'autant moins à vous faire ici l'éloge du Conservatoire, de ses directeurs successifs, de ses professeurs distingués, que vous connaissez aussi bien que moi leurs mérites, mieux peut-être, puisque notre ami, le notaire, est, si je ne me trompe, ou fut du moins l'un des membres du conseil de surveillance de l'établissement municipal. Il vous dirait, si vous teniez à le savoir par le menu, le titre des chefs-d'œuvre, le nom des artistes célèbres qui, sans M. Apffel, n'auraient jamais pu être entendus à Strasbourg. Les derniers comptes de la Ville pour 1881 constatent que le Conservatoire possède aujourd'hui dix-huit professeurs et trois cents élèves. Sur les 49,000 marcs environ que rapporte la dotation, plus de 26,000 lui sont consacrés. Le reste de la somme, sauf quelques centaines de marcs, annuellement versés à diverses caisses de bienfaisance ou d'utilité publique, d'après le vœu du testateur, est voué à notre gestion théâtrale, et parfois a rendu seule possible la création de telle œuvre de maître que nous aurions vainement sollicitée de nos directeurs d'autrefois.

— Cela n'empêche pas, murmura Z..., qu'il vaut mieux empêcher un frère sexagénaire de mourir de faim que d'aider à grossir les gages suffisamment élevés déjà d'une *prima donna* quelconque. Je n'ai pas, moi, de frère millionnaire, mais je ne lui conseillerais pas....

— C'est entendu, mon ami, répliqua gaiement le docteur. Vous ne ferez rien pour la « perfectibilité » de l'art théâtral à Strasbourg ; nous nous en consolerons d'avance et vous êtes libre de médire à votre aise de tous les donateurs analogues, passés, présents et futurs. Pour moi, qui tiens à mon fauteuil d'orchestre, qui y tenais surtout à l'époque où les nouveaux venus, Richard Wagner et Suppé, n'avaient pas encore fait la part si petite à nos divinités anciennes, je ne puis trop me fâcher contre le vieil original de Wissembourg. J'ai beaucoup profité de son legs, j'espère lui devoir encore de nouvelles jouissances. Qu'importe en définitive qu'il ait été de son vivant d'une.... économie singulière, si, grâce à elle, notre Ville de Strasbourg peut être aujourd'hui d'autant plus large dans ses encouragements artistiques? Baptisons donc des rues en son honneur ; plaçons même son buste au foyer du théâtre, puisque son portrait a brûlé sans doute lors du bombardement de 1870, et n'y oublions pas surtout l'inscription dictée par Apffel lui-même. Je me permets de recommander ces petits détails à notre édilité strasbourgeoise. Entre les mains d'un jurisconsulte habile, il suffirait d'un seul oubli de ce genre pour faire déclarer caduque une donation dont ont profité déjà des générations successives et qui fera passer, je l'espère, durant des siècles encore, de bien doux moments aux mélomanes de Strasbourg.

XXVI.

— Vous vous rappelez peut-être, messieurs, en vous reportant à un quart de siècle en arrière, un aimable petit vieillard, alerte malgré ses quatre-vingts ans, arpentant les quais ensoleillés par un beau jour d'hiver, et souriant aux dames, enveloppé dans son vaste manteau de fourrures? C'est de lui que je voudrais vous entretenir ce soir, car son nom figurera prochainement au coin d'une rue, dans ce même quartier que nous arpentons depuis quelques séances, et je crains que son souvenir ne se soit effacé quelque peu dans la mémoire de ses concitoyens.

— Pour en être sûr, il faudrait au moins savoir de qui vous voulez parler, exclama Z.... Il y a beaucoup de vieux messieurs qui se sont promenés jadis au *Ryneckel* et qui s'y promènent encore aujourd'hui!

— Celui dont je veux parler, mon cher voisin, s'appelait Auguste Lamey, et je doute fort, à vrai dire, qu'il vous soit connu. C'était un poète et vous les tenez tous — on le sait —

en médiocre estime. Heureusement que tout le monde ne partage point ici vos bizarres lubies et cela m'encourage à vous parler un peu poésie ce soir.

Auguste Lamey, dont le nom sera porté par la rue qui réunit sur notre plan la rue du Waseneck à la rue des Vosges, naquit à Kehl le 3 mars 1772. Son père, Strasbourgeois d'origine, y gérait un négoce considérable. C'était le frère du conseiller aulique André Lamey, bien connu des érudits comme secrétaire et ami de Schœpflin et comme auteur de savants travaux sur l'histoire des contrées rhénanes.

Le jeune Auguste n'habita pas longtemps notre modeste voisine. Il avait à peine six ans quand son père revint s'établir dans notre ville. Il y suivit les classes du Gymnase et débutait à peine dans la carrière académique quand éclata la Révolution. Le jeune étudiant en droit la salua avec un enthousiasme sincère. A peine fut-elle formée, qu'il s'enrôla dans la garde nationale ; mais non content de manier le fusil, il voulut mettre aussi sa plume au service des idées nouvelles. Son imagination juvénile s'enflammant au contact des grands principes et des rêves généreux de ces premières années, Lamey devint bientôt le chantre attitré de la population libérale et patriotique de Strasbourg. Il n'avait pas vingt ans quand il réunit ces premières pièces, inspirées par le mouvement politique, sous le titre de *Poésies d'un Français rhénan* (Gedichte eines Franken am Rheinstrom). Je parcourais hier encore ce petit volume, assez rare aujourd'hui. Il nous permet de nous rendre un compte exact de la disposition des esprits d'alors, de l'exaltation produite parmi nous par le mouvement révolutionnaire, de la naïve mais touchante confiance en un avenir meilleur, qui vivifiait toutes les âmes. Au moment où les *Poésies d'un Français* voyaient le jour, en avril 1791, la fuite de Varennes n'avait point encore dévoilé toute la duplicité de Louis XVI et de son entourage, et l'on croyait volontiers, du moins dans notre loyale Alsace, à la possibilité d'une union sincère et féconde entre le peuple et le souverain. Les vers de Lamey eurent du succès; ce n'est pas qu'il fut — la vérité m'oblige à ce témoignage — un poète de haut vol, et je doute, pour ma part, qu'il conserve sa place sur le Parnasse universel. Mais la verve patriotique du jeune homme, son émotion sincère, donnent à ses strophes et à ses couplets une valeur littéraire qu'ils ne devaient plus retrouver en d'autres circonstances. Soit qu'il chante la prise de la Bastille ou la nouvelle cocarde nationale, qu'il célèbre l'élection de

M. de Dietrich comme maire de Strasbourg, ou qu'il montre le drapeau français flottant sur le Rhin et appelant les peuples asservis à la liberté, le ton viril de ses poésies est bien fait pour exalter les courages et pour inspirer l'amour des principes nouveaux. Ses pièces satiriques, l'*Elégie du diable* ou *Le paysan à son curé aristocrate*, ont certainement contribué à rendre les idées contre-révolutionnaires ridicules et odieuses aux yeux de nos compatriotes alsaciens. Plusieurs de ses poésies, mises en musique ou chantées sur des mélodies anciennes, devinrent de véritables chansons populaires, comme celle-là, par exemple :

« Je suis un Français ; ah, proclamez-le tous,
« Vous qui pouvez vous vanter de cet honneur ;
« Je suis un homme libre, » etc.

D'autres pièces, il est vrai, badinages anacréontiques, étrangement mêlés à ces effusions de patriotisme, montrent que le vrai tempérament lyrique faisait alors déjà défaut à Lamey, et nous frappent comme de pâles contrefaçons des Hagedorn, des Gleim, etc., poètes depuis longtemps dépassés, oubliés même en Allemagne, au moment où le *barde* alsacien imitait leur manière archaïque et leur style vieillot.

En temps de révolution, les poètes, tout comme les autres mortels, sont entraînés parfois bien au delà des limites qu'ils ne pensaient pas franchir. Lamey n'échappa pas à cet accident fâcheux. Le poète constitutionnel de 1791, une fois connu, dut exercer bientôt son talent sur des thèmes moins généralement sympathiques et partant peu faits pour l'inspirer lui-même. Quand la Convention décimée eut inauguré le règne de la Terreur, quand les églises furent fermées, quand le décadi succéda au dimanche, et les exhortations civiques des officiers municipaux remplacèrent le prône du curé et le sermon du pasteur, les autorités du Bas-Rhin chargèrent Lamey de composer des cantates morales, étrangères à toute doctrine révélée, pour être chantées dans ces séances décadaires. On ne désobéissait pas facilement alors à des invitations pareilles. Notre jeune jurisconsulte se mit donc à faire des vers, comme, vers la même époque, et pour des motifs analogues, son compatriote Ignace Pleyel composait sa musique. Ces vers, on les chanta chez nous de 1793 à 1794, aux sons de l'orgue, dans le Temple de la Raison, avec une conviction plus ou moins profonde. Ils furent même réunis sous le nom de *Chants décadaires* (Dekadenlieder), mais la lecture m'en a laissé complètement froid. Leur style pompeux, légèrement emphatique, paraphrasant les idées du Vicaire Savoyard, n'est pas fait précisément pour éveiller des émotions religieuses. Et cependant ces chants éveillèrent encore les susceptibilités ultra-révolutionnaires! Le député Ruhl écrivait au poète, au nom de la Convention Nationale, pour lui défendre de composer ses poèmes sur les mélodies des anciens cultes, parce qu'il rappelait trop de la sorte le culte proscrit aux habitants de nos campagnes.

En 1794, bientôt après la chute de Robespierre, Lamey se rendit à Paris pour y suivre les cours de l'Ecole normale supérieure, récemment fondée. Il y eut pour maîtres Laplace, Volney, Monge, La Harpe et s'y lia plus particulièrement avec Bernardin de Saint-Pierre. Il n'entra pas cependant, j'ignore pourquoi, dans la carrière de l'enseignement, et dès l'année suivante, nous le voyons accepter la place de traducteur du *Bulletin des lois* à l'Imprimerie de la République. C'est dans cette position passablement subalterne qu'il passa de longues années, retenu sans doute par le charme du séjour dans la capitale — il s'y maria en 1801 — et se délassant de ses fonctions officielles, nécessairement arides, par la culture des lettres et particulièrement de la muse tragique. C'était, vous le savez, la maladie du XVIIIe siècle. Jamais il n'y eut moins de génie dramatique en France et jamais on n'y vit éclore un nombre plus effrayant de tragédies. Lamey en commit dans les deux langues. Les unes furent imprimées, comme *Marius sur les ruines de Carthage*, vraisemblablement la seule tragédie allemande imprimée à l'Imprimerie nationale; d'autres, comme *Irza ou la conjuration de Tezcuco*, *Udalric ou le fils cru frère*, etc., n'ont jamais vu le jour, pour autant que j'ai pu le savoir. La poésie lyrique ne chômait pas non plus pendant ce temps. Ainsi, lors du couronnement de Napoléon, Pie VII visitant l'Imprimerie impériale, Lamey fut chargé de composer une cantate allemande en son honneur, qui fut tirée sous les yeux du souverain-pontife et remis entre ses mains par l'auteur lui-même.

Peu à peu cependant notre compatriote se fatigua d'une situation si modeste. Il sollicita un emploi dans la magistrature et obtint en 1812 sa nomination comme juge au tribunal des douanes à Lunebourg. Il n'y resta pas longtemps à juger les contrebandiers qui bravaient les décrets sur le blocus continental. L'issue de la désastreuse campagne de Russie força bientôt tous les fonctionnaires français, établis au nord du Hanovre, à quitter leur poste. Lamey se réfugia dans Hambourg, défendu par le maréchal Davoust, revint l'année suivante à Strasbourg, mais repartit presque immédiatement pour Paris, sans que je puisse vous dire ce qu'il y fit pendant la première Restauration et les Cent-Jours. En 1816 il revint en Alsace. D'abord juge de paix à Münster, puis juge au tribunal d'Altkirch, il arrive en 1827 au tribunal de Colmar et, deux ans plus tard, à celui de Strasbourg. C'est au milieu de ses anciens concitoyens qu'il poursuit désormais sa paisible carrière judiciaire et qu'il la termine aussi. En 1844 il prenait sa retraite, après cinquante années de service public, pour se consacrer tout entier aux Muses, en attendant le moment de la retraite définitive que la nature nous garantit à nous tous.

Auguste Lamey n'avait pas attendu cependant cette clôture de sa carrière officielle pour mettre au jour de nouveaux volumes. En 1836 il publiait un recueil de pièces lyriques, *Blätter aus dem Hain* (Feuilles des bois) et quelques années plus tard le plus intéressant peut-être de ses ouvrages, la *Chronique des Alsaciens*, série de ballades empruntées à notre histoire provinciale et locale, récits animés d'un souffle patriotique sincère.

A partir de ce moment, le magistrat septuagénaire n'a plus guère produit d'œuvres nouvelles. Mais de temps à autre, à quelques années d'intervalle, il se donnait la joie de publier une édition, soigneusement revue, de ses poésies antérieures, et ces petits volumes, coquettement imprimés par la maison Silbermann, il les distribuait à ses connaissances et ses amis. Quelques mois avant sa mort il avait entrepris l'édition définitive de ses œuvres complètes. Le premier volume seul, orné d'un joli portrait de l'auteur, parut en 1860, renfermant ses poésies lyriques et ses ballades. Le second volume, qui devait contenir les pièces et fragments dramatiques, n'a jamais vu le jour, car le « Nestor de la littérature alsacienne » — expression qu'il aimait à s'entendre appliquer, tout en en souriant un peu lui-même — mourut subitement le 27 janvier 1861, dans sa quatre-vingt-neuvième année, avant d'avoir terminé son travail. Quand il fut enterré sous les ombrages du cimetière de Sainte-Hélène, beaucoup de ceux-là même qui, de son vivant, avaient le plus loué les vers sortis de sa plume, déclarèrent que le défunt n'avait point été, en définitive, un véritable poète. En homme consciencieux et qui, de plus, a des loisirs, j'ai voulu contrôler moi-même ces avis contradictoires, émané des mêmes personnes. Non seulement j'ai relu ses œuvres imprimées, mais j'ai même mis le nez dans les manuscrits de Lamey, conservés à la Bibliothèque municipale. Il y a là surtout un immense poème en prose, *Arioviste*, évidemment inspiré par les *Martyrs* de Chateaubriand et qui remplirait, à lui seul, plusieurs volumes. Eh bien, messieurs, je dois l'avouer, le feu sacré n'a guère touché notre honorable compatriote pendant sa longue carrière. Ses meilleurs vers sont encore ceux de sa jeunesse. Ils sont de leur temps avec leurs qualités et leurs défauts. Mais quand on relit les volumes publiés en 1856 ou en 1860, on a quelque peine à se persuader que ces vers ont été composés après ceux d'un Gœthe, d'un Platen ou d'un Lenau, par un correspondant et ami d'Uhland et de J. Kerner, tant l'incorrection syntactique et grammaticale en est grande, tant le ton général en est à la fois tourmenté et vieillot. Évidemment son long séjour à Paris avait rendu le poète étranger au génie même de la langue allemande. Certaines tournures presque grotesques de ses poésies ne peuvent se comparer qu'aux productions analogues d'un poète d'une notoriété plus considérable, en sa qualité de monarque, mais non pas supérieur en Apollon, son contemporain d'ailleurs et son compatriote à peu près. Je veux parler de ce petit prince de Deux-Ponts, né à Strasbourg, où son père était colonel à la solde de la France, et qui s'appela depuis Louis Ier de Bavière.

— Mais alors, que diable! pourquoi notre édilité met-elle le nom de Lamey sur les plaques d'une de nos rues nouvelles? demanda le docteur. Ce n'est pas, j'imagine, pour rappeler ses services judiciaires ou pour honorer ses convictions politiques.

— D'abord, tout le monde ne partage pas peut être en haut lieu mes opinions sur la valeur littéraire des œuvres du poète. Mais il y a autre chose et vous le sauriez déjà si vous ne m'aviez interrompu. Lamey figure dans le voisinage d'Apffel, de Strauss Dürckheim, d'Ehrmann, etc., en sa qualité, non pas d'*auteur*, mais de *donateur*. Il a légué, par testament du 14 août 1854, à l'Académie de Strasbourg une rente de six cents francs, qui, tous les cinq ans, forme un prix de trois mille francs destiné à l'auteur du meilleur mémoire sur une question d'art, de littérature ou de perfectionnement social. Ce prix fut décerné pour la première fois le 18 novembre 1867, sur un rapport de M. Maurial, professeur à la Faculté des lettres. Les auteurs de tout rang, de tout âge et de toute nationalité étaient admis à concourir; les manuscrits pouvaient être écrits en français, en allemand et en latin. Vingtquatre manuscrits furent dépouillés par le jury, et le vainqueur de ce premier tournoi fut un secrétaire de régence à Magdebourg. Depuis la guerre, l'Université nouvelle a remplacé l'ancien jury académique pour la collation du prix triennal, mais les autres volontés du testateur ont été respectées. Vous pouvez tous, messieurs, répondre aux graves questions posées tous les trois ans et gagner le gros lot, en « perfectionnant la société. » C'est la création de ce prix qui a valu à l'honorable magistrat sa part d'immortalité locale, plus que les œuvres sorties de sa plume. Ceci soit dit pour l'acquit de ma conscience d'historien; car, plus que tout autre, moi qui l'ai quelque peu connu, je m'en voudrais d'offenser la mémoire de cet aimable et sémillant vieillard aux épais cheveux blancs, que j'aimais à rencontrer sur mon chemin. Il m'apparaissait autrefois comme un des derniers représentants parmi nous de cette vieille courtoisie française, de plus en plus effacée de nos jours par le rude souffle de la démocratie. Si l'avenir lui refuse en effet le laurier des Muses, il aura du moins eu le bonheur de se vouer sincèrement au culte des lettres, et celui, plus grand encore, de vivre en se croyant poète.

XXVII.

— En avez-vous encore pour longtemps à nous parler de nos estimables contemporains et de leurs sacs d'écus? fit Z... d'une voix maussade, quand nous eûmes vidé notre premier verre, libations solennelles pendant lesquelles prévalait d'ordinaire un silence religieux. Voici, ce me semble, bien des semaines que vous nous traînez à la remorque de leurs millions, et le besoin d'un changement se fait sentir.

— Il faut avouer, mon ami, que vous n'êtes pas facile à satisfaire, répondis-je légèrement piqué. Feu Martin lui-même, l'hôte de notre ami Lips, aurait été d'humeur plus facile et mes innocentes causeries auraient moins irrité ses nerfs. Je ne sais plus à quel saint me vouer; je vous avais parlé d'abord de moines et de prédicateurs du moyen âge; vous avez grogné contre les théologiens. Je vous ai entretenu des poètes du XVIe et du XVIIe siècle; vous avez réclamé de plus belle. J'ai cru vous intéresser davantage en parlant de nos plus célèbres universitaires du dernier siècle et de l'ère révolutionnaire; vous les avez déclarés souverainement ennuyeux. En désespoir de cause, je me suis jeté sur les hommes du

XIXᵉ siècle, sur nos contemporains, sur ceux que vous avez coloyés vous-même ou connus. Peine perdue ! Vous voici derechef censeur amer et toujours mécontent.

— « *Der Hans im Schnôckeloch...*, » fredonna le docteur à mi-voix, et son ton gaiement ironique nous fit tous partir d'un grand éclat de rire; Z... lui-même ne put s'empêcher de prendre part à l'hilarité générale.

— Il rit, il rit, donc vous êtes sauvé, mon cher M..., dit le notaire. Seulement profitez de l'accalmie et fuyez au plus vite ce quartier qui l'agace, sauf à y revenir plus tard !

— J'avais terminé, ou à peu près, nos excursions de ce côté-là. Il ne me restait guère à vous signaler encore que la voie nouvellement tracée entre les rues Apffel et Lamey, la *rue des Allemands*, qui longe une des faces du Contades et, par la place de Schiltigheim, aboutit aux bosquets du Tivoli. Il y a bien encore dans le voisinage la rue du Roseneck; mais nous pourrons y revenir plus tard en longeant le quai de Sturmeck. Pour le moment je vous propose d'enfiler bravement la longue et splendide avenue de la *rue des Vosges*, qui de la porte de Pierres conduit à la place Brant. Continuée par la *rue d'Alsace*, qui mène de la place Brant à la place Arnold, ce sera la plus belle artère du nouveau Strasbourg, tant par sa largeur que par son étendue considérable. Malheureusement la *rue de la Forêt-Noire*, qui lui fait suite et vous conduira jusqu'à la porte de Kehl, s'infléchit légèrement et ne vous permettra pas de jouir de la perspective tout entière. Ce développement majestueux de kilomètres s'ajoutant aux kilomètres excitera, bien sûr, quelque jour l'admiration des visiteurs circulant en voiture, mais fera peut-être aussi le désespoir des piétons en quête de tel numéro de cette rue, perdu parmi les centaines de ses congénères.

— Mais où nous conduisez-vous de la sorte? interrompit le docteur. Nous n'allons pas nous promener jusqu'à Kehl, je suppose; c'est un peu loin.

— N'ayez pas peur; nous nous arrêterons à mi-chemin de l'avenue. Avant même d'arriver au bout de la rue des Vosges, nous coupons — comme vous le voyez, en regardant mon plan — le cours de l'Aar et de l'Ill, à l'extrémité de l'Ile Sainte-Hélène, dont les terrains sont enserrés par les bras de la rivière. C'est entre ces deux cours d'eau que nous allons établir, si vous le voulez bien, notre quartier général pour quelques jours. Notre ami Z... charmera ses loisirs en rêvant aux nombreuses ablettes qu'il a jadis arrachées dans ces parages au sein de leurs familles. Car je le préviens loyalement, ainsi que vous tous, l'administration municipale va nous replonger ici en plein moyen âge, et c'est à peine si, sur une dizaine de noms, deux ou trois appartiennent aux temps modernes, parmi les parrains de ce quartier futur. Circonstance aggravante, il n'y a là que quelques hommes politiques et beaucoup d'architectes et de sculpteurs.

— Pourquoi tant d'artistes? demanda le notaire. Dieu sait que cette région ne présente pas jusqu'ici de constructions propres à les réjouir en paradis. Leurs noms ont-ils été donnés pour encourager nos entrepreneurs à rivaliser entre eux et pour les pousser à « faire grand » dans ces parages?

— A vrai dire, cher monsieur, je serais assez embarrassé pour vous donner là-dessus des renseignements authentiques. Vous savez, comme moi, qu'il est question d'un pont monumental, devant orner l'extrémité de l'île, en conduisant à l'Université, et qui coûtera gros, si les journaux n'ont pas menti. On parle aussi d'un Musée de peinture et de sculpture qui serait installé quelque jour sur ce même terrain. C'est là sans doute ce qui a décidé du choix de la plupart des noms que nous allons parcourir ensemble.

Mais longeons d'abord les quais, d'autant plus que ce sont les seules artères aujourd'hui praticables. Ils sont consacrés à des notabilités politiques de l'ancienne république de Strasbourg ou rappellent de vieilles familles patriciennes de notre cité. Que de dates et d'événements divers, quelle longue série de diplomates, de capitaines et d'hommes d'Etat évoquent, par exemple, les noms des Zorn et des Müllenheim! Ces deux familles, si longtemps rivales, se retrouvent encore aujourd'hui, par un singulier hasard, presque seules parmi nous de toute cette noblesse alsacienne qui se pressait jadis, si nombreuse, dans le champ clos des tournois, sur la place du Broglie actuelle. On ne peut s'étonner que l'administration municipale ait cru devoir fixer les souvenirs de cette époque lointaine — et d'une façon tout impersonnelle — en appelant les deux quais principaux de ces parages le quai de Zorn et le quai de Müllenheim.

— C'est aussi sans doute en se souvenant du passé, interrompit le docteur, que nos édiles ont placé les Zorn et les Müllenheim dos à dos, séparés, sur toute l'étendue de terrain possible, par de pacifiques archéologues et de pieux artistes du moyen âge. Elle a voulu sans doute que les mânes de ces preux chevaliers ne pussent recommencer, au delà de la tombe, les rixes perpétuelles dont ils ensanglantèrent nos rues au XIVe et au XVe siècle.

— Tiens, docteur, vous êtes plus au courant de notre histoire ancienne que vous n'en aviez l'air. Si vous parliez aujourd'hui à ma place, je pourrais déguster ma bière avec tout le recueillement qu'elle mérite.

— Non, ma foi, mon cher M..., j'aime mieux m'y consacrer moi-même. D'ailleurs, si vous ne voulez point me trahir, je vous avouerai que ce fait est à peu près tout ce que je sais du passé de ces illustres familles, et que ce passé ne m'édifie guère.

— Vous êtes un incorrigible démocrate, dis-je en riant, et vous mourrez, je le crains, dans l'impénitence finale. Si vous voulez être juste, vous avouerez pourtant qu'il y a bien autre chose encore à dire de ces vieux clans nobiliaires. C'est tout un brillant chapitre de l'histoire de notre cher Strasbourg dont vous faites fi de la sorte, et que nous rappelle aujourd'hui l'écu à la rose d'or des Müllenheim ou le chien d'or rampant des Zorn.

Les Müllenheim, originaires de la petite ville de ce nom, située près du Rhin, dans le Brisgau, sont venus s'établir parmi nous au XIIIe siècle. Trente branches différentes sont successivement issues de la souche primordiale; une seule subsiste aujourd'hui sur les deux rives du grand fleuve, celle des Müllenheim-Rechberg. De 1301 à 1759 elles ont fourni ensemble quarante-deux *stellmeister* à notre cité. Des centaines de chevaliers de ce nom sont allés combattre par l'Europe entière. Un Müllenheim était en 1270 avec saint Louis sous les murs de Tunis. Un autre commandait le contingent de Strasbourg en 1368, quand Charles IV alla chercher à Rome la couronne impériale. Un troisième portait la bannière du Saint-Empire lors du siège de Neuss par Charles-le-Téméraire. Un autre encore défendit courageusement Saverne, en 1634, contre le célèbre Bernard de Saxe-Weimar. Un dernier Müllenheim enfin fut grand-veneur du roi Sigismond de Pologne au XVIIe siècle. Au dedans les Müllenheim ont multiplié, durant le moyen âge, les fondations pieuses, les oratoires et les chapelles. Henri de Müllenheim bâtit en 1301 l'église Saint-Guillaume; un autre fit ériger en 1327 l'oratoire de la Toussaint, aujourd'hui disparu. Il leur arriva bien parfois de s'attirer les foudres de l'Eglise, comme lorsqu'en 1232 un des leurs poignarda l'inquisiteur Drogon en pleine rue, mais ils rachetaient ces écarts par un redoublement de zèle religieux. C'est ainsi qu'un Müllenheim fit brûler vif au XVe siècle le Vaudois

Frédéric Reiser, l'un des hérétiques les plus intéressants de nos contrées.

Les Zorn aussi peuvent dater du XIII⁰ siècle leur apparition dans notre histoire locale. Eux aussi se divisèrent de bonne heure en branches nombreuses, dont deux surtout, les Zorn de Plobsheim et les Zorn de Bulach, ont fait figure dans nos annales, et qui, toutes deux, survivent aujourd'hui. Dans le cours des siècles ils n'ont pas fourni moins de cinquante-deux *stettmeister* à notre petite république. C'est un de leurs ancêtres, Nicolas Zorn, qui eut l'honneur de commander les Strasbourgeois dans la mémorable journée de Hausbergen, en 1262, dans laquelle furent à jamais brisés les liens qui retenaient notre ville sous la domination de ses évêques. Restés catholiques, sauf la branche des Plobsheim, les Zorn perdent de leur importance à l'époque de la Réforme et cèdent le premier rang, durant cette période, aux Müllenheim et à d'autres familles nobiliaires. Ils reprennent leur place après la capitulation. C'est un Zorn qui, le 20 octobre 1681, reçoit l'évêque François-Egon de Furstemberg aux portes de la cité conquise ; c'est un Zorn encore qui figure à la tête de la cavalerie bourgeoise en 1744, lors de l'entrée solennelle de Louis XV dans sa bonne ville de Strasbourg.

Maintenant je n'ai garde d'oublier le revers de la médaille; ce serait méconnaître mes devoirs d'historien, qui me tiennent trop à cœur. Les talents que ces races patriciennes ont déployé dans les conseils ou à la tête des troupes de la vieille ville libre ne me feront pas oublier combien de fois elles ont ensanglanté les rues de la cité par leurs querelles particulières, et quelle fut parfois l'insolence hautaine de leur attitude vis-à-vis de nos pères à nous, roturiers de Strasbourg. Il ne faudrait jamais avoir lu notre bon Kœnigshoven, pour ignorer ce que ces gentilshommes se permettaient jadis à leur égard, et comment, au dire du naïf chroniqueur, ils acquittaient leurs mémoires à coups de canne ou par des soufflets. Déjà en 1308, quelques artisans coururent aux armes pour se venger de Claude Zorn, le *schultheiss* de l'évêque. Une rude bataille s'engagea près du petit pont qui traversait alors le fossé devant la Haute-Montée; elle coûta la vie à seize bourgeois et, pour un instant, raffermit le pouvoir du patriciat. Mais celui-ci commit la faute de toutes les oligarchies en décadence: il tourna ses armes contre lui-même. Les Zorn et les Müllenheim se disputaient avec acharnement le pouvoir, troublant la cité par leurs dissensions perpétuelles. C'est en vain qu'en 1321, lors de la construction du nouvel Hôtel-de-Ville sur la place Saint-Martin (la place Gutenberg actuelle), on y fit élever un escalier à double rampe, afin d'éviter les collisions des deux partis; les horions continuaient à pleuvoir jusque dans la salle des séances. Mais la patience des bourgeois allait se lasser. Quelques semaines après Pâques 1332, à la suite d'un bal champêtre donné à l'hôtel des Ochsenstein, où l'on s'était échauffé à danser et à boire, les deux factions en vinrent aux gros mots, puis aux coups, sur la voie publique. De la taverne de la *Haute-Montée*, fréquentée par les Zorn, et de celle de la *Meule*, hantée par les Müllenheim, les amis et les alliés accoururent. Les gens d'église eux mêmes se ruèrent à la lutte, et les procès-verbaux détaillés de cette émeute nous ont conservé les noms du prêtre Sigelin de Müllenheim et du prêtre Grasewurm comme s'étant particulièrement accommodés à coups de trique et de poignard. Il resta une vingtaine de combattants sur le carreau; les autres se préparèrent à reprendre la lutte le lendemain en appelant leurs amis du dehors.

La moyenne bourgeoisie et les tribus d'arts et métiers, lasses depuis longtemps de cette tyrannie bruyante, résolurent de mettre fin, une fois pour toutes, à des scènes pareilles.

Les meneurs les plus marquants furent enfermés ou chassés de la ville, les *curies* ou tavernes nobles démolies, et si la noblesse conserva sa place au Conseil, on l'y mit en minorité, et l'on soumit dorénavant le gouvernement des affaires à un contrôle plus efficace et plus sérieux.

Ce n'est pas en un jour que des personnages aussi hautains se résignèrent à jouer un rôle plus modeste, à partager un peu plus tard leurs chaises curules avec les bouchers et les bateliers, leurs humbles compatriotes. Toute la fin du XIVe siècle et le début du XVe se passent en révoltes sourdes, en émeutes, en querelles envenimées entre les différentes couches sociales. La jeunesse dorée surtout de ces temps-là fatiguait les bons bourgeois de ses excès et de son scandaleux libertinage. Il fallut bien des années pour que la noblesse comprît qu'elle devait se soumettre ou se démettre, se plier au régime de l'égalité devant la loi ou s'en aller de la cité. En 1420 elle se décida en majeure partie pour la seconde alternative et Strasbourg ne s'en trouva pas plus mal. Car, si nous consultons les registres de l'enquête ouverte par le Magistrat au moment de cet exode définitif, nous y trouvons une effrayante variété de crimes et d'attentats, commis dans les quelques années précédentes, par les représentants, jeunes et vieux, de notre patriciat urbain. Les noms des Zorn et des Müllenheim tiennent une large part dans ce lamentable relevé d'effractions de boutiques, d'assauts contre le guet, d'escalades de couvents, d'attentats à la pudeur de tout genre.

Mais, à partir de ce moment aussi, les éléments les plus turbulents de la noblesse étant expulsés de la ville, l'ordre se rétablit et la concorde régna désormais parmi ceux qui restaient et la majorité des citoyens de la république. Oublions aujourd'hui les fredaines, les exactions et les violences des uns pour songer surtout aux nombreux services que les autres ont rendus à l'Etat Dans notre société démocratique moderne, l'importance de la noblesse s'efface de plus en plus et ce n'est pas moi qui m'en plaindrai jamais. Mais il faut lui rendre justice dans le passé. Du moins c'est là ma façon de voir.

— Messieurs, dit le docteur, pour moi l'aristocratie a eu sa raison d'être aussi longtemps qu'elle a compris que ses titres et ses parchemins ne lui conféraient pas des droits seulement, mais lui imposaient surtout des devoirs plus étendus et plus rigoureux. Elle perdra définitivement le peu qui lui reste de prestige le jour où, négligeant de mériter la considération publique par sa valeur personnelle, elle croira pouvoir forcer la foule, désormais son égale, à lui continuer un respect qui n'aurait plus de raison d'être. Notre siècle n'est plus d'humeur, Dieu merci! à rester prosterné devant les vieilles idoles, et chez nous, du moins, l'on ne réussirait plus, je pense, à faire rétrograder le sentiment public au delà d'une date mémorable : la nuit du 4 août 1789.

XXVIII.

— Lequel des deux quais, nommés la dernière fois, suivrons-nous aujourd'hui jusqu'à l'enceinte nouvelle? Vous prononcerez-vous pour les Zorn ou pour les Müllenheim? demanda le notaire en souriant.

— Pour aucun des deux, cher monsieur. Je n'ai garde de vouloir recommencer aujourd'hui les querelles du XIVe siècle. Les préférences chronologiques ne pouvant blesser personne, je suis d'avis pourtant que nous commencions par le quai Schwarber, qui fait suite au quai de Müllenheim. Les Schwarber ont été une famille florissante au moyen âge, tandis que le quai Ingold, qui prolonge celui les Zorn, nous fait descendre jusqu'au XVIe et au XVIIe siècle.

— En voilà encore des illustrations obscures, s'écria le père Z... d'un accent légèrement railleur. Il fallait être bien à bout de ressources pour aller plonger ainsi au fond du moyen âge et en retirer un fonctionnaire quelconque. Mais on aurait facilement trouvé vingt conseillers municipaux — du temps où nous avions encore un conseil municipal — plus connus de nos concitoyens que ce Schwarber ou cet Ingold, inopinément ressuscités des morts ! Combien croyez-vous qu'il y ait, à l'heure qu'il est, de Strasbourgeois sachant de quels personnages il s'agit ?

— Bien peu, je vous l'accorde, mon cher Z.... Vous m'accorderez en revanche que dans deux ou trois siècles bien peu de nos notabilités actuelles vivront encore dans la mémoire de nos arrière-neveux. Le problème resterait donc toujours le même, sauf que l'ennui des devinettes à trouver serait pour eux et non plus pour vous. Ces noms d'ailleurs, qui vous paraissent tellement obscurs, n'ont pas figuré sans honneur dans les annales de notre vieille cité. Le nom de Schwarber est indissolublement lié à un épisode, célèbre et lugubre à la fois, de notre histoire locale. Cette page historique, vous la connaissez peut-être aussi bien que moi-même, bien que vous professiez tant de dédain pour le bric à brac de l'érudition. Quand j'aurai rafraîchi vos souvenirs, vous serez le premier à reconnaître que l'administration a bien fait de rappeler le nom de Schwarber aux générations actuelles. Elles pourront profiter de son exemple, bien qu'il date de cinq siècles et demi.

Les Schwarber apparaissent pour la première fois dans notre histoire locale vers le milieu du XIIIe siècle. Ils figurent à cette date sur la liste des membres de l'association des administrateurs de la Monnaie épiscopale, ou *Hausgenossen*, et comptent donc, dès ce moment, parmi les notables de la bourgeoisie de Strasbourg. Dans les premières années du XIVe siècle, le nom de leur famille apparaît pour la première fois sur les parchemins jaunis du volumineux *Rathsbuch* de la ville libre. On la voit s'allier avec d'autres familles connues, les Wurmser, les Gottesheim et les Bœcklin. A partir de 1321, pendant près de trente ans, les Schwarber siègent sans aucune interruption dans les conseils de la cité. Dès 1325, l'un d'eux, Jean Schwarber, occupe la dignité de *stettmeister*. Berthold Schwarber devient *stettmeister* à son tour en 1329, et le troisième de ce nom, Rulmann, se voit investi de ces fonctions deux ans plus tard. Mais cette influence politique, déjà si considérable, grandit encore au moment où éclate la querelle des Zorn et des Müllenheim dont nous parlions naguère. Elle amena, vous le savez, la chute du régime oligarchique, grâce à l'alliance de la bourgeoisie aisée avec les masses populaires. En vertu de la constitution nouvelle donnée à Strasbourg, la cité sera gouvernée dorénavant par deux *stettmeister* et un *ammeister* nommés à vie. Le 25 juillet 1333, lors des premières élections, Rulmann Schwarber est désigné pour remplir l'une des deux premières places, et quand il meurt l'année suivante, c'est sur son frère Berthold que se porte la confiance publique. De 1334 à 1347, date de son décès, il dirige les affaires de la ville en « personnage très utile à l'Etat », comme l'affirme notre vieux Kœnigshoven. Il vivait encore quand un troisième frère, appelé Pierre, fut nommé, en 1346, *ammeister* ou représentant suprême du tiers-état dans le pouvoir exécutif de la république. C'est l'*ammeister* Schwarber qui est resté le plus connu parmi les membres de cette famille, alors si puissante. Nommé, lui aussi, à vie, Pierre Schwarber occupait ses hautes fonctions depuis deux ans, quand éclata par toute l'Allemagne et plus particulièrement sur les bords du Rhin la terrible persécution des Juifs, dont le mouvement anti-sémitique actuel, dans ce qu'il a produit de plus odieux, ne donnera jamais qu'une bien faible idée. Depuis des siècles, le clergé, la noblesse et la petite bourgeoisie professaient, chacun pour sa part et pour des motifs divers, la haine et le mépris du Juif. Également avili par les mœurs et opprimé par les lois, il les dominait pourtant par la puissance du capital, car le moyen âge adorait le veau d'or aussi pieusement qu'on peut le faire de nos jours. Seul dépositaire à peu près des richesses monnayées de l'époque, le Juif se rendait tributaire par là une noblesse riche en arpents et pauvre en écus; mais il éveillait malheureusement aussi ses ardentes convoitises, d'autant plus dangereuses qu'elles se greffaient sur des haines inassouvies. A ce moment même, en 1348, la terrible *peste noire* qui ravagea l'Europe entière, enlevant des centaines de milliers d'hommes, avait rempli d'épouvante les masses, qui voyaient se succéder les victimes sans pouvoir se rendre compte d'où venait la mort infatigable à les frapper. Les adversaires des Juifs pensèrent à profiter de la terreur et de l'antipathie générales pour se débarrasser de leurs dettes. Pour les entrepreneurs de coups d'État, patriciens groupés autour de Catilina ou massacreurs de la Saint-Barthélemy, ce fut toujours un rêve favori que d'apurer leurs comptes en égorgeant leurs créanciers.

C'est alors que naquirent ces bruits bizarres, comme vous en voyez naître encore aujourd'hui dans les chaumières du paysan magyar ou roumain. On se redit à l'oreille que les Juifs empoisonnaient les puits et les fontaines; que leurs coreligionnaires de Suisse et d'Italie leur fournissaient en secret les moyens de se défaire ainsi des adversaires de leur foi. Ces excitations incessa es, ces accusations mystérieuses portèrent bientôt leurs fruits. Partout la plèbe urbaine des cités épiscopales ou des villes libres devint houleuse et menaçante. En janvier 1349, les Etats de l'Alsace tinrent un congrès à Benfeld pour y discuter la « question juive » On s'y prononça contre eux. Seuls, les délégués de Strasbourg déclarèrent qu'ils n'avaient point sujet de se plaindre de leurs protégés israélites et qu'ils ne voulaient point, par conséquent, les expulser de la ville. Bientôt après cependant on fit un premier pas pour calmer l'agitation populaire. Quelques Juifs, accusés de divers méfaits, furent arrêtés, mis à la torture et avouèrent dans les tourments ce qu'on leur demandait de dire. Ils périrent sur la roue; les autres furent enfermés dans leur quartier, dont on ferma les portes. Le Magistrat espérait calmer de la sorte l'effervescence des masses, mais en vain. Poussée en secret par quelques nobles habiles et peu scrupuleux, la foule réclama la mise en jugement collective de tous les Israélites. Le Conseil de la ville, où dominait alors la bourgeoisie aisée et dont les artisans étaient encore exclus, refusa de violer les promesses de protection accordées aux Juifs, les chartes formelles, chèrement payées d'ailleurs au fisc municipal. Pierre Schwarber, nous disent les chroniques, fut le plus énergique à protester contre cette violation de la foi jurée. Alors les soupçons et la colère de la foule se portèrent contre les gouvernants eux-mêmes. On s'écria qu'ils avaient été corrompus par les malfaiteurs à prix d'argent et qu'il ne fallait plus leur obéir. Des paroles on passa bientôt aux actes. Le 9 février 1349 la révolte éclate. Les artisans viennent se masser en armes sur la place de la Cathédrale. Les deux *stettmeister*, Gosso Sturm et Cunon de Winterthur, accourent et haranguent les rebelles : « Que voulez-vous en fin de compte ?» — « Nous ne voulons plus de vous ; vous êtes trop puissants ! » — Trait curieux ! c'est un patricien de vieille roche, un Zorn, qui prend la parole au nom du menu peuple, pour réclamer la déchéance du magistrat. Pour obtenir sa revanche de 1332, la noblesse s'allie de la sorte à la plèbe, afin de renverser le gouvernement de la bourgeoisie. Devant ces sommations hautaines, les *stettmeister* se troublent et déclarent qu'ils ne tiennent point à garder un pouvoir qui leur est si rudement disputé. Satisfaite de cette première victoire, la foule se dirige alors vers la demeure de Schwarber pour y renouveler la manifestation populaire. On le fait descendre sous le grand tilleul qui ombrage sa cour ; on le somme, lui aussi, d'abandonner un poste que les constitutions municipales lui confiaient à vie. L'*ammeister* demande inutilement ce qu'il a fait pour exciter tant de colères ; il essaie inutilement de se disculper. Ses propres collègues, un peu honteux peut-être d'avoir plus rapidement capitulé devant l'émeute, l'interrompent : « Eh quoi ? Nous avons bien donné notre démission. Faites comme nous ! » Abandonné de tous, Schwarber se résigne à déposer entre les mains des meneurs les chartes et les parchemins officiels de la république confiés à sa garde. Il s'en va cacher sa honte loin de sa maison, fouillée bientôt par des troupes d'artisans armés qui, sous l'impulsion de la colère ou de la cervoise, accourent pour punir le « traître » et se disposaient à lui faire un mauvais parti. Car, au dire de Kœnigshoven, l'*ammeister* n'était guère aimé, ne sachant pas suffisamment flatter les caprices populaires, et si quelques citoyens affirmaient son civisme, leur voix était étouffée par les clameurs de la foule.

En tout cas le nouveau conseil, révolutionnairement élu, et dans lequel bateliers et bouchers siègent pour la première fois à côté de leurs maîtres d'hier, n'est pas de cet avis. Pierre Schwarber paya chèrement la défense des Juifs. Il ne fut pas seulement banni de la ville à perpétuité, mais encore sa fortune mobilière, évaluée à 1700 livres — somme très considérable pour l'époque — fut confisquée tout entière et patriarcalement partagée entre les membres du conseil. Quelques-uns rendirent leur part à la victime de cette spoliation légale. D'autres, qui connaissaient sans doute la légende de saint Crépin, offrirent la leur à l'Eglise, pour s'assurer une part de paradis. Quant à Schwarber, il alla s'établir à Benfeld, où il vécut encore de longues années, « honoré, dit la chronique, de tous les seigneurs et nobles du pays ».

Pour les malheureux Juifs qu'il n'avait point pu défendre, vous connaissez tous leur sort épouvantable. Les nouveaux pères de la cité devaient à la populace ce don de joyeux avènement. Le 14 février 1349 le quartier juif fut envahi par les citoyens en armes. Tous ceux qui se refusèrent à renier la foi de leurs pères furent arrachés à leurs demeures et conduits au cimetière israélite, près de la rue Brûlée actuelle. Ils furent entassés là sur un immense bûcher, hommes et femmes, enfants et vieillards, — ils étaient deux mille, si nous en croyons nos vieilles chroniques — et périrent au sein des flammes, offerts en holocauste par le fanatisme religieux des uns et les calculs intéressés des autres. Car c'est faire encore trop d'honneur à beaucoup de ceux qui poussèrent à la perpétration de ce hideux massacre que d'en faire honneur à leur « zèle dévorant pour la maison de l'Eternel ». Closener et Kœnigshoven, hommes d'Eglise tous deux et tous deux sagaces observateurs des passions humaines, nous ont conservé dans une brève parole leur opinion sur le procès sommaire fait à ces « empoisonneurs ». Le premier a dit : « Le poison qui les tua, ce furent leurs richesses », et le second ajoute : « S'ils avaient été pauvres, on les aurait jugés innocents ». La foule vulgaire dut se contenter de pouvoir se repaître au spectacle de ce supplice. Les meneurs, patriciens ou bourgeois, clercs et laïques, se partagèrent les trésors des victimes ; les plus consciencieux en dotèrent les hôpitaux et les couvents. D'autres, plus puissants, ne se gênèrent pas pour suivre leur exemple. L'empereur Charles IV, après avoir vendu bien cher aux Juifs d'Allemagne l'inefficace protection de sa justice, vendit encore une fois, à beaux deniers comptants, l'amnistie de cet acte barbare aux nouveaux gouvernants de Strasbourg.

Quant à l'influence des Schwarber, si puissan's avant 1349, il ne semble pas qu'elle ait réussi à reprendre racine dans la cité. Pendant une série d'années, aucun de ses membres ne siège plus au conseil, et pendant le demi-siècle qui suit, on en voit bien reparaître, de temps à autre, des représentants, mais ils restent plus ou moins obscurs et n'ont plus aucune action prépondérante sur leurs concitoyens. C'est à la date de 1415 que nous rencontrons le dernier de ces épigones sur les feuillets du *Rathsbuch*. Puis plus personne. La famille s'est-elle éteinte alors? A-t-elle quitté Strasbourg avec tant d'autres notables lors de l'exode de la noblesse en 1420? On aurait quelque motif pour admettre la dernière alternative, si le Jean Schwarber que notre savant compatriote, M. Ch. Schmidt, a bien voulu me signaler dans un document strasbourgeois, comme ayant été domicilié dans une commanderie suisse vers 1443, était reconnu d'une façon certaine comme un descendant des Berthold, des Rulmann ou des Pierre Schwarber du siècle précédent.

— Cette dernière question me semble trop

peu intéressante pour l'approfondir ici, dit le notaire en donnant le signal du départ. En tout cas, l'on doit approuver l'administration municipale d'avoir ainsi rappelé le nom de Schwarber à l'estime publique, en l'inscrivant parmi d'autres noms plus connus de nous. Honorer la mémoire d'un magistrat qui tenta de s'opposer à une iniquité lamentable et qui paya cette attitude courageuse de la perte de ses biens et de ses honneurs, c'est chose louable en tout moment. C'est un acte doublement louable à l'heure où les réunions antisémitiques de Bucharest et de Moscou, de Vienne et de Berlin ont semé partout les haines et les colères, où des excitations odieuses ont été suivies déjà de violences et de massacres plus odieux encore. Conservons, je le veux bien, le souvenir de l'atroce tuerie qui jadis ensanglanta notre ville. Mais que ce souvenir même empêche qu'il s'y reproduise jamais des actes semblables à ceux qui viennent d'attrister notre vieille Europe, rappelant bien plus la barbarie du moyen âge que ce XIXe siècle, si fier de sa tolérance et de ses lumières !

XXIX.

— Si vous le voulez bien, messieurs, nous passerons maintenant de l'autre côté de l'île dont nous sommes à peu près les Robinsons. Nous longerons le quai de Zorn jusqu'à son intersection avec la rue Sabine et le boulevard de Schiltigheim. A partir de ce point jusqu'à la *Schiltigheimer Wallstrasse*, la rive droite de l'Aar vous représente le quai Ingold, où nous nous reposerons aujourd'hui.

— Encore un inconnu au bataillon ! dit le docteur en rallumant son cigare. Je ne prends pas les choses au tragique comme le père Z..., mais je crains bien qu'il n'y ait quelques pédants pédantissimes dans cette « commission de baptême »; ils viennent nous étaler leur petit paquet de science avec une assurance tranquille qui nous oblige à rougir.. ou à nous fâcher.

— Ne faites ni l'un ni l'autre, cher monsieur, répliqua le notaire en souriant. Voyez, j'ignore comme vous quel est l'Ingold dont on a voulu raviver ici le souvenir. Je ne pense pas que ce soit mon excellent ami et collègue, M. Auguste Ingold, notaire honoraire à Cernay, bien qu'il méritât assurément une distinction pareille pour ses recherches sur le passé de l'Alsace et son zèle pour la conservation des monuments historiques de notre province. Mais en tout cas je ne vois aucun mal à ce qu'on n'ait point choisi des illustrations de premier ordre seulement pour décerner à leur nom l'apothéose modeste dont les honore l'administration municipale. D'abord, où les trouver en nombre suffisant pour toutes ces artères nouvelles? Et puis, franchement, ce n'est pas en donnant son nom à l'une des rues de Strasbourg que l'on rendrait plus illustres un Shakespeare ou un Molière, un Lincoln ou un Victor Hugo. Ce sont eux qui honoreraient nos rues, bien plus que nous ne pourrions ainsi les honorer eux-mêmes. D'ailleurs notre ami M... va nous apprendre sans doute pour quelles bonnes raisons le nom d'Ingold figure sur « les rives fleuries » de l'Ill.

— Sans doute, messieurs. J'aurais même commencé déjà cette tâche si vous m'aviez laissé prendre la parole. Notre excellent docteur se serait épargné le regret d'avoir inutilement outragé le digne scolarque dont les « pédants » ont voulu rappeler le souvenir à ses compatriotes. Ingold, dont il parlait sur un ton si dédaigneux, n'était point un *inconnu* de son temps. Le savant professeur chargé de son éloge académique l'appelait « le Périclès et le Scipion de Strasbourg ». Ce contraste vaut à lui seul, ce me semble, une demi-douzaine de sermons sur la vanité des choses humaines et doit au moins nous rendre modestes dans l'appréciation de nos mérites personnels.

— Bien frappé, cher M..., riposta gaîment le docteur. Parlez-nous bien vite d'Ingold. J'aime cent fois mieux vous entendre chanter ses louanges que de subir vos allusions mordantes à mon insignifiante personne.

— Ecoutez donc, incorrigible interrupteur ! François-Rodolphe Ingold naquit à Strasbourg le 24 août 1572, le jour même où commençaient à Paris les massacres de la Saint-Barthélemy. Il appartenait par sa naissance à la haute bourgeoisie de notre ville, étant allié aux Mueg, aux Mœssinger, aux Obrecht, etc. Son père, Philippe Ingold, avait été déjà deux fois *ammeister* et le serait redevenu sans doute encore, s'il n'était mort dès 1575, à un âge peu avancé. Le jeune Rodolphe suivit avec fruit les classes du Gymnase, puis commença ses études à l'Académie de sa ville natale et les poursuivit aux Universités de Heidelberg, de Leipzig et de Iéna. Revenu dans sa patrie, il épousa en 1597 Salomé Wid, fille d'un membre du Grand-Sénat, qui fut la fidèle compagne de son existence pendant quarante années et lui donna six filles et trois fils. Ingold n'entra dans la vie publique qu'en 1603, date à laquelle il fut choisi comme échevin par la tribu du Miroir, dont il devint *Zunftmeister* l'année suivante. En 1605 il entra au Petit-Sénat, dans lequel il siégea deux ans ;

puis il fut chargé, comme l'un des « Trois de la Tour aux pfennings », de l'administration des finances de la république. Il développa des capacités administratives si remarquables dans l'exercice de ses fonctions, que dès l'année 1608 il devint membre du Conseil des Quinze. En 1610 il entra dans le Conseil suprême de l'Etat, celui des Treize, ayant gravi de la sorte avec une rapidité surprenante l'échelle des honneurs et des dignités publiques.

Pendant trente ans Ingold resta l'un des conseillers les plus écoutés et les plus influents de la ville libre impériale. Au dedans, il a rempli souvent les innombrables fonctions secondaires attribuées aux membres des conseils, et qui les familiarisaient successivement avec tous les rouages de la machine gouvernementale. A partir de 1620 il a été l'un des administrateurs, l'un des *scholarques* de l'Université nouvelle, réorganisée par le privilège de Ferdinand II, privilège obtenu principalement par ses efforts, comme je vous le dirai tantôt. Dans cet office important il a été le digne continuateur des traditions de Jacques Sturm, autant que l'ont permis les agitations et les malheurs du temps où il a vécu. Mais c'est surtout dans l'histoire de la politique extérieure de notre petite république qu'Ingold a marqué, qu'il a rendu des services qui lui méritent d'être sauvé de l'oubli. Pendant plus de vingt ans il fut l'ambassadeur préféré de Strasbourg auprès des Etats de l'Allemagne et des cantons helvétiques. Il figura aux diètes et aux congrès de Heilbronn et d'Ulm, de Nuremberg et de Francfort ; nous le rencontrons auprès des « magnifiques seigneurs » de Berne, à la cour de Bavière, chez les Conseils de Zurich et l'archevêque électeur de Mayence, représentant avec autant d'habileté que de prudence tantôt la politique strasbourgeoise, tantôt celle du collège des villes libres réunies, tantôt encore celle de l'*Union évangélique* des princes protestants de l'Allemagne. Souvent dégoûté de ces pérégrinations incessantes et refusant de les reprendre — il prit part à *soixante-dix-neuf* ambassades, au dire de son panégyriste — il se voyait toujours rappelé au service actif par l'insistance flatteuse du Conseil des Treize, qui ne voulait confier qu'à lui la défense des intérêts de l'Etat. Au lendemain de la défaite des protestants de Bohême, alors que le « roi d'hiver », l'électeur palatin Frédéric, fuyait au loin, que l'*Union évangélique* se dissolvait sans avoir su se défendre, Strasbourg dut une paix honorable et des privilèges académiques plus étendus aux talents diplomatiques d'Ingold. C'est lui qui réussit à signer le traité d'Aschaffenbourg, le 24 mars 1621, avec les mandataires de l'empereur, l'électeur de Mayence et le landgrave de Hesse-Darmstadt; en échange d'une neutralité bienveillante, il assurait à sa patrie une tranquillité, malheureusement passagère, au milieu de la conflagration générale de l'Allemagne. Douze ans plus tard nous le voyons encore prendre part aux discussions mémorables qui se tinrent à Francfort, au lendemain de la mort de Gustave-Adolphe, et qui se terminèrent par la ligue de Heilbronn, conclue par les Etats protestants de l'Empire avec la couronne de Suède. On comprend qu'il devait faire bonne figure au milieu des diplomates d'alors, rien qu'en contemplant le portrait qui nous reste de lui, gravé par P. Aubry, quelque temps avant sa mort. Sa large figure, entourée d'une fraise énorme, ornée d'une barbiche et d'une moustache blanches, inspire la confiance et le respect, et le vieillard porte avec noblesse son riche habit de brocart d'or, orné d'aiguillettes du même métal. Il est triste d'avoir à constater que ses longs et loyaux services ne l'empêchèrent pas d'avoir de nombreux adversaires parmi les citoyens et les gouvernants de la république. C'est le malheur des petites démocraties — et parfois aussi des grandes — de ne pas savoir faire abstraction de certains travers, de certaines faiblesses même, chez ceux qui lui consacrent leur dévouement et leur travail. Ingold n'avait pas, semble-t-il, l'échine assez souple vis-à-vis de quelques-uns de ses collègues; il ne leur ménageait pas, en certaines occurences, les paroles amères. De là des intrigues et des cabales, et jusqu'à des accusations officielles portées contre lui par la Chambre des Quinze, et qui le blessèrent profondément. Cependant, quand il mourut, le 3 janvier 1642, dans sa soixante-dixième année, l'estime publique entoura la tombe de celui qu'un des orateurs chargés de son éloge appelait « l'oracle de la cité ». C'était un grand homme de bien que notre ville perdait au milieu de circonstances critiques, un homme fidèle, sa vie durant à la devise que nous lisons encore aujourd'hui sous son portrait : *Deo, reipublicæ, amicis.* Si le professeur d'éloquence, Jean-Henri Bœcler, auquel échut la tâche officielle de retracer, quelques semaines plus tard, les mérites de l'illustre scolarque, a légèrement exagéré les nuances, en le comparant aux héros de l'Athènes antique, pardonnons-lui ces hyperboles. Elles ont été douces sans doute au cœur attristé des siens; elles n'ont pas — vous l'avez vu tout à l'heure vous-mêmes — elles n'ont pas sauvé le nom d'Ingold d'un profond oubli. Hélas, Bœcler lui-même, ce chef d'une longue dynastie de professeurs strasbourgeois, qui répandait ainsi les fleurs de sa rhétorique sur la mémoire du vieux diplomate, a été bien des fois, lui aussi, traité d' « illustrissime » et de « prince de la science »! Et cependant, à part quelques amateurs de bouquins poudreux, qui donc, parmi nous, se rappelle encore son nom? *Sic transit gloria mundi.* Vous le voyez, mes amis, soyons modestes, bien modestes à notre tour; ne tenons pas en si piètre estime ces réputations éteintes qui brillaient il y a deux siècles. C'est déjà quelque chose d'avoir eu son jour et son heure, et de n'avoir point passé de suite, après une existence éphémère, de l'oubli du néant à l'oubli du tombeau.

XXX.

— Si jamais j'eus peur, messieurs, en me produisant avec mes conférences novices devant votre indulgent tribunal, c'est, à coup sûr, aujourd'hui. Car je vais être obligé de m'engager sur un terrain bien dangereux, surtout pour un pauvre négociant retiré des affaires. Nous avons causé jusqu'ici d'hommes politiques et de savants, de prédicateurs et de poètes; avec l'aide de mes fidèles bouquins, je m'en suis plus ou moins bien tiré....

— Plus ou moins mal, voulez-vous dire, interrompit en riant le docteur.

— Enfin, je m'en suis toujours tiré, c'est pour moi l'essentiel. Mais aujourd'hui que nous passons à ces dignes architectes du moyen âge....

— Que ne les consultez-vous, une fois de plus, vos fidèles bouquins, puisque vous ne faites pourtant en somme que nous réciter tout ce qu'ils chantent? grommela Z.... en rebourrant sa pipe.

— C'est que voici précisément, mon cher Z..., ce qui fait l'horreur de ma situation présente. Je les ai consultés, mes bouquins. J'en ai feuilleté de gros et de minces ; j'en ai même tant parcouru que la tête m'en tourne, et plus j'allais, plus je cherchais la lumière, moins j'étais au clair sur ce que je voulais savoir. Vous m'en croirez, messieurs, ou vous ne m'en croirez pas, mais je vous jure qu'il y a huit jours, je n'aurais point hésité, par exemple, à vous raconter en détail l'histoire d'Erwin de Steinbach. Aujourd'hui que je viens de relire tout ce qu'ont écrit sur lui Grandidier, Louis Schnéegans et Gérard, M. Charles Schmidt et M. Xavier Kraus, je ne suis plus même absolument sûr, par moments, qu'il ait véritablement existé. Je me demande à chaque pas ce qui, dans sa biographie traditionnelle, est vérité, conjecture, fable ou légende, et je suis tenté de trouver que c'est bien mal à messieurs les savants d'ébranler ainsi nos croyances naïves, pour nous abandonner ensuite devan' une série de ponts d'interrogation.

— Vous m'effrayez, cher monsieur, dit d'un air consterné le notaire. Vous ne pouvez pourtant vous avancer jusqu'à nier que la flèche d'Erwin existe, puisque je puis l'admirer tous les jours de mes fenêtres.

— Elle existe sans doute, mais elle n'est pas d'Erwin, répondis-je avec un léger soupir.

— Vous nous accordez donc au moins qu'il a vécu, votre Erwin de Steinbach, demanda le père Z..., vexé de voir ébranler ses opinions semi-séculaires sur ce sujet. C'est bien heureux !

— Maître Erwin, oui, mon bon Z..., mais non pas Erwin de Steinbach, fis-je avec un second soupir plus douloureux.

— Permettez-moi, messieurs, d'interrompre ces dialogues particuliers, dit le docteur, en invitant du geste ses voisins au silence. Si tous se mettent à parler à la fois, ce n'est pas le moyen de s'entendre. Notre ami M... ne ferait pas mal, à mon avis, de nous dire tout d'abord de qui et de quoi il entend en ce moment nous parler. Il fera bien aussi de refouler ses bruyants soupirs, et s'il ne sait pas grand'chose sur son sujet, comme il l'affirme, qu'il s'applique au moins à nous servir en bon ordre les quelques bribes éparses de ce qu'il croit savoir! Voici du moins mon avis. Cela dit, je renonce à la parole pour le reste de la séance. Lisette, une chope!

— Brigadier, je veux dire docteur, vous avez raison. Procédons par ordre, et puisqu'on a parlé tout à l'heure d'Erwin, passons d'abord par la rue qui porte son nom. Elle le mérite d'ailleurs, car c'est la plus considérable de notre île, et s'étend de la rue des Vosges au boulevard de Schiltigheim, en la partageant en deux moitiés à peu près égales. Ce n'est pas à des Strasbourgeois que j'ai besoin d'expliquer en l'honneur de qui elle a été baptisée de la sorte. Notre magnifique cathédrale et le nom d'Erwin sont indivisiblement liés dans la mémoire de chaque habitant de notre cité. L'admiration du monde intelligent, dans tous les siècles, est acquise au grand architecte, et l'enthousiasme du jeune Gœthe, à l'aurore de sa gloire, lui a même décerné l'auréole des saints. Les métaphores les plus extravagantes ont associé le nom du maître du XIIIe siècle, à la *flèche*, à la *pyramide d'Erwin*. Hier encore je lisais dans le livre, fort sobrement écrit d'ailleurs, d'un savant allemand que la tour de notre cathédrale se dressait vers les cieux « comme le doigt fier et béni par l'art, d'Erwin de Steinbach » ! Et Dieu sait cependant que si le grand artiste pouvait revenir, ce n'est pas avec des sentiments d'admiration, mais avec des souhaits peu chrétiens sans doute, qu'il contemplerait l'étrange transformation que ses successeurs ont fait subir à son œuvre. Comme il repousserait la paternité de cette flèche hardie que lui attribue la foule et qui n'a germé cependant que sur les ruines de ses projets les plus chers !

Dans les siècles antérieurs la tradition tenace et facile à contenter avait réuni sur le compte du grand maître toute une série de faits, plus ou moins bien établis, mais également acceptés de tous. Elle le faisait naître à Steinbach, sans s'inquiéter autrement où trouver ce village. Elle connaissait la date exacte à laquelle il avait commencé son œuvre et l'associait aux efforts de l'évêque Conrad pour élever la grande façade, dès 1276. Elle savait qu'après l'incendie de 1298, Erwin avait discontinué de travailler à cette façade monumentale, pour réparer les ailes latérales de la nef, consumées par le feu. Elle savait encore qu'il avait achevé la chapelle de la Vierge, en 1316. Elle savait qu'il était mort le 17 janvier

1318, et qu'il reposait aux côtés de sa femme et d'un de ses fils dans le petit cimetière caché entre les contre-forts de la cathédrale. Elle nous rapportait encore, par surcroît, le nom de ses trois fils et de sa fille Sabine, la célèbre statuaire. Elle revendiquait enfin pour lui, en dehors de son œuvre gigantesque, à Strasbourg, une part plus ou moins grande à la création des églises de Haslach, de Thann et de Fribourg.

Nos pères étaient heureux ; ils pouvaient accepter tout cela d'une foi naïve et placide, mais la critique moderne a perdu le droit de se reposer en paix sur l'oreiller commode des légendes traditionnelles. Elle se doit à la recherche de la vérité. Elle l'a cherchée, sur ce point comme sur bien d'autres, et aujourd'hui, messieurs, ces certitudes d'autrefois sont fortement ébranlées et parfois même déclarées insoutenables On n'en est plus maintenant à discuter quel Steinbach est le lieu de naissance d'Erwin, si c'est le village badois que notre concitoyen Friedrich a doté d'une statue du maître, ou le village alsacien, dans les environs de Thann. On a dû rayer sommairement de l'histoire ce lieu d'origine que rien n'autorise, qu'aucun document ne justifie. On a dû avouer qu'on ignore d'où nous est venu le grand architecte. Notre cher et regretté compatriote Charles Gérard s'est avancé bien loin dans la voie toujours dangereuse des hypothèses en supposant dans Erwin un artiste d'origine française et en proposant pour lui le nom d'Hervé de Pierrefont. Il s'appuyait pour cette démonstration sur le style propre à la partie de l'œuvre, qui date du XIIIe siècle, et qui est évidemment celui de l'Ile-de-France, ainsi que l'ont reconnu d'ailleurs les juges les plus compétents de l'Allemagne, quand ils n'étaient point aveuglés par les préjugés nationaux. Sur cette hypothèse, présentée comme telle, on a fait des gorges chaudes de l'autre côté du Rhin. On en avait peut-être le droit, mais nous serions en droit tout aussi bien de rire de certains messieurs qui ne veulent pas démordre de leur Steinbach et qui vont le chercher même jusqu'à Mayence, sans nous apporter l'ombre d'une preuve a l'appui de leurs hypothèses gratuites.

On ne sait plus davantage actuellement quand maître Erwin commença son ouvrage immortel. L'inscription que rapportent Specklin et Schad, qui n'existe plus aujourd'hui, et dans laquelle était dit en quelle année « maître Erwin de Steinbach commença son œuvre glorieuse », est reconnue maintenant comme une création posthume du XVIe siècle. Quelques savants ne peuvent même plus se résoudre à croire qu'elle ait jamais existé sur le linteau du portail qu'indique la tradition, mais où nulle pierre n'en a conservé la trace. En tout cas on a de la peine à comprendre que certains savants — ils se piquaient pourtant de connaître à fond le moyen âge ! — aient pu croire que l'esprit d'humilité de cette époque et les traditions de l'art d'alors permissent à un architecte, quelque illustre qu'il fût, de signer pour ainsi dire son œuvre et de tirer gloire pour lui-même d'une construction consacrée tout entière à Dieu.

On ne se sent pas non plus si sûr aujourd'hui que l'inscription de la chapelle de la Vierge soit contemporaine d'Erwin ou se rapporte au maître. On n'est même plus absolument certain que la date traditionnelle de sa mort soit exacte. Autour de cette pierre funéraire du *Leichenhœfel*, déterrée, dans notre siècle seulement, de dessous un amas de décombres, on entame des polémiques virulentes, tant sur son authenticité que sur son âge et sa valeur probante. Elles rendraient perplexes un malheureux moins incompétent que moi. Les tables généalogiques de la famille d'Erwin sont dressées aujourd'hui de la façon la plus contradictoire et, selon que vous en croirez M. Ch. Schmidt ou que vous tiendrez pour

M. X. Kraus, vous verrez changer le nombre, l'âge et l'état civil de ses fils. On en est réduit aujourd'hui à se demander si l'existence du grand architecte peut s'étayer de documents authentiques. Et voyez, comme, sous ce rapport même, nous jouons de malheur! On a retrouvé dans les archives de l'Œuvre Notre-Dame un document qui date de 1284 et qui renferme son nom. Vous me direz que c'est là, au contraire, une chance heureuse. Oui, sans doute, si la pièce n'était pas suspecte; mais il se trouve que le nom d'Erwin ne s'y trouve qu'en surcharge. L'examen, même superficiel, de l'original ou de la photographie donnée par M. Kraus montre qu'on a gratté le véritable nom que portait la charte, pour y substituer celui du maître. Dans le *Registre des donateurs de l'Œuvre Notre-Dame*, qui se conserve également dans les archives de l'Œuvre, Erwin reparaît aussi. Il lui lègue en mourant un cheval et quelques revenus en argent Mais un autre Erwin, l'un de ses fils sans doute, a fait plus tard un legs analogue ou même identique. Et maintenant, voici que, pour une cause qu'on n'expliquera sans doute jamais, l'une des deux entrées a été rayée du registre dès le XIVe siècle. Est-ce celle du père, est-ce celle du fils? Les legs des donateurs étant inscrits toujours au *jour* de leur décès, mais sans indication de l'*année* de leur mort, vous voyez qu'on en est réduit, là encore, à se demander si nous connaissons réellement la date à laquelle s'éteignit Erwin. Je me rappelle avoir lu dans ma jeunesse une petite brochure, provoquée par l'apparition de la *Vie de Jésus* de Strauss et sa critique négative. C'était l'œuvre d'un bibliothécaire de Montauban, dont le nom m'échappe, et qui prétendait montrer qu'il est toujours facile de nier en histoire les faits les plus patents. Cela s'appelait *Comme quoi Napoléon n'a jamais existé.* Si ce tour de force spirituel pouvait réussir vingt ans après la mort de l'empereur, combien ne serait-il pas plus facile aujourd'hui, en l'état des choses, de prouver qu'Erwin n'est qu'un nom générique qui personnifie toute une série d'architectes obscurs, comme le grand nom d'Homère couvre l'œuvre commune des rhapsodes de la Grèce antique?

— Vous seriez bien capable d'un tour de force pareil, dit le docteur. Mais ce serait roide, tout de même.

— N'ayez point peur; je ne songe pas à combattre l'existence d'Erwin. A défaut de documents écrits sur parchemin, nous en avons d'indestructibles écrits sur la pierre. Contemplez la façade de notre vieux Munster;

du parvis à la rosace, elle est exécutée sous l'inspiration d'un même souffle grandiose. C'est au plan longtemps mûri d'un même architecte qu'ont obéi les pierres de nos Vosges en se voûtant en hardies ogives, en s'élançant en sveltes colonnes, en se transformant en tout ce peuple d'êtres symboliques et de saints que nous admirons aujourd'hui. Cet architecte, aux inspirations sublimes, nous ignorons le nom de sa famille et le pays dont il est venu. Nous ne saurions dire avec une entière exactitude quand il commença, quand il termina son œuvre, sur la fin du XIIIe, aux débuts du XIVe siècle. Des hommes de la plus haute érudition n'ont pas réussi jusqu'à cette heure à élucider ces problèmes ; ils n'y réussiront peut-être jamais. Mais comment douter de l'existence d'Erwin, comment douter de son génie, lorsque nous contemplons cette splendide façade, illuminée par les rayons du soleil couchant ou sillonnée par le fauve éclat des éclairs ? Chaque fois que, remontant la rue Mercière, je me retrouve en face du géant, j'abandonne aux docteurs leurs querelles d'école, et c'est avec un pieux respect que je prononce le nom du maître, l'un des plus puissants créateurs que l'art religieux du moyen âge ait produit.

XXXI.

— Continuerons-nous à combattre aujourd'hui les traditions vieillies du moyen âge, demanda le docteur d'un ton légèrement narquois, quand j'eus pris place au milieu du cénacle, ou bien vous accordez-nous un jour de répit après la rude séance de la dernière fois? Ce serait bien gentil de votre part.

— J'arrivais avec l'intention de suivre simplement le fil de la rivière et de remonter avec vous, plus ou moins lentement, les rues latérales qui, coupant la rue d'Erwin, réunissent le quai de Zorn au quai de Müllenheim. Ce projet coïncide entièrement avec votre désir, puisque la municipalité vient de donner aux deux rues que nous rencontrerons d'abord, des noms tout à fait modernes, qui vous reposeront un peu des fatigues subies et des fatigues à venir.

Ces deux premières artères, qui sont les plus courtes de l'île, occupant le sommet du triangle, portent le nom de rue Klotz et de rue Schwilgué. Je pourrai passer plus rapidement sur le premier de ces noms. Celui qui le portait ne nous a quittés que d'hier, et quel est celui d'entre vous qui ne l'a point connu, ce robuste vieillard aux cheveux blancs, mais à la mine si juvénile, et qu'on aimait à saluer au moins en passant, son extrême surdité ne permettant pas de profiter, autant qu'on aurait voulu, de sa profonde science et de son charmant accueil? Gustave Klotz a été le dernier des architectes en titre de notre vieille cathédrale. Il la connaissait mieux que personne, il la choyait et l'adorait; on peut dire qu'il vivait de sa vie, en lui consacrant tout son talent et tous ses efforts.

M. Klotz était né le 30 novembre 1810 à Strasbourg et avait fait ses études au Lycée de notre ville. Se sentant entraîné de bonne heure vers le culte des beaux arts, il alla se former le goût dans les ateliers parisiens, puis il partit pour l'Italie quelque temps après la révolution de Juillet. Il resta trois ans à Rome. Quand il revint de cette terre classique, ce furent des monuments plus modestes et plus modernes qui sollicitèrent d'abord son labeur. Le préfet d'alors, M. Louis Sers, le nomma, en 1834, architecte du département du Bas-Rhin. Mais bientôt après, M. Lacombe, qui fut maire de Strasbourg de 1835 à 1837, l'appelait à la direction des travaux relatifs à la cathédrale. Klotz a été pendant plus de quarante ans architecte de l'Œuvre Notre-Dame. Pendant près d'un demi-siècle il prépara et fit exécuter bien des restaurations partielles du vénérable édifice, nécessitées par l'action lente des siècles ou celle, plus rapide et plus brutale encore, des révolutions. Ce furent surtout les dix dernières années de sa carrière qui furent riches en rudes labeurs, mais fertiles aussi en résultats acquis à l'histoire de la cathédrale. Avant de les entreprendre, ces travaux de longue haleine, il dut passer par bien des souffrances et des angoisses. Vous jugez ce qu'il dut éprouver pendant le siège, alors que les projectiles ennemis n'entaillaient pas seulement son cher édifice, mais faisaient voler en éclats ses dentelles de pierre. Et dans cette nuit du 24 août, quand les obus incendiaires mirent le feu à la charpente de la toiture, quand retentit du haut de la plate-forme ce cri lugubre qu'aucun Strasbourgeois n'oubliera jamais : « La cathédrale brûle ! » le désespoir du vaillant architecte fut profond. Mais aussi quel zèle ne déploya-t-il pas quand vint le jour où les indemnités assurées permirent de songer à la restauration du monument si cruellement mutilé ? Vous vous rappelez peut-être avec quelle hardiesse M. Klotz grimpait, malgré son âge, aux échafaudages les plus élevés, pour constater lui-même les dégâts, et veiller à ce qu'ils fussent réparés. Je me rappelle 'avoir rencontré un jour, au moment où i quittait les planches hissées à une hauteur vertigineuse, tout au sommet de la tour, pour y redresser la pointe même de la flèche, descellée par un obus et retenue seulement par la barre de fer du paratonnerre. Il revenait calme et souriant de ce voyage aérien et en parlait comme d'une chose tout ordinaire. Le fruit de ses investigations minutieuses sur les dégâts causés par le bombardement est consigné dans deux documents qui conserveront un intérêt majeur pour l'histoire de la cathédrale et pour l'histoire du siège ; ce sont les deux rapports officiels adressés à M. Küss et à M. Lauth, successivement maires de Strasbourg.

Quand ce premier travail des réparations urgentes fut achevé, quand les escaliers, les balustrades, les colonnettes, les figurines brisées furent remis en place, commença pour lui l'œuvre plus délicate et plus difficile de la transformation de certaines parties au moins de la cathédrale. M. Klotz put donner libre carrière à ses talents artistiques et prouver en même temps sa compétence comme archéologue en refaisant le couronnement de la coupole du chœur, en proposant le dégagement des derrières de l'édifice, en le dotant de ces portes en bronze massif qui forment un des ornements de la façade principale. En même temps les niches extérieures des étages supérieurs, vides depuis des siècles, se peuplaient de monarques et de saints, tandis que les murs intérieurs se couvraient de peintures. C'est au milieu de cette activité féconde que la mort est venu le frapper, alors que la partie la plus considérable de sa tâche était accomplie. Le nom de M. Klotz reste indissolublement lié pour l'avenir à l'histoire contemporaine de notre cathédrale, et c'est là certes un précieux héritage qu'il laisse en mourant à son fils.

Après la rue Klotz, nous rencontrons la rue Schwilgué. Celle-là porte un nom plus connu du grand public. Chaque année des milliers de visiteurs, affluant autour de l'horloge astronomique de Strasbourg, contemplent la figure, pâlie par le travail et fatiguée déjà, de l'homme qu'on leur montre comme le créateur de ce mécanisme merveilleux, dont les parties les plus apparentes et les plus enfantines frappent seules l'immense majorité du public. Pour moi, ce nom de Jean-Baptiste Schwilgué représente plus encore une ténacité de volonté vraiment admirable qu'un génie mathématique de premier ordre. Chaque fois que je relis sa biographie, rédigée par un de ses fils, je ne sais ce qui m'inspire plus de respect, cette foi robuste en son talent créateur, ou cette indomptable persévérance de l'homme qui ne cesse de travailler qu'au moment où il cesse de vivre.

J.-B. Schwilgué était né à Strasbourg, le 18 décembre 1776. Encore enfant, il aimait à se rendre à la cathédrale pour y contempler l'œuvre de Dasypodius, depuis longtemps arrêtée, et l'on raconte qu'un jour il faillit se faire tirer les oreilles par le suisse en s'écriant à haute voix qu'il ferait marcher quelque jour cette horloge détraquée. Il avait alors sept ans ! Plus tard il habita Schlestadt avec son père, qui s'y était établi comme horloger. Il y continua la profession paternelle, tout en devenant canonnier sédentaire de la garde nationale, pendant la Terreur. A peine âgé de dix-neuf ans, il s'y maria avec l'une des plus jolies demoiselles de la ville, qu'il charma, dit son biographe, par son talent de valser. Le jeune ménage fut heureux; mais les résultats matériels de son travail assidu n'étaient pas de nature à lui permettre d'élever les huit enfants qui survinrent sans des moments de gêne assez pénibles à passer. Schwilgué ne pouvait se résoudre pourtant à quitter tout à fait les hautes études scientifiques qui faisaient son bonheur. Après avoir raccommodé de vieilles montres durant la journée, il passait une partie de ses nuits à résoudre des problèmes de mécanique. On nou raconte que chaque fois que la jeune mère donnait le jour à un nouveau bébé, Schwilgué se rendait à Strasbourg, à la librairie de M. Levrault, pour s'y acheter quelque volume nouveau de mathématiques appliquées.

— C'était une prime d'encouragement qu'il se payait à lui même, dit Z... en riant.

— Non, monsieur, répondis-je d'un ton sévère. Il voulait augmenter la somme de ses connaissances, afin de pouvoir mieux doter un jour ses enfants. Ses capacités scientifiques furent bientôt connues. Le sous-préfet de Schlestadt, M. Cunier, ancien ministre protestant à Bischwiller, le nommait en 1808 vérificateur des poids et mesures de l'arrondissement, et dans le cours de la même année le grand-maître de l'Université l'appelait comme régent de mathématiques au collège de la petite ville. Il put alors quitter son établi d'horloger et se vouer tout entier à ses études favorites. Aussi les découvertes ingénieuses se succédèrent-elles rapidement à partir de 1815. Mais, hélas! le moment était mal choisi pour des inventions sans applications directes à la vie journalière. Un instant il crut arriver à une notoriété plus grande, quand il obtint la permission de présenter au roi Louis XVIII un calendrier perpétuel de sa façon, combiné d'une façon vraiment ingénieuse. Mais l'audience qu'il eut aux Tuileries, le 29 octobre 1821, n'avança guère ses affaires. Le roi, touché de l'émotion de l'humble professeur de province — émotion telle qu'il en perdit momentanément l'usage de la parole — lui dit quelques paroles gracieuses; il comprit plus ou moins les explications savantes de son modeste interlocuteur et l'affaire en resta là. Schwilgué ne tira rien de ce voyage coûteux à la capitale qu'un peu de cette eau bénite de cour que les souverains et leurs représentants excellent à donner.

Il ne faut point s'étonner si Schwilgué perdit pour un temps le goût des spéculations abstraites et mit ses connaissances en mécanique au service de l'industrie. Abandonnant sa place au collège de Schlestadt, il vint se fixer dans sa ville natale comme associé de la maison Rollé & Cie, pour la fabrication de bascules. Ces occupations vulgaires lui rapportèrent plus d'argent et d'honneurs que ses calculs astronomiques. Recherchées pour leur précision, ses bascules se vendaient partout et lui valurent en 1835 la croix de la Légion d'honneur, qui lui fut conférée sur la proposition de son compatriote, M. Humann, alors ministre des finances. Mais une célébrité autrement durable allait lui venir d'autre part: Souvent il avait rêvé à sa promesse enfantine de remettre à neuf l'antique horloge des Dasypodius et des Habrecht. Il eut la joie de se voir enfin chargé de cette restauration difficile, souvent annoncée, mais qu'aucune autorité municipale n'avait osé faire entreprendre. C'était vers le mois de juin 1838. Il se mit au travail avec un acharnement qui l'absorba tout entier. Mais aussi quelle surprise générale et quels cris d'admiration quand l'œuvre nouvelle se produisit au grand jour pour la première fois ! Ce fut le 2 octobre 1842 que ce moment arriva; on avait fixé cette date en l'honneur du dixième Congrès scientifique de France qui tenait alors ses séances à Strasbourg. Ce n'était plus là cette vieille horloge du XVIe siècle, plus ou moins raccommodée; c'était un travail astronomique bien autrement compliqué, basé sur les résultats de la science moderne. La foule sans doute, dans son admiration bruyante, s'en tenait aux figures des anges, de la mort, à ce coq, qui charme encore aujourd'hui nos fils et nos petits-fils. Mais les connaisseurs s'extasiaient sur les difficultés de calcul et d'exécution vaincues dans l'établissement de ce calendrier perpétuel, qui pourra fonctionner encore dans un millier d'années, si la matière dont ses rouages sont faits résiste à la lente usure des temps. Tout le Strasbourg officiel, savant, artistique, industriel s'unit pour offrir ses hommages à l'heureux inventeur, dans une grande fête de nuit, célébrée le 31 décembre 1842. Ce fut assurément le plus beau jour dans la vie du laborieux vieillard que celui où les sommités de l'administration, de l'armée, de l'académie, groupées autour de son œuvre, virent pour la première fois s'opérer devant leurs yeux la mutation des rouages marquant une année nouvelle. Quand Mgr Rœss eut béni cette horloge que, soixante ans plus tôt, l'enfant jurait de reconstruire un jour, un immense cortège aux flambeaux conduisit Schwilgué à l'Hôtel-de-Ville, et des hymnes, composés en son honneur, furent chantés au bruit des fanfares militaires.

— Je me rappelle encore comme d'hier les vers de Lamey, interrompit Z..., car j'aidais à chanter. C'est que j'ai fait partie, moi aussi, des orphéons d'Alsace !

— Ces honneurs n'éblouirent point Schwilgué. Il resta simple et modeste dans ses goûts, voué tout entier au travail. L'aisance était venue, lui permettant de s'abandonner sans soucis à ses recherches scientifiques. Il voyait ceux de ses fils, qui vivaient encore, prospérer à leur tour et, se détachant par suite de plus en plus des préoccupations extérieures, il s'absorbait tout entier dans ses problèmes de mécanique. Un jour — c'était en 1849 — son fils vint lui raconter tout ému que les Prussiens occupaient Kehl, à la suite de l'insurrection badoise qu'ils venaient d'étouffer. L'agitation était grande à Strasbourg. Le vieillard écouta le récit d'un air indifférent et calme, et n'y donna d'autre réponse que ces mots : « L'encre que tu m'as achetée hier pour mes calculs est décidément mauvaise ; il m'en faut de la meilleure ! »

— Cela dépasse encore le calme d'Archimède et l'anecdote de ses petits cercles tracés dans le sable, fit en riant le docteur. Heureusement que le monde n'est pas peuplé seulement de contemplatifs pareils. Qui donc ferait les guerres et les révolutions ?

— Sont-elles absolument nécessaires ? répliqua le notaire ; pour ma part....

— Vous discuterez cette question-là tout à l'heure, messieurs ; mais d'abord laissez-moi finir. Ce ne sera plus long. Les derniers jours de Schwilgué furent tristes. Sa vue baissait ; bientôt il dut renoncer à travailler à la solution de ses chers problèmes, qui étaient sa vie à lui et le préoccupaient plus que les hochets extérieurs dont on le décorait malgré lui, comme la croix d'officier, que lui valut une visite du prince Napoléon à Strasbourg. Un dernier coup l'acheva. L'aîné de ses fils, inspecteur général des ponts et chaussées, commandeur de la Légion d'honneur et conseiller général du Bas-Rhin, mourut subitement en novembre 1855. Les autres enfants essayèrent de lui cacher cette triste nouvelle, dont l'effet devait être désastreux à son âge et dans son état de santé. Pendant de longs mois il se joua autour du vieux père, presque aveugle, une navrante comédie, mais la vérité se fit jour à la fin. Il la devina, il exigea qu'on la lui fît connaître ; et quand il l'eut sue, on peut dire qu'il en mourut. Après avoir langui pendant quelque temps encore, il s'éteignit le 4 décembre 1856, à l'âge de plus de quatre-vingts ans, heureux de n'avoir plus à vivre, de n'avoir plus à souffrir.

XXXII.

— Que vous le désiriez ou non, messieurs, nous devons nous replonger maintenant dans les ténèbres du passé. Ce n'est pas à moi qu'il faut s'en prendre de ces pérégrinations lointaines, mais à l'édilité strasbourgeoise. Désireuse de payer un tribut de reconnaissance à tous les grands artistes, successivement occupés à l'embellissement de notre cathédrale, elle a concentré leurs noms sur cette étroite langue de terre, ce qui nous oblige à les faire défiler devant nous, l'un à la suite de l'autre, sans qu'il nous soit loisible d'interrompre à volonté cet imposant cortège. En continuant à remonter aujourd'hui les échelons réguliers qui traversent, sous forme de rues, le terrain de l'Ile Sainte-Hélène, nous avons à franchir tout d'abord une étape d'importance, au point de vue chronologique s'entend. De Schwilgué à Hültz le pas est considérable. Ils sont séparés par quatre siècles au moins, et malheureusement pour les historiens, ces quatre siècles ont suffi pour amonceler autour du nom de Hültz les données les plus contradictoires. Ce que je vous disais d'Erwin a dû vous faire voir qu'il n'était pas facile de débrouiller l'écheveau confus de nos vieux chroniqueurs. Eh bien, l'histoire d'Erwin me paraît lucide en comparaison de la légende qui s'est formée au sujet du maître de Cologne. Specklin, dans ses *Collectanées*, raconta le premier que Jean Hültz, de Cologne, fut le successeur de Jean, fils d'Erwin, comme architecte de l'Œuvre-Notre-Dame et qu'il prit la maîtrise vers 1365 environ. Cependant on savait déjà de son temps qu'un Jean Hültz, également natif de Cologne, avait terminé la flèche de la cathédrale en 1439, et qu'il était mort environ dix ans plus tard. Quelle que fût la confiance inspirée par l'honorable ingénieur aux premiers historiens de la cathédrale, ils ne pouvaient admettre cependant qu'il était question dans ces deux données d'un seul et même personnage. On n'est pas architecte en exercice pendant quatre-vingt-cinq ans, même au XIV° siècle, plus près que le nôtre de la bienheureuse époque où vivait Méthusalem. Il s'est alors formé deux camps parmi ceux qui ont examiné de plus près ce petit problème d'archéologie locale. Les uns se sont bornés à dire que Specklin se trompait et qu'il avait embrouillé, comme en mainte occasion semblable, les renseignements fragmentaires d'une époque antérieure. Les autres, plus naïfs ou plus respectueux de toute donnée traditionnelle, ont tâché d'arranger les choses, en affirmant qu'il y eut *deux* Hültz, un vieux et un jeune, dont le premier aurait vécu vers 1365 et aurait dirigé la construction des deux tours jusqu'à la hauteur de la plate-forme actuelle, et dont l'autre aurait terminé la flèche soixante-quinze ans plus tard. Des hommes distingués, Sulpice Boissérée, Merlo, Nagler, ont successivement soutenu cette thèse, que notre compatriote Ch. Gérard défend également dans ses *Artistes d'Alsace au moyen âge*. Pour moi, je vous avouerai, messieurs, que je ne saurais partager cet avis. Je n'ai qu'à regarder notre Hôtel-du-Commerce actuel, pour voir que Specklin était un excellent architecte. Mais aussi je n'ai qu'à parcourir les fragments sauvés de ses *Collectanées* pour me convaincre qu'il manquait absolument de sens critique. C'est ce qu'aurait péremptoirement démontré le recueil de ses fragments épars, préparé par ce pauvre Albert Courvoisier, le jeune pasteur de Saint-Pierre-le-Vieux, mort il y a quelques semaines, et qui, depuis des années, travaillait à ce volume dont la publication serait bien utile aux historiens de l'Alsace. Or, aucun des arguments avancés pour établir l'existence d'un *vieux* Hültz, à côté de celui qui fut réellement maître de l'Œuvre de 1419 à 1449, ne repose sur des bases plus sérieuses que les citations empruntées à Specklin. Pour moi, il n'existe qu'un seul Jean Hültz, de Cologne ; c'est l'architecte hardi qui mit au sommet de la tour octogone, déjà construite par ses prédécesseurs, cette svelte pyramide, travaillée presque à jour, surmontée dans ces temps-là d'une colossale image de la Vierge, et que nous admirons encore aujourd'hui. Il eut ainsi l'honneur de mener à bonne fin l'œuvre commencée par Wernher, plus de quatre siècles auparavant. Et si l'on peut reprocher à son œuvre de manquer un peu de cette sévérité, de cette pureté de style qui caractérise d'autres parties de l'édifice, il faut avouer pourtant que cette flèche aiguë, s'élançant fièrement dans l'espace, est d'un effet saisissant et grandiose. Elle l'est surtout parce que, solitaire, elle domine, au loin, la ville entière et ses monuments les plus élevés. On ne peut assez s'étonner que l'idée de doubler cette flèche, et de lui donner une compagne, ait germé dans des âmes naïves et bien intentionnées à coup sûr....

— On a dit qu'il fallait bien donner du travail aux ateliers organisés à Cologne, maintenant que le dôme de cette ville est enfin terminé, murmura Z... avec une grimace significative.

— Pardon, mon ami; je n'insinue rien de pareil. Je dis que les promoteurs de ces projets soulevés naguère étaient à coup sûr bien intentionnés, mais j'ajoute qu'au point de vue de l'art, c'étaient de vrais barbares, et j'ai été heureux de voir que tous ceux qui parmi nous entendaient quelque chose aux questions d'esthétique, se sont trouvés d'accord pour repousser une idée pareille. J'ai applaudi en particulier à la vigoureuse protestation du Comité des monuments historiques d'Alsace et de son président, M. le chanoine Straub. Indigènes et immigrés s'y sont trouvés d'accord pour étouffer dans son germe cette bizarre tentative, dont le résultat le plus certain serait de défigurer absolument notre vieille cathédrale et de lui ôter ce cachet original qui la rend unique en Europe.

— Tudieu! comme vous y allez, fit en riant le docteur. Je ne conseillerais pas à ces faiseurs de projets de se frotter à vous, tant vous semblez monté!

— Notre bon M... n'a pas tort, dit le notaire. Moi aussi, j'ai été choqué dans le temps par cette campagne entreprise dans certaines feuilles d'outre-Rhin et par cette prétention de nous imposer leur manière de voir, pour des motifs que je veux m'abstenir de scruter. Nous trouvons notre cathédrale suffisamment belle, comme elle est; qu'on la laisse en repos et nous avec elle!

— Maintenant, messieurs, continuais-je, autant pour détourner une conversation qui menaçait de s'égarer loin du terrain archéologique que pour arriver plus vite à la fin de ma tâche quotidienne, maintenant nous passons à la rue suivante, la rue Juncker. Je dis la *rue Juncker*, mais je ne saurais trop que répondre à qui préférerait la traduction de *rue des damoiseaux* ou de *rue des gentilshommes*. Vous allez voir en effet dans quelle situation fâcheuse je me trouve en présence de cette voie de communication nouvelle. Dans l'histoire de Hültz la légende embarrassait la critique, en dédoublant le personnage. Dans la légende des Juncker de Prague — car on ne peut parler ici d'histoire — les personnages se multiplient, s'effacent, changent de siècle et d'activité avec une facilité bien plus remarquable encore, et quand on a bien cherché, bien examiné, bien comparé tous les renseignements traditionnels, on est à se demander de quelle manière la légende a pu prendre naissance. C'est encore au vieux Specklin que remonte l'honneur équivoque d'avoir le premier nommé les artistes praguois, auxquels cette rue doit son nom. Il raconte que, vers 1365, la tour de la cathédrale fut terminée jusqu'aux quatre tourelles; le reste, ajoute-t-il, fut construit par les deux damoiseaux de Prague et Jean Hültz, de Cologne. Il leur faisait donc partager le mérite du travail qu'on impute d'ordinaire à ce dernier maître seulement. Cette opinion, Specklin ne l'a point inventée, je m'empresse de le dire. Vers le temps où il rédigeait ses *Collectanées* en 1565, on frappait à Strasbourg une médaille assez grossière, représentant de face trois cavaliers avec la légende *Die drei Junckhern von Brag*, et de l'autre la cathédrale, avec l'inscription latine *Turris Argentoratensis*. Cette pièce est devenue fort rare, mais j'ai eu l'occasion moi-même, il y a bien longtemps déjà, d'en voir un exemplaire dans la collection numismatique de feu M. Himly, le regretté pasteur de notre paroisse française de Saint-Nicolas. Longtemps on n'a pas su ce que signifiait cette médaille, et M. de Berstett, le savant numismate badois, avait même eu la singulière idée de voir dans les trois cavaliers, trois messieurs Brackenhoffer. Aujourd'hui tout le monde est d'accord pour admettre qu'on a voulu célébrer de la sorte, en 1565, le deux centième anniversaire de la date de 1365, date que la légende marque comme point de départ des travaux, soit de Jean Hültz-le-Vieux, soit des damoiseaux de Prague. Seulement cette médaille commémorative, curieuse en elle-même, ne prouve absolument rien, sinon l'existence même de la légende, deux siècles après l'apparition tout à fait hypothétique de ces architectes parmi nous. Aussi n'est-ce point sur ce document douteux que se sont appuyés les défenseurs les plus récents des damoiseaux de Prague. On a prétendu avoir retrouvé leurs noms dans les comptes de l'Œuvre Notre-Dame, sans que jamais ces pièces aient pu être produites.

Un écrivain berlinois, M. Adler, architecte de mérite, a récemment encore soutenu que les Juncker avaient été maîtres de l'Œuvre, de 1404 à 1420 (un demi-siècle après la date que leur assignait Specklin); il a même cru pouvoir démêler les parties de la tour octogone, élevées par leurs soins. Mais nous avons la liste complète des maîtres de l'Œuvre pour tout le XV⁰ siècle et les Juncker ne sauraient donc y trouver une place. Un autre écrivain, caché sous le pseudonyme de J. Seeberg, a écrit également, il y a quelques années, tout un petit volume sur ces mêmes artistes, pour revendiquer leur place dans la série des architectes de la cathédrale et pour établir leur filiation avec la famille des barons de Junker, existant encore dans le Haut-Palatinat. Je n'ai pas la folle prétention de vouloir réfuter devant vous un homme du métier sur une question dans laquelle ma compétence personnelle est nulle. Mais enfin, quelque étranger que l'on soit à ces matières, on a toujours son petit jugement à soi, pour apprécier les arguments des autres. En présence de la discussion de M. Xavier Kraus dans son grand ouvrage sur les *Antiquités et monuments d'art en Alsace-Lorraine*, après avoir mûrement pesé tous les arguments produits de part et d'autre, je veux bien admettre qu'il y ait eu dans la seconde moitié du XIV⁰ siècle des architectes, célèbres en Bohème, en Silésie et dans le Haut-Palatinat, qui furent désignés généralement par leurs contemporains sous le nom des *Jun-*

ker de Prague. Je ne saurais affirmer si ce fut là leur nom de famille ou si, comme on l'admet de préférence aujourd'hui, ce fut uniquement la désignation de leur origine nobiliaire, leur nom patronymique restant inconnu. Une chose me semble absolument certaine, grâce aux recherches du savant archéologue de Fribourg, c'est que rien ne permet de rattacher les damoiseaux de Prague à notre histoire locale, à leur attribuer une part quelconque à la construction de notre cathédrale. C'est un honneur immérité que celui dont on les fait jouir aujourd'hui. Je ne demande pas la tête des coupables, je ne demande pas que cette usurpation, bien involontaire de leur part, soit comptée comme un crime aux artistes tchèques. Elle ne fait tort, au fond, à personne. Mais le jour où notre futur conseil municipal se verrait en peine de quelque rue vacante pour honorer la mémoire d'un citoyen notable de notre ville, qu'il n'éprouve aucun scrupule à déloger ces intrus, car il ne fera qu'acte de justice !

XXXIII.

— Encore du moyen âge, cher ami ? Toujours du moyen âge! fit le docteur d'une voix plaintive, quand j'eus marqué du doigt sur mon plan le but de notre promenade hebdomadaire.

— Hélas, oui, docteur ; mais patientez un peu, je vous prie. C'est bien aujourd'hui pour la dernière fois que nous fréquentons ces architectes du temps jadis, et quand nous aurons passé la rue Sabine, rien ne nous ramènera, je le jure, dans ce quartier qui leur est tout particulièrement voué. Vous la voyez ici, en descendant le cours de la rivière, cette rue Sabine qui rattache la rue Tauler à la rue Ohmacht, l'éloquence religieuse à l'art profane, sous l'égide d'une femme qui réunissait, nous dit-on, la piété de l'un et l'art exquis de l'autre. Je ne vous le dissimulerai pas, messieurs, pour en finir avec ce chapitre, il y a bien encore un rude coup de collier à donner. Que de légendes douteuses nous allons rencontrer ici, en causant de cette Sabine de Steinbach, la fille du grand Erwin, qui, de son ciseau puissant, orna l'œuvre de son père ! Il n'en est point parmi vous, j'en suis sûr, qui ne sache ou ne croie savoir que c'est elle qui sculpta les belles statues ornant le portail du transept méridional, celui par lequel entre encore aujourd'hui la foule curieuse de contempler les ingénieux mécanismes de Schwilgué. Car c'est bien là ce que la tradition nous raconte. C'est d'après ces données que le crayon de J. Klein a tracé son Erwin mourant, soutenu par le bras de sa fille. C'est cette vierge artiste que Louis Spach a chantée comme une espèce d'ange tutélaire. C'est elle que l'auteur anonyme qui signait, il y a vingt-cinq ans, ses romans du nom de C. de Trois-Ponts, a dépeinte dans sa nouvelle *Sabine la sculptrice*. Voici pourtant trente-deux ans déjà que Louis Schnéegans a démontré jusqu'à l'évidence que rien ne rattache Sabine à maître Erwin ; mais la légende, autrement vivace que l'histoire, ne risque pas de perdre sitôt racine. Nul doute que l'arrêté municipal lui-même, bien qu'il ne touche en rien cette filiation légendaire, ne contribue pour sa part à la graver plus avant dans les mémoires, en plaçant la rue Sabine dans le voisinage de la rue d'Erwin. Quoiqu'en aient dit les savants, nous ne sommes pas prêts de voir disparaître de nos souvenirs locaux cette fille apocryphe du grand architecte dont je vous ai parlé.

— Mais savez-vous bien, mon cher monsieur, que vous êtes un démolisseur effroyable ! fit le notaire d'un air un peu penaud, un véritable iconoclaste.

— ... Un nihiliste, ajouta le docteur, mais en riant, car on n'ignore pas que les enfants d'Esculape sont partisans d'ordinaire des solutions radicales.

— Mais vous ne laissez rien subsister de tout ce que je croyais savoir, continua le notaire, sans s'arrêter à répondre à l'interrupteur. Où en arriverez-vous avec cette critique à outrance ? A ce compte, êtes-vous bien sûr d'exister vous-même ?

— Pour cela, oui, mon cher monsieur. Je figure dans les registres de notre état civil, à la fois dans la série des naissances et dans celle des mariages. J'y figure à propos de la naissance de mes enfants ; j'y figurerai tôt ou tard sous la rubrique des décès. J'admettrai volontiers l'authenticité de tout personnage qui présentera des garanties pareilles. Malheureusement les autorités du moyen âge n'avaient point encore songé à fixer de la sorte les moments les plus importants de notre existence. Il faut bien que nos aïeux supportent aujourd'hui les conséquences de ce petit oubli. D'ailleurs, où vous emportent vos craintes exagérées ? Notre cathédrale vous semblera-t-elle moins imposante quand on en aura détaché trois ou quatre écussons d'artistes, mal à propos accrochés à ses ogives ou à ses tourelles ? Quand on renverra dans le néant quelques personnages imaginaires qui ne doivent l'existence qu'à une bévue chronologique ? La lutte héroïque des Suisses à Morgarten vous paraît-elle moins glorieuse depuis que nous savons que Gessler n'a jamais existé, que Guillaume Tell est le produit d'une pure légende ? Etes-vous incapable d'apprécier le dévouement des guerriers de Léonidas aux Thermopyles, puisque nous ne possédons pas le catalogue de leurs noms ? Débarrassons-nous une bonne fois de ces craintes un peu puériles ; ne poussons pas ces cris de paon légèrement ridicules, chaque fois qu'on touche autour de nous à quelque parcelle de la légende. Aussi longtemps que nous n'apprendrons pas à rechercher la vérité pour elle-même, à la regarder en face, nous ne serons pas dignes d'être des hommes libres. Croyez-moi, c'est là une vérité qui n'est pas applicable seulement à l'architecture religieuse du moyen âge.

Je ne vous ai pas dit d'ailleurs, mon cher notaire, continuai-je d'un ton plus rassis, qu'il n'y a jamais eu de Sabine. Je me suis inscrit en faux contre la tradition relativement moderne — car elle ne remonte qu'à Specklin — faisant de cette statuaire une fille d'Erwin de Steinbach. Voilà tout. Il existait autrefois, parmi les sculptures ornant le portail vis-à-vis du château, une série de figures à peu près toutes détruites, en 1793, par la main des Vandales, qui saccagèrent alors l'édifice sacré. Parmi ces statues s'en trouvait une d'un apôtre — Specklin et Schad veulent que c'ait été saint Jean, mais cela même est faux — qui tenait entre ses mains une longue banderolle, un phylactère, pour employer le terme technique. Sur cette banderolle se lisait.... Puis-je citer en latin ?

— Citez toujours, si le diable vous tente, fit Z...; nous serons quittes pour n'y rien comprendre.

— Croyez bien, mon cher ami, que je ne cherche point à vous éblouir par une érudition d'emprunt. Je voulais vous citer seulement le texte original pour vous mieux faire toucher du doigt, pour ainsi dire, comment se forment les légendes. Puisque personne ne s'y oppose, les voici :

Gratia divinæ
Pietatis adesto Savinæ
De petra dura
Per quam sum facta figura.

Ce qui pour tout élève passable de Troisième signifie :

Que la grâce et la miséricorde divine
Soient avec Savine,
Par laquelle de pierre dure
Fut faite ma figure.

Excusez la barbarie de ce quatrain, qui rend au moins avec fidélité la physionomie des vers latins également barbares. Aujourd'hui la statue et l'inscription qu'elle tenait, ont péri toutes deux. Nous ne les connaissons que par les récits de Schad, de Schilter et de Grandidier, et par la gravure d'Isaac Brunn, accompagnant le *Münsterbüchlein* du pasteur de Saint-Pierre-le-Vieux. Mais enfin je l'accepte comme authentique. J'accorde encore avec Schnéegans que les autres figures autour de ce portail, et particulièrement les statues du Judaïsme et du Christianisme que vous pouvez admirer encore aujourd'hui, sont dues au même ciseau que l'apôtre de Savino. J'admets même, bien que cela soit peut-être téméraire, qu'il y ait eu, dès le XIIIe siècle, des artistes féminins, maniant le marteau du sculpteur au service de la foi religieuse et que le nom de Savino était bien réellement le nom de *l'auteur* et non pas de la *donatrice* de cette statue. Qu'en ressort-il pour la critique? C'est qu'à une époque non encore clairement déterminée une Savino — ou Sabino — quelconque, sculpta des statues pour la cathédrale de Strasbourg. Si j'en crois les juges les plus compétents, un Louis Schnéegans, un Xavier Kraus, le style de ces sculptures est en tout cas de beaucoup antérieur à l'époque où vécut Erwin Schnéegans, pour sa part, estimait que Sabino était d'un siècle environ son aînée.

— Mais, comment diable, on a-t-on pu faire alors sa fille? exclama le docteur.

— Eh bien, voici ce qui donna lieu à la légende. Vous verrez quelles peuvent être les conséquences d'un contre-sens dans une version. Specklin, le premier, parla de Sabine comme d'une fille du grand architecte ; le premier aussi, il nous conserva les deux vers léonins cités tout à l'heure. Comment les interprétait-il ? Nous ne savons au juste. Il est possible que, lui aussi déjà, y ait puisé le germe de son récit. Mais il ne le dit pas, non plus que Schad. C'est Schilter, le savant professeur à l'Université de Strasbourg, l'éditeur de Kœnigshoven, l'auteur de si nombreux volumes écrits en latin, c'est Schilter, dis-je, qui a bravement combiné les mots *de petra dura* — taillée dans la pierre dure — avec le nom de Sabine, et, supprimant la virgule, il a traduit *Savinæ de petra dura*, ce qui signifierait tout au plus *Sabine de Hartenstein*, par.... Sabine de Steinbach !

— C'est un peu fort pour un universitaire, murmura le notaire.

— Et voyez un peu avec quelle facilité se perpétuent les erreurs quand elles ont une fois passé par une bouche autorisée ! Après le savant professeur Schilter, voici venir le non moins savant abbé Grandidier. Lui aussi copie l'inscription du portail ; et cet archiviste épiscopal, si expert pourtant à manier les vieux parchemins, traduit à deux reprises le texte comme son prédécesseur, et nous affirme que le nom de Steinbach se retrouve sur la pierre. Vous comprenez qu'avec des garants si notables, on ne s'avisa plus d'y regarder de plus près. Les mutilations opérées par la Terreur rendirent bientôt d'ailleurs toute vérification impossible. Il resta donc avéré pour tout le monde que le nom de Sabine de Steinbach s'était trouvé jadis inscrit sur les flancs de notre cathédrale ; ce fut comme une de ces réalités invisibles qui nourrissent la foi. Seulement l'histoire de l'art relève, non pas de la foi, mais de la science et même un peu de la grammaire. Enlevez la faute de construction de Schilter, et la fille d'Erwin de Steinbach s'évanouit avec elle. Je suis fâché pour vous, cher notaire, qu'il en soit ainsi, mais cela est.

— Enfin, Sabine au moins est sauvée, dit philosophiquement le père Z...., en décrochant sa vieille casquette de loutre. C'est une consolation pour les âmes tendres, et nous en serons seulement réduits à nous la figurer plus vieille d'un siècle, ce qui m'est parfaitement égal !

XXXIV.

— De tous ces souvenirs antiques, apocryphes ou réels, mais en tout cas passablement oubliés du Strasbourg d'aujourd'hui, et vers lesquels nous a poussés le caprice de notre itinéraire officiel, nous revenons aujourd'hui vers la lumière du XIXe siècle et vers des figures un peu moins effacées devant nos yeux.

— Dieu soit loué! s'écria le père Z.... d'un élan de si naïve gratitude, que nous partîmes tous d'un violent éclat de rire et que je dus m'arrêter un moment.

— Nous arrivons, messieurs, à la rue nouvelle qui prolonge la rue Sabine jusqu'à la place de Schiltigheim. Elle a reçu le nom de rue Ohmacht, en mémoire du sculpteur le plus remarquable que Strasbourg ait possédé dans le cours de ce siècle.

— Et Grass, vous ne le comptez pas? s'écria le docteur.

— Et ce bon Friedrich? demanda le notaire.

— Je ne veux faire assurément tort à personne. J'ai toujours honoré le patriotisme et le désintéressement de Friedrich, et peut-être est-ce précisément pour ce motif que je veux m'abstenir de juger ici ses estimables efforts au point de vue de l'art pur. Quant au créateur de *Suzanne au bain*, au sculpteur d'*Icare* et de la *jeune Bretonne*, j'espère bien qu'il aura quelque jour sa rue dans le nouveau

Strasbourg, mais il ne saurait se plaindre
d'avoir à prendre rang derrière un maître
comme Ohmacht, qui d'ailleurs était de beaucoup son aîné.

Landelin Ohmacht n'était pas un enfant de
l'Alsace. Il était né le 11 novembre 1760 dans
un petit village, aux environs de la ville de
Rothweil, dans le Wurtemberg actuel. Ses
parents étaient d'humbles paysans, qui employaient leur gars à surveiller le bétail aux
champs. Mais le jeune pâtre se préoccupait
alors déjà de sculpter des figurines avec un
mauvais couteau ou de mouler des bonshommes en terre glaise. Pendant ce temps,
les ruminants livrés à eux-mêmes tondaient
le pré du voisin. De là des scènes bruyantes,
voire même des appels en justice, qui se terminaient d'ordinaire par une bonne raclée
sur le dos du pauvre Landelin. Heureusement
pour lui, le digne bourguemestre de Rothweil, nommé Gasser, vit ces ébauches encore
informes et s'y intéressa. Sur ses conseils et
avec son concours pécuniaire, l'enfant fut
mis en apprentissage à Triberg, chez un des
sculpteurs ou *Hergœttlischnitzer*, qui abondent encore dans la Forêt-Noire et les Alpes
bavaroises. Quand il y eut appris tout ce qu'il
y pouvait apprendre, le jeune Ohmacht eut le
bonheur de pouvoir entrer comme élève chez

un sculpteur de talent, doublé d'un honnête homme, nommé Melchior, établi à Franckenthal, dans le Palatinat. Celui-ci le garda chez lui gratuitement pendant quatre années et en fit un véritable artiste. Quand il eut achevé sa période d'études, il se rendit d'abord en Suisse, où il se lia avec Lavater, puis il partit pour l'Italie, dont il rêvait depuis longtemps de visiter les richesses. Il y resta pendant deux ans, de 1790 à 1792, s'y perfectionnant par l'étude assidue des monuments antiques, et s'y liant avec Canova, dont il sut atteindre parfois l'exquise délicatesse. Il revint enfin pour exercer son art au delà des Alpes et commença par épouser, en âme reconnaissante, la petite-fille du vieux bourguemestre de Rothweil, auquel il devait d'être un artiste. Il habita successivement Mayence, Francfort et Dresde, pour y exécuter d'importants travaux. A Hambourg, il fit le médaillon du vieux Klopstock, dont il devint l'ami. En 1798 il se vit appelé à Rastatt par un diplomate allemand pour y faire le buste du général Bonaparte. Mais il arriva quelques jours trop tard; le jeune héros de la campagne d'Italie venait de quitter le Congrès.

C'est en 1801 que nous le voyons arriver à Strasbourg, pour y travailler au monument érigé, sur la route de Kehl, à Desaix par l'armée du Rhin. C'est le plus connu, mais non certes le plus remarquable de ses travaux. Disons pourtant qu'il n'est que l'auteur des bas-reliefs et qu'on ne saurait le rendre responsable de l'immense casque dont était coiffé le cénotaphe et qu'on vient de remettre en place naguère. Notre ville lui plut. Il y trouva des admirateurs et des amis dont il ne put se résoudre à se séparer plus tard. Aussi se fixa-t-il bientôt d'une façon définitive dans nos murs, et consacra-t-il désormais son talent à l'embellissement de nos églises et de nos monuments publics. C'est au ciseau d'Ohmacht que sont dû les Muses placées sur la corniche du théâtre et si fortement ébréchées en 1870 par les projectiles ennemis. J'admire encore davantage certains de ses nombreux monuments funéraires, celui de l'historien Koch, d'un style si gracieux et si pur, dont je vous ai déjà parlé; celui du philologue J. J. Oberlin, tous deux à Saint-Thomas ; celui de Blessig au Temple-Neuf, miraculeusement respecté par les flammes du 24 août 1870. Il en est beaucoup d'autres encore que je pourrais citer. La plupart des hommes qui marquèrent à Strasbourg, de 1810 à 1830, ont vu leurs traits reproduits par notre artiste. Je vous nommerai seulement les beaux bustes de Lézay-Marnésia et de Frédéric de Turckheim.

Mais toutes ces productions de son ciseau, quelque méritoires qu'elles soient, ne sauraient nous donner une idée de la haute valeur artistique d'Ohmacht. Malheureusement ses chefs-d'œuvre ne sont pas restés parmi nous et nous sommes empêchés de la sorte de l'apprécier par nous-mêmes. Une de ses plus célèbres statues, sa *Flore*, est dans le parc du comte de Chevigné, près de Reims, placée sur la tombe de Castel, l'auteur du poëme des *Plantes*. Son *Jugement de Pâris*, grand groupe de quatre figures, se trouve dans le Jardin royal de Munich. Sa *Vénus*, cédée à un amateur parisien, a été revendue plus tard pour trente mille francs à quelque grand de Portugal. Le *Neptune*, qu'il avait sculpté pour la grande pièce d'eau de la Meinau, la campagne de Schulmeister, ce célèbre espion de l'empereur, a été acquis par M. Fréd. Hartmann et orne encore, sans doute, le parc des descendants du grand industriel de Münster. Les connaisseurs, assez heureux pour l'avoir encore vue, citent surtout avec une admiration sans réserve une *Hébé*, représentée à genoux, bras et jambes nus, tenant d'une main sa coupe et levant un vase de l'autre, admirable de sentiment naïf et du classique le plus pur. Je ne saurais malheureusement vous dire ce qu'elle est devenue.

Toujours modeste et toujours laborieux, Ohmacht passa de la sorte de longues années, jouissant des joies simples de la famille, apprécié de ses nouveaux compatriotes, aimant à s'entourer des créations de son ciseau dans son modeste intérieur de la rue du Dôme, vrai centre artistique du Strasbourg d'alors. Mais ses dernières années furent obscurcies par bien des souffrances. La mort lui ravit la plupart des siens ; puis la paralysie vint le frapper et le condamna, tout vivant, à l'inaction la plus cruelle. Il fut soigné de la façon la plus dévouée par sa fille Sophie, qui avait épousé M. Gros, officier d'administration, en garnison à Strasbourg, et qui seule lui restait de sa famille. Il n'en attendit pas moins l'heure suprême avec une certaine impatience, s'y préparant chaque jour par la lecture de l'*Imitation de Jésus-Christ*. Il fut enfin délivré de ses souffrances le 31 mars 1834, et deux jours plus tard, le long cortège de ses admirateurs et de ses amis l'accompagnait à sa demeure dernière, au cimetière de Saint-Urbain. Je m'y suis promené naguère pour y rechercher sa tombe. Est-ce simplement maladresse de ma part? Je n'en ai point retrouvé la trace. Il serait bien regrettable pourtant que les cendres d'un si grand artiste aient été jetées au vent ou abandonnées par l'incurie publique, sans même qu'une simple pierre marque le lieu où repose celui que David d'Angers, cet autre grand maître, appelait avec respect « le Corrège des statuaires ».

Ce qui est plus triste encore, messieurs, c'est que la dernière représentante de sa famille, cette Sophie qui l'avait entouré d'un dévouement à toute épreuve, eut à subir plus tard de grands revers de fortune. En avril 1853, elle vint à Paris pour solliciter du gouvernement impérial l'autorisation de mettre en loterie les dessins et les marbres légués par son père et pieusement conservés jusque-là. Au moment où cette demande allait être accueillie, la malheureuse se mourait à l'Hôtel-Dieu. Les journaux qui mentionnèrent cette fin si navrante dans leurs faits divers, ajoutaient qu'elle laissait un jeune fils. Qu'est-il devenu ? Que sont devenues toutes ces œuvres exquises, délaissées par l'éminent sculpteur et dont la nomenclature seule nous est parvenue dans un sec procès-verbal ? Il y a là, ce me semble, un travail bien intéressant à faire pour un jeune artiste strasbourgeois, doué de quelque esprit critique et jouissant de loisirs suffisants. Raconter la vie, réunir l'œuvre éparse de Landelin Ohmacht, la décrire et la juger, ce serait une tâche, difficile à coup sûr, mais également instructive, et qui présenterait presque de nos jours le charme de l'inédit. Ce serait aussi un travail de piété filiale envers notre vieille cité strasbourgeoise, à laquelle on restituerait de la sorte, dans la mesure du possible, les créations si touchantes d'un des mieux doués parmi ses fils adoptifs.

XXXV.

— Je vous invite pour ce soir à une véritable promenade, qui vous dérouillera quelque peu les jambes, car, depuis des semaines, nous n'avançons guère au point de vue topographique. Descendons, si vous le voulez bien, depuis la place de Schiltigheim, où nous sommes parvenus, en suivant une ligne oblique, à travers la rue Oberlin, que nous connaissons déjà, vers la rue du *Roseneck*, qui la continue, depuis la rue des Vosges jusqu'au quai de la Finckmatt. Cette artère nouvelle tire son nom d'un bastion formidable établi à la droite de la porte de Pierres, dans le courant du XVIe siècle. Le devait-il aux roses, ce nom, si poétique en apparence, de Roseneck? On nous parle, il est vrai, d'un emplacement appelé le *Rosengarten*, situé au delà de la rue de la Soupe-à-l'Eau actuelle et présentement occupé par la caserne de la Finckmatt. Mais j'ai quelque peine à croire que nos ancêtres du XV⁰ et du XVI⁰ siècle aient donné des noms aussi idylliques que cela, aux terrains environnant la ville. Si j'avais le droit de proposer modestement une hypothèse aux érudits locaux, je dirais que la forme primitive de ce nom doit avoir été Rosseneck, et, vu la proximité du Waseneck dont nous avons déjà parlé, c'était peut-être tout simplement l'endroit où l'on conduisait les vieux chevaux hors de service, avant de les livrer à l'équarrisseur de la ville.

— En ce cas l'on pourrait dire que c'est vraiment par antiphrase que lui est venu le nom de « Coin aux roses », dit en riant le docteur.

— Les premiers travaux entrepris au Roseneck en 1508 furent de peu d'importance. On les reprit en 1542, lorsque Charles V préparait contre François I⁰ʳ sa dernière campagne, terminée par le traité de Crespy. Pour protéger la ville du côté de Schiltigheim, alors déjà désigné comme front d'attaque probable, on aplanit, au dire de Sébald Bübler, une partie du *Schilkemer Buckel,* et l'on employa les terrains enlevés de la sorte à exhausser les remparts. On interrompit sans doute ces travaux coûteux quand le danger cessa d'être imminent. Car, en 1578, nous voyons Daniel Specklin, nommé ingénieur de la ville l'année précédente, remanier encore une fois tout ce massif de fortifications, pour le rendre plus inexpugnable. Au XVIII⁰ siècle le nom du Roseneck a disparu. De même que le modeste *Finckmættel* du XVI⁰ siècle a englouti le *Rosengarten* y attenant, de même ces constructions militaires ont été absorbées par les ouvrages de la Finckmatt. Aujourd'hui ces nouveaux bastions et ces remparts disparaissent à leur tour, et la caserne, plus moderne encore, les suivra sans doute dans un avenir prochain. Les noms de la rue du Roseneck et du quai de la Finckmatt resteront seuls alors pour rappeler aux générations futures toute une importante section des travaux de défense de notre vieux Strasbourg.

— De quel côté dirigerons-nous maintenant nos pas? demanda le notaire, voyant que je reprenais haleine en dégustant le broc mousseux déposé devant moi.

— Nous resterons dans le voisinage, cher monsieur. Vous pensez bien que ce n'est pas uniquement pour les beaux yeux du Roseneck que nous sommes revenus dans ces parages. Tout près de là, nous rencontrons en effet le quai de Sturmeck, qui fait suite à celui de la Finckmatt et dont nous avons encore à parler. Faisant face au quai Schœpflin, à proximité de nos grandes places présentes et futures et de nos plus belles promenades publiques, ce sera quelque jour un des plus recherchés parmi nos nouveaux quartiers. Puissent les constructions qui s'y élèvent, le rendre digne des grands souvenirs qu'il rappelle ; car c'est en l'honneur du plus célèbre des hommes d'Etat de notre ancienne république qu'il a reçu le nom de quai de Sturmeck.

Jacques Sturm de Sturmeck naquit à Strasbourg, le 10 août 1489, d'une des plus vieilles familles patriciennes de Strasbourg. Il était le fils de Martin Sturm et d'Odile Schott, la fille de l'ammeister Pierre Schott que je vous ai nommé jadis, en parlant ici même de son protégé Geiler de Kaysersberg. Elevé dans le milieu le plus favorable au libre développement de son esprit, le petit Jacques montra, dès sa première jeunesse, une intelligence précoce. Il avait à peine onze ans quand Wimpheling lui dédia plusieurs de ses écrits, et rédigea tout exprès pour lui son célèbre *Traité de la pureté des mœurs*. Sur la prière instante de ses parents il suivit le jeune homme en 1504, comme précepteur, aux universités de Heidelberg et de Fribourg. Sturm séjourna plusieurs années dans la jolie petite ville, étendue sur les bords de la Dreisam. Il y termina ses études, il y fit des cours sur Aristote, il y prêcha même, paraît-il, son premier et son dernier sermon. Mais il ne se sentait pas la vocation d'être humaniste ou théologien. Il quitta l'étude des classiques pour celle du droit, qu'il apprit à connaître aux grandes écoles de Liège et de Paris. En 1510 il était de retour dans sa ville natale, car nous le voyons assister aux derniers moments de Geiler. Il y jouit bientôt, malgré sa jeunesse, de l'estime générale, tant pour la gravité de son caractère que pour ses connaissances scientifiques; le célèbre Erasme en fait le plus grand éloge, en parlant du cénacle littéraire qui se groupait autour de Wimpheling. Il avait trente-cinq ans néanmoins quand il entra sérieusement aux affaires par sa nomination comme membre du Sénat, qui eut lieu en 1524; mais son avancement dans la carrière des honneurs fut d'autant plus rapide à partir de ce moment. Dès 1525 il entrait au Conseil des XV; en 1526 il etait choisi comme membre de celui des XIII; en 1527 enfin ses collègues l'élevaient à la dignité de *stettmeister*, et Sturm se voyait ainsi, à peine âgé de trente-huit ans, au sommet de la hiérarchie politique de notre petit Etat. Mais aussi quels services n'avait-il pas rendus déjà à la chose publique! Il avait siégé avec honneur au *Reichsregiment*, au Directoire général de l'Empire, institué par Maximilien Ier. Il avait montré une fermeté remarquable, jointe à une modération plus rare encore, durant les épouvantables conflits de la guerre des paysans, et, grâce à lui, Strasbourg sortit à peu près indemne de cette crise fatale qui bouleversa si violemment le reste de l'Alsace. Il avait favorisé, tout en les contenant avec sagesse, les premiers mouvements de la Réforme au sein de la république. A partir de ce moment, Jacques Sturm reste le plus en vue de tous ses concitoyens, jusqu'au moment de sa mort. C'est grâce à lui surtout que, de 1525 à 1552, la ville libre de Strasbourg joue dans les affaires politiques et religieuses de l'Europe un rôle bien au-dessus de ses forces matérielles et de l'étendue de son territoire. Profitant de la situation géographique de sa petite patrie, le grand *stettmeister* sut en faire pour un temps comme le centre international du protestantisme d'alors, le lien naturel entre les novateurs de l'Allemagne, de la France et des cantons helvétiques. Ce n'est pas sans raison que le sentiment populaire a conservé du moins un vague souvenir de l'homme qui, pendant un quart de siècle, put être appelé sans flatterie l'*âme* et la *conscience* de Strasbourg. Sa biographie se confond, pour ainsi dire, avec l'histoire de notre petite république, depuis le moment où le vote populaire a consacré l'introduction de la Réforme dans la cité! C'est

lui qui, lors de la seconde diète de Spire, celle
de 1529, signe, au nom de Strasbourg, la *protestation* célèbre qui donne un surnom durable
aux adhérents des idées de Luther. C'est lui
qui, plus que tout autre, travaille, de concert
avec Philippe de Hesse, au colloque de Marbourg, pour y rapprocher les zwingliens de
Suisse et les luthériens d'Allemagne, afin d'opposer un faisceau de résistances compactes
aux efforts des Habsbourg et de la papauté.

Sturm est encore le principal délégué de
Strasbourg à la diète d'Augsbourg en 1530,
alors qu'il y présente, au nom de la ville et
de ses alliées, Lindau, Memmingen et Constance, la Confession tétrapolitaine. C'est toujous lui qui la représente de préférence, à
toutes les diètes provinciales et locales, aux
réunions de la ligue de Smalkalde, dans les
cours étrangères, surtout à celle de François Ier, qui le tenait en très haute estime. Bon
patriote, mais politique habile et protestant
fervent, Sturm fut toujours un partisan résolu
de l'alliance avec les Valois. Il le fut, tout d'abord à cause de la situation particulièrement
exposée de l'Alsace, au cas d'une agression
française, mais aussi parce qu'il sentait qu'en
eux, bien que pour des motifs égoïstes, les
luthériens d'Allemagne trouveraient encore
leur plus solide appui. A la diète de Spire, en

1544, il essaya par tous les moyens d'empêcher la lutte imminente entre la France et l'Empire, alors que la plupart des princes protestants s'empressaient de voter des subsides et de s'aliéner ainsi l'esprit de François Ier, qui seul pouvait les protéger contre les rancunes de l'empereur. Cette imprudence impolitique reçut bientôt son châtiment. Les deux monarques s'entendirent à Crespy, et celui de France abandonna sans regrets les protestants allemands au châtiment dont les menaçait, depuis longtemps déjà, Charles-Quint. Je ne sais si vous vous rappelez encore suffisamment par vos études classiques combien l'écrasement fut complet. Déjà la ligue de Smalkalde était virtuellement dissoute, déjà la défaite de Muhlberg allait l'achever, quand Sturm fit invoquer par ses collègues du Magistrat l'intervention protectrice de la France. Il en reçut des promesses formelles de secours en cas d'attaque, et Charles V, qui ne voulait pas voir descendre les Français en Alsace, se montra conciliant dans les demandes qu'il fit à notre ville. Rassuré désormais sur les pires éventualités, le *stettmeister* se rendit à Ulm auprès de l'empereur victorieux. Fléchissant le genou devant lui pour recevoir son pardon officiel, il réussit à tirer ses compatriotes d'affaire, en promettant de lui livrer douze canons de l'artillerie justement célèbre de notre ville, et de lui payer une grosse somme d'argent. Les autres villes protestantes furent bien plus rudement traitées. Bientôt après, les vaincus durent accepter encore des mains de Charles V les prescriptions de l'*Intérim* d'Augsbourg, qui devait régler les conditions de l'exercice du culte jusqu'au moment où le Concile aurait accommodé d'une manière définitive les différends religieux. Sturm, quoique fidèle partisan des doctrines nouvelles, conseilla pourtant à ses compatriotes de ne point opposer une résistance absolue aux ordres de l'empereur. En rouvrant quelques églises aux catholiques, en leur rendant une partie des biens sécularisés par le Magistrat, il réussit en effet à retarder l'introduction de l'*Intérim* jusqu'en 1550. Quelques mois plus tard éclatait la révolte de Maurice de Saxe, et dès 1552, le traité de Passau, arraché par les rebelles vainqueurs à Ferdinand de Bohême, rendait à la république son autonomie religieuse. Jacques Sturm eut la joie d'assister à ce revirement soudain des affaires. Il mourut l'année suivante, le 30 octobre 1553, enlevé par une fièvre maligne, après quelques jours seulement de souffrances.

C'est là, résumé en quelques mots, le taleau rapide de son activité diplomatique. Que de choses pourtant j'aurais à vous dire encore, si je voulais vous montrer maintenant Sturm travaillant au développement des institutions scolaires et des établissements de bienfaisance, au progrès des sciences, parmi nous! C'est à lui que Strasbourg a dû, dès 1538, sa première grande école latine, son Gymnase, dirigé par son homonyme Jean Sturm. C'est lui qui, dès 1531, fondait par ses dons notre première bibliothèque publique. C'est lui qui projetait dès lors la fondation de l'Université et — chose admirable pour l'époque ! — la désirait non-confessionnelle. C'est à ses soins que sont dus, entre autres, l'agrandissement de nos hôpitaux, la dotation de Saint-Marc avec les revenus des couvents sécularisés. C'est lui qui, se préoccupant d'hygiène publique en un temps où l'on n'y songeait guère, fit défendre d'enterrer les morts au dedans de la ville, etc. Il a rendu possible, par ses communications bienveillantes et par son appui moral, la rédaction des *Commentaires* de Sleidan, le plus célèbre livre d'histoire qui ait été jamais écrit dans nos murs. Il a su, de son vivant, réprimer par son attitude digne et tolérante, le zèle intempérant des fanatiques qui devaient faire dominer après lui dans l'Etat et dans l'Eglise un luthéranisme étroit et persécuteur.

Sturm n'avait jamais été marié. Fiancé dans son jeune âge avec la fille de Jean Bock, de Gerstheim, il avait eu le chagrin de la perdre encore avant les épousailles, et ce souvenir douloureux n'avait point laissé dans son cœur de place pour un nouvel amour. Il vivait avec sa sœur, sortie d'un couvent, dans la maison paternelle de la rue Brûlée, maison que possède aujourd'hui M. Jules Sengenwald, y répandant autour de lui, dit un de ses panégyristes du XVIIe siècle, un parfum de délicatesse et d'honnêteté. Théodore de Bèze écrivait plus tard qu'on ne pouvait lui faire qu'un seul reproche, c'est d'avoir, en vivant dans le célibat, privé la patrie d'héritiers de ses vertus. Comme étudiant déjà, il avait pris à Fribourg pour devise le vers de Térence, moins rebattu alors que de nos jours : *Homo sum, et nil humani a me alienum puto.* Il a pratiqué cette belle devise, et je ne saurais faire de ce glorieux magistrat de notre chère patrie un éloge plus sincère et plus véridique qu'en disant qu' « il fut un homme » dans la plus noble acception de ce mot.

— Oui, dit le notaire, c'était assurément le plus grand homme d'Etat que Strasbourg ait possédé ; c'est aussi, par un triste hasard, celui de tous ses enfants pour lequel il s'est montré le plus ingrat. Jusqu'à ce jour nous ne possédons aucune biographie digne de lui; jusqu'à ce jour aucun monument public ne témoigne à son égard de la gratitude de la cité. Quelques mois à peine avant la guerre on dressait, il est vrai, sa statue dans la cour intérieure du Gymnase. Mais mutilée par les obus, l'œuvre de Friedrich périssait bientôt après tout entière, écrasée par les ruines de cette même bibliothèque que Sturm avait fondée. Aujourd'hui le moment favorable n'est pas encore venu peut-être, mais il viendra, j'en suis sûr. Alors le devoir de tous ceux qui ont à cœur d'honorer pieusement nos morts illustres, sera de songer tout d'abord au *stettmeister* Jacques de Sturmeck. Nous verrons se dresser au milieu de nous son image, à la physionomie calme et sereine, non plus à l'écart de la foule, mais sur quelqu'une de nos places publiques. Elle y rappellera aux générations à venir le plus grand citoyen de Strasbourg au XVIe siècle, et les glorieux services qu'il a rendus à la science, à l'Eglise et à l'Etat.

XXXVI.

— Eh bien, mon cher M..., nous sommes au bout maintenant, ce me semble, demanda le docteur, quand nous eûmes fini notre petite causette préliminaire sur les événements et les bruits du jour.

— Pas tout à fait encore ; il vous faudra subir une fois de plus ma prose. Je ne sais comment cela s'est fait, mais nous avons oublié, dans nos pérégrinations de ce printemps, un des quais les plus rapprochés du quartier universitaire, celui qui portera le nom de Frédéric de Dietrich, le premier maire de Strasbourg. Nous avons donc à reprendre notre route dans la direction du levant. Si le cœur vous en dit, et qu'une plus longue promenade ne vous effraye pas, traversez obliquement la place Impériale. Vous prendrez ensuite par la rue de Mœller, ainsi nommée d'après le fonctionnaire émérite qui fut président supérieur d'Alsace-Lorraine de 1872 à 1879 et qui mourut l'année dernière à Cassel. Si vous craignez la fatigue, vous suivrez le cours de l'eau jusqu'à la rue Royale, vous traverserez le pont Royal qui la continue, et vous déboucherez directement sur le quai de Dietrich, qui prolonge celui des Pêcheurs. Au fond je ne suis pas fâché de mon involontaire oubli, qui me permet de placer à la suite l'un de l'autre le plus illustre des hommes d'Etat de notre vieille république et celui qui représente le mieux, peut-être, l'esprit de la cité moderne.

On ne saurait plus dignement incarner, à mon avis, la physionomie de l'ancien Strasbourg et du Strasbourg d'aujourd'hui que dans ces deux figures de Dietrich et de Sturm.

Raconter en détail l'histoire de Frédéric de Dietrich, ce serait raconter l'histoire de Strasbourg tout entière pendant les premières années de la Révolution. Vous ne me demandez rien de semblable, et, si j'avais la folie de le tenter, vous vous hâteriez de lever la séance. Je ne prendrai donc que les points culminants de cette carrière, si pleine de promesses de bonheur à ses débuts, puis si brillante et qui devait pourtant aboutir à une fin si tragique.

Les Dietrich n'étaient pas d'origine alsacienne. Ils s'appelaient originairement Didier et quittèrent Saint-Nicolas, leur ville natale, vers le milieu du XVIe siècle, pour échapper aux persécutions religieuses. Bientôt les immigrés lorrains s'allièrent aux familles régnantes de l'aristocratie strasbourgeoise et leur famille devint à son tour l'une des plus marquantes de la cité. Le premier d'entre eux qui joua un rôle politique plus considérable, fut le malheureux *ammeister* Dominique Dietrich, accusé par les uns, bien à tort, d'avoir vendu Strasbourg à Louis XIV, et persécuté par ce même Louis XIV, puisqu'il ne voulait point abjurer sa foi. Lui aussi mériterait, à coup sûr, les honneurs d'une mention commémorative dans sa cité natale, mais aujourd'hui c'est à son arrière-petit-fils que nous avons affaire, et je ne puis m'attarder à vous parler ici plus longtemps de cette triste victime du pouvoir absolu.

Philippe-Frédéric de Dietrich, le maire de Strasbourg, naquit dans nos murs le 14 novembre 1748. Son père, Jean de Dietrich, ennobli par Louis XV, était un des plus riches banquiers de Strasbourg, et possédait en outre de vastes domaines, comme seigneur du Ban-de-la-Roche et copropriétaire des baronnies d'Ober- et de Niederbronn. Il avait été *ammeister* de la ville libre et, sur la recommandation expresse du roi, le Magistrat l'avait nommé plus tard *stettmeister* honoraire, cumul extraordinaire, hérésie constitutionnelle unique dans l'histoire de Strasbourg. Le jeune Frédéric naquit donc dans la pourpre, si je puis m'exprimer ainsi. Après avoir suivi les classes du Gymnase, puis les cours de l'Université, il voyagea longtemps, se livrant de préférence à l'étude des sciences naturelles et surtout de a minéralogie. Il se fit bientôt un nom par la traduction et la composition d'ouvrages importants sur la matière. Etabli à Paris, où il avait occupé d'abord la position de secrétaire-interprète de l'Ordre du mérite militaire, puis celle de secrétaire général des régiments suisses et grisons, Dietrich devint bientôt commissaire royal des mines et membre de l'Académie des sciences. Il avait trouvé de bonne heure les douces joies du foyer domestique dans son union avec Louise Ochs, de Bâle, femme d'une intelligence supérieure et du plus charmant caractère. Elle lui avait donné deux fils et l'entourait d'une affection délicate et sincère. On le voit, Dietrich possédait vraiment tout ce qu'il faut pour vivre heureux, quand éclata le mouvement révolutionnaire.

Le caractère placide et conservateur de nos pères accueillit tout d'abord avec une certaine stupeur, et non sans défiance, les nouvelles extraordinaires qui leur venaient de Paris et de Versailles. Mais l'immense majorité d'entre eux ne tarda point à saluer avec joie les idées nouvelles quand ils y entrevirent la possibilité d'un changement dans leur existence politique. Vous rencontrez aujourd'hui encore — ou, pour mieux dire, vous rencontrez de nouveau — de braves gens qui viennent vous dire que 1789, loin de nous donner la liberté politique, nous l'enleva quand nous la possédions tout entière, et cela depuis des siècles. Il faudrait pourtant s'entendre. La Constitution de Strasbourg répondait admirablement aux besoins de nos ancêtres du XVe siècle. Sous son égide, la petite république a eu près de deux siècles de gloire et de prospérité. Mais ce qui en subsistait, au moment de la crise, c'était uniquement une oligarchie bornée, servile, presque rampante vis-à-vis des intendants, des gouverneurs, des ministres de Versailles, insolente vis-à-vis des petits, ridiculement jalouse de ses plus exorbitants comme de ses plus minces privilèges. La véritable bourgeoisie, tenue systématiquement à l'écart, malgré l'ombre trompeuse d'un régime quasi-représentatif, séparée en castes religieuses, parquée dans les règlements les plus surannés et les plus vexatoires, au point de vue industriel et social, n'exerçait pas la moindre influence sur ses propres destinées. Elle n'avait rien à perdre, croyez le bien, messieurs, mais tout à gagner en fait de liberté.

— Je désirerais seulement, interrompit le notaire, qu'un de ces docteurs en lunettes qui s'échauffent à froid sur nos libertés détruites en 1789, pût être obligé de vivre pendant huit jours sous le régime dont il se constitue le panégyriste. Il en aurait bientôt assez.

— Vous savez que, depuis 1685, la volonté

du maître était représentée dans l'organisme constitutionnel de Strasbourg par un commissaire du gouvernement, nommé préteur royal, dont l'avis équivalait à un ordre poli, dans toutes les délibérations de quelque importance. Le titulaire de ce poste, M. de Gérard, se trouvait alors à Paris. L'agitation que les nouvelles de la capitale produisaient dans nos murs rendaient son retour doublement désirable. Mais M. de Gérard se déclara trop malade pour voyager; sans doute qu'il se sentait trop peu populaire aussi pour être bien désireux d'affronter la débâcle, imminente à Strasbourg. Une solution quelconque étant urgente, le ministre de la guerre, de l'administration duquel relevait la tutelle de la ville libre, nomma, pour remplacer le préteur malade, Frédéric de Dietrich, avec le simple titre de commissaire royal. On le savait sujet loyal, sans hostilité pour les idées nouvelles, acceptable aux Strasbourgeois en qualité de concitoyen et supérieur pourtant aux petites rivalités et aux jalousies locales, grâce à son absence prolongée de notre ville. Ce fut le 28 juin 1789 qu'eut lieu cette nomination, par laquelle Dietrich débuta dans la carrière politique, qu'il devait parcourir avec tant d'éclat et qui lui réservait de si cruelles épreuves. Il avait alors quarante ans. Tout ce qu'une vie bien remplie peut offrir à l'homme, de rêves ambitieux et de déboires, d'ivresses et d'amertumes dans le domaine politique, il les a goûtés jusqu'à la lie dans les quatre années qui vont suivre. Quelque opinion politique que l'on professe, à quelque parti qu'on appartienne, il est impossible de ne point le suivre avec une sympathie douloureuse, à travers les vicissitudes de sa destinée changeante, jusqu'au dénouement suprême. Dietrich nous représente en effet le type de l'honnête homme, habile, énergique sans doute, mais qui sombre dans la tempête révolutionnaire, parce qu'il ne sait pas être aussi lâche que les uns, et moins encore scélérat comme les autres.

C'est le 6 juillet 1789 que le nouveau commissaire royal se présente devant le Magistrat de notre ville, et devant les électeurs récemment créés, qui se trouvaient en conflit ouvert avec l'ancien gouvernement de la cité. Dès le début sa position fut des plus difficiles. Représentant d'un pouvoir central qui s'en allait en poussière, chargé d'intervenir entre les autorités locales fortement ébranlées et une population profondément divisée elle-même, il ne perdit pas courage cependant. Il essaya d'amener une entente entre les défenseurs entêtés des anciens privilèges et les partisans des idées nouvelles Pendant qu'il y travaillait avec zèle, arriva, le 19 juillet, la nouvelle de la prise de la Bastille. Ce fut l'étincelle électrique qui mit le feu aux poudres. Tandis que les membres des Conseils et les électeurs se renvoyaient d'amères accusations, la canaille se porta sur l'Hôtel-de-Ville et, au milieu d'une incroyable indifférence de la plupart des autorités constituées, militaires ou civiles, l'antique siège du gouvernement local fut honteusement saccagé dans la journée du 21 juillet. Une réaction favorable s'opéra cependant dans les rangs de la moyenne bourgeoisie. Dietrich put organiser, puis armer la garde nationale et rétablir au moins le calme matériel dans les rues. Quant au désordre moral, il ne le craignait pas ; optimiste de nature, il pensait qu'il lui serait facile de maintenir à la fois les menées de l'oligarchie, menacée de ruine, et les agissements d'une fraction radicale, qui déjà prononçait à voix basse le nom de république. Bientôt sa popularité fut immense à Strasbourg. Quand l'Assemblée Nationale eut aboli tous les privilèges et que la nuit du 4 août eut détruit ce qui restait de la féodalité française, notre ville, devenue simple commune du royaume de France, eut à choisir un maire et un conseil municipal. Le scrutin fut ouvert en janvier 1790, et Frédéric de Dietrich fut nommé premier magistrat de la cité, par près de dix mille suffrages, contre deux mille voix données à son concurrent, l'ex-*ammeister* Poirot.

Le 18 mars eut lieu l'installation du premier maire et du premier conseil municipal de Strasbourg. Dietrich devait occuper ce poste difficile pendant deux ans et demi, et rien ne faisait présager alors à quels tracas, à quels déboires, à quelles calomnies infâmes il allait y être exposé bientôt chaque jour. Pour le moment tout était à la concorde, à la paix intérieure. Il atteignit peut-être à l'apogée de son influence le jour où la grande fête de la Fédération fut célébrée avec un enthousiasme touchant, le 13 juin 1790, dans la vaste plaine des Bouchers. Nous sommes blasés aujourd'hui sur ces concours populaires, ces bannières et ces banderolles, ces harangues officielles, ces arcs-de-triomphe, ces cortèges rustiques, ces cantates, ces jeunes filles vêtues de blanc ; tout cela manque à nos yeux de prestige, car nous savons, par une longue expérience, comment cela se commande, se prépare et se manipule. Les princes s'y laissent encore prendre parfois, mais bien rarement le public. Alors il en était autrement, et pour vous bien rendre la physionomie de ces belles journées, pleines d'illusions naïves, vous ne permettrez d'être infidèle, pour une fois, à mon habitude de n'apporter ici aucune pièce à l'appui. On me traiterait peut-être de chauvin si je n'exprimais ici que mon opinion particulière, et pourtant je ne mériterais certes pas ce reproche, car rien ne protège contre les engouements excessifs, quels qu'ils soient, comme une étude sincère de l'histoire. Mais enfin, mieux vaut se prémunir. J'ai donc apporté ce soir la biographie de Dietrich, écrite par M. Louis Spach, décédé naguère comme archiviste en chef du district de la Basse-Alsace. S'il est un témoin peu suspect, c'est à coup sûr le collaborateur assidu de la *Gazette officielle de Strasbourg.* Voici ce qu'il dit de la fête du 13 juin, en ce style harmonieux dont il avait le secret, plus qu'aucun enfant de Strasbourg à notre époque :

« Dans ces premiers jours de la révolution française, où la majorité de la nation semblait avoir bu à grands traits dans la coupe d'une toute-puissante enchanteresse, qui aurait promis le retour de l'âge d'or sur la terre, dans ces premiers jours d'enivrement général, citoyens, gardes nationaux, soldats, éprouvaient le besoin de se voir, de s'entendre, de s'embrasser, de s'encourager à la poursuite de cette terre promise, véritable Eldorado, mirage séducteur qui fuyait à mesure qu'on croyait l'atteindre.... L'autel de gazon, élevé dans la plaine des Bouchers de Strasbourg, était bien le symbole d'une fraternité sincère, d'une fusion de tous les intérêts moraux, politiques et sociaux. En 1790 cette fête de la Fédération rhénane avait d'ailleurs un caractère spécial; c'était de la part de Strasbourg et de l'Alsace une profession de foi politique, un solennel démenti donné à des insinuations calomnieuses qui avaient montré les Alsaciens décidés à abandonner la cause de la France et à se confédérer avec les populations ultra-rhénanes. On avait, comme il est plus d'une fois arrivé depuis, confondu à dessein l'amour que professe l'Alsacien pour ses institutions et ses traditions locales, avec ses sympathies politiques. Maintenant la ville de Strasbourg et l'Alsace se déclaraient unies de cœur et de pensée avec leurs voisins d'au delà des Vosges et conviaient à ce spectacle, comme des hôtes chéris, les habitants de la rive droite, qui allaient faire dans leurs foyers la propagande des idées libérales, émanées de la France. »

Ce sont ces idées d'enthousiasme fraternel, si bien traduites par la plume de M. Spach, qui gonflaient alors les cœurs des meilleurs parmi nos pères et qui remplissaient d'illusions, trop tôt dissipées hélas! les esprits les moins enclins à se repaître de chimères. Dietrich n'en fut pas préservé plus que tout autre. Au milieu des acclamations frénétiques qui le saluèrent, au moment où il montait à l'autel de la patrie, pour prêter le serment solennel à la Loi, au Roi, à la Nation, il lui aurait été difficile de penser qu'à deux ans de distance, beaucoup dans cette même foule le traiteraient de vil aristocrate, de brigand, de traître vendu à l'Autriche !

Le lendemain de ces grands jours est toujours triste ; l'âme humaine ne se soutient pas longtemps à de pareilles hauteurs et la chute est particulièrement pénible quand, en sortant de ces beaux rêves, on se retrouve aux prises avec les difficultés inexorables de l'existence matérielle. Dietrich devait en faire la cruelle expérience, comme nous allons le voir maintenant.

— Mon cher ami, dit le docteur, pardon si je vous enlève un instant la parole. Il est tard déjà ; bientôt va retentir le couvre-feu traditionnel qui reste pour nous autres, gens rangés, le signal du départ, même après la promulgation des règlements nouveaux, plus favorables aux sectateurs de la dive bouteille. Il serait dommage que vous hâtiez outre mesure votre intéressant récit. Si vous le voulez bien, je propose d'en remettre la fin à la séance prochaine. Nous ne perdrons rien pour attendre; au contraire, on vous entendra plus longtemps.

— Je suis tout à vos ordres, messieurs, et si vous m'accordez encore une séance, je m'engage à ne pas vous la faire subir trop longue. Je me console d'ailleurs à la pensée que mon récit, quelque médiocre qu'il soit, ne peut vous fatiguer pourtant, puisque c'est d'un tel homme et d'une telle époque que je viens vous parler.

XXXVII.

— Vous vous rappelez, messieurs, que nous étions restés la dernière fois au lendemain de la fête de la Fédération de 1790, et je vous disais qu'à ce moment commencèrent pour Dietrich les embarras quotidiens d'une gestion de plus en plus difficile. Strasbourg traversait une crise matérielle des plus intenses; l'émancipation de ses bailliages de Barr, d'Illkirch, de Wasselonne l'avait privée d'une part notable de ses revenus; son commerce, son industrie languissaient. La libre concurrence, inopinément établie, consommait la ruine de ses petits artisans. Les grains étaient rares, le peuple avait faim. Il murmurait contre les accapareurs et les aristocrates, et ceux-ci, dégoûtés, effrayés par la licence populaire, commençaient à fuir le pays. Une presse remuante luttait contre le pouvoir et battait en brèche les autorités constituées. Dietrich avait commis l'imprudence de se faire inscrire au club des *Amis de la Constitution*, qui passait déjà pour « feuillant » et « modérantiste ». Cela suffit au parti radical, qui se formait rapidement à Strasbourg d'éléments indigènes, mais plus encore étrangers, pour commencer à son adresse une campagne sans trêve et sans merci. Elle était dirigée surtout par le journaliste Laveaux, le rédacteur du *Courrier de Strasbourg*, autrefois maître de langues à Berlin, où il signait encore M. de Laveaux et publiait des idylles dans le goût de celles de Gessner ou de Berquin. A partir de ce jour, Dietrich se vit incessamment harcelé par une nuée d'articles de journaux et de pamphlets anonymes, auxquels une popularité, plus grande encore que la sienne, n'aurait pu résister à la longue. Quand éclata la lutte, provoquée par les décrets du 12 juillet 1790, relatifs à la constitution civile du clergé, lutte qui, vous le savez, fut particulièrement vive en Alsace, Dietrich eut à se débattre contre des difficultés plus sérieuses encore; car elles touchaient au domaine religieux, à ce domaine dans lequel on réussit si difficilement à fixer la limite entre ce qu'exige impérieusement le respect des lois et ce qui blesse à bon droit les consciences scrupuleuses. C'était une bien lourde tâche déjà, d'avoir à veiller sans cesse sur les menées de l'évêque fugitif, sur celles du clergé non jureur et de la noblesse émigrée. Mais quand la fuite de Louis XVI, en juin 1791, eut montré dans toute sa triste vérité la situation réciproque des partis en France ; quand la guerre au dehors parut à beaucoup le dernier moyen d'empêcher les déchirements intérieurs et les luttes fratricides ; quand cette guerre, à laquelle tout poussait, l'impatience des uns, les folles revendications des autres, les provocations de l'étranger, fut enfin décidée, la situation de Strasbourg et de son premier magistrat devint plus difficile encore et plus pénible. Place de guerre de premier ordre, notre ville devint le point de mire des émigrés réunis sur la rive droite du Rhin ; mal préparée pour la défense par des troupes indisciplinées et des généraux médiocres, les habitants attendaient avant tout leur salut de la vigilance de Dietrich. Le 21 janvier 1792, celui-ci, jugeant l'heure des mesures énergiques venue, demandait au ministre de déclarer Strasbourg en état de guerre Peu de mois auparavant, en octobre 1791, Dietrich avait été renommé maire de la commune, mais par quatre mille voix seulement, preuve évidente combien il avait perdu déjà de ses courtisans populaires. Cette demande, si naturelle pourtant en présence de l'agitation royaliste et des dangers du dehors, fournit un prétexte aux plus violentes invectives de la part des fauteurs d'anarchie. Le *Courrier* de Laveaux, l'*Argos* de Schneider, signalèrent à l'envi le maire comme tramant les plus noirs complots. Le Club des *Amis de la Constitution* lui-même se sépara ; les modérés seuls lui restèrent fidèles ; les exaltés firent retentir leur salle du *Miroir* de bruyantes clameurs contre le traître, et, vous le savez, en temps de révolution, ce sont toujours les exaltés qui triomphent. Traduit devant la justice, pour y répondre de ses calomnies, Laveaux fut acquitté par le jury, et ce dernier coup dut être particulièrement douloureux au patriote si lâchement outragé par lui.

C'est au milieu de ces préoccupations et de ces souffrances quotidiennes que Dietrich trouva encore l'énergie nécessaire pour s'occuper avec ardeur de l'organisation des bataillons de volontaires à Strasbourg. L'aîné de ses fils s'inscrivait l'un des premiers sur les listes d'enrôlement, et le maire activait par tous les moyens possibles l'élan généreux de ses administrés. C'est alors — vers le 25 avril 1792 — que retentit pour la première fois, dans le salon de Mme de Dietrich, cet appel aux armes magique, cet hymne trop profané depuis : « Allons, enfants de la patrie ! » Rouget de Lisle, le jeune officier que l'inspiration fugitive d'une nuit allait rendre immortel, payait du chant de la *Marseillaise* l'hospitalité généreuse du maire patriote, et lui assurait de la sorte une place durable dans le cœur et la mémoire de tous les citoyens français. Mais toutes ces fatigues, tous ces travaux ne devaient point désarmer ses ennemis Ils continuaient à le dénoncer à Paris comme un traître, et dans une lettre officielle du 11 juin 1792, le ministre de l'intérieur, Roland, lui insinuait à son tour que cette opinion pourrait bien être véritable. Éternel aveuglement des hommes! Moins d'un an plus tard, alors que Dietrich n'avait pas encore péri, le vieux Girondin succombait à son tour sous cette même accusation de traîtrise, et, proscrit, se poignardait lui-même pour échapper à l'échafaud !

Le 15 juin 1792 le Conseil général de la Commune de Strasbourg répondit à la lettre ministérielle par une déclaration de confiance unanime en faveur de Dietrich. Elle circula dans le public et se couvrait rapidement de milliers de signatures. Mais le 20 juin survint; la populace envahit les Tuileries; le monarque lui-même se vit livré aux outrages et aux risées de la foule. Quand la royauté devait se résigner à de telles avanies, comment le radicalisme triomphant de la capitale se serait-il embarrassé des protestations d'un conseil municipal de province ? Mais le spectacle même des faiblesses du triste Louis XVI avait éveillé dans l'âme de Dietrich une compassion virile, une généreuse ardeur pour la lutte. Il comprenait que les dernières digues allaient bientôt être rompues, et qu'en cédant toujours et partout, les modérés ne faisaient que fortifier à plaisir un insatiable adversaire. De tous les côtés, d'ailleurs, on lui demandait de s'opposer à la tyrannie des clubs de la capitale, qui terrorisaient l'Assemblée nationale et la privaient de son libre arbitre. Le maire prit un parti grave, parti fatal pour lui comme pour tous les royalistes libéraux de Strasbourg. Le 7 août, il proposait à la signature de ses collègues du Conseil municipal une adresse solennelle au roi et à l'assemblée. Ils y rappelaient le serment prêté naguère au monarque et à la loi, juraient de rester fidèles, eux du moins, à la Constitution du royaume, et déclaraient que le jour où d'autres oseraient la violer, ils se croiraient quittes de tout engagement d'obéissance envers les violateurs de la loi. C'était une protestation courageuse, une menace si l'on veut, et même une menace inutile, diront les sceptiques, puisqu'on n'était point en mesure de l'appuyer, le cas échéant, par la force matérielle. Ce n'était pas un acte factieux et moins encore une tentative de trahison. Mais, quelques jours plus tard, cette adresse constituait en effet un crime irrémissible aux yeux des détenteurs du pouvoir. Le 10 août 1792, les sections de Paris avaient pris d'assaut les Tuileries; la royauté s'écroulait, l'Assemblée nationale consentait à se dissoudre et à convoquer une nouvelle Constituante. Et c'est le soir même de la journée du 10 août que l'adresse de Dietrich arrivait dans la capitale ! Vous jugez de la colère des vainqueurs. Dès le 19 août, les délégués de l'Assemblée législative, Carnot, Prieur et Ritter, du Haut-Rhin, arrivaient à Strasbourg, s'entouraient des représentants de la force armée, suspendaient les Conseils de la Commune et du Département, et transmettaient à Dietrich l'ordre de se présenter en accusé à la barre de l'Assemblée. Après avoir passé quelques beaux jours d'automne dans la solitude de ses forges du Jœgerthal pour se recueillir en face du danger, le maire destitué se mit effectivement en route pour Paris. Mais, entre Sarreguemines et Metz, il apprit la nouvelle des massacres de septembre. Il voulait bien répondre à des juges, mais non pas être massacré par des bourreaux. Il se jeta donc dans le Palatinat, traversa l'Allemagne sans être reconnu, et vint demander un asile à son beau-frère à Bâle. Un autre, échappé de la sorte à d'implacables adversaires, serait resté dans l'exil, et, sacrifiant honneurs et richesses, aurait été content de vivre. Mais Dietrich ne voulait point avoir l'air d'avoir fui par lâcheté ou parce qu'il se serait senti coupable; il repoussait avec indignation l'assimilation que les autorités nouvelles du Bas-Rhin avaient faite de sa personne avec ces émigrés qu'il avait si loyalement combattus. Il refusa donc de rester en Suisse, et le 5 novembre il repassait la frontière et se rendait à Paris pour y plaider sa cause; c'est là certainement l'un des plus beaux actes d'énergie morale que je connaisse dans l'histoire. La Convention le renvoya devant le tribunal criminel du Bas-Rhin. L'infortuné pouvait se croire sauvé, car, malgré les violences des Jacobins et des commissaires conventionnels, la majorité des citoyens de Strasbourg restait toujours modérée. Ses ennemis voulurent lui enlever cette dernière chance de salut. Se déjugeant à quelques jours d'intervalle, la Convention décida, le 12 décembre, que l'accusé Dietrich serait transféré dans les prisons de Besançon. Il y resta trois mois. C'est le 7 mars seulement qu'il fut mis en jugement. L'ancien maire se défendit lui-même dans un long et habile plaidoyer, qui donne une haute idée de ses capacités oratoires, et qui se termine par une page admirable, dont vous me permettrez de vous citer la fin : « Je demande justice et je pense trop de bien de l'équité de mes juges et de celle du peuple français pour ne pas l'attendre avec confiance. Si cependant, par la violence ou les artifices de mes ennemis, mon espérance venait à être trompée, leur injustice ne me rendra point injuste; sous le fer des bourreaux, comme sous le poignard des assassins, je formerai encore des vœux pour ma patrie et pour la liberté. Ils auront beau faire, ils seront plus à plaindre que moi; car, quelque sort qui me soit réservé, ils ne pourront m'ôter ni l'estime des gens de bien, ni une conscience irréprochable, ni la paix de la vertu; et, quelle que soit leur destinée, ils sont condamnés à vivre et à mourir avec la haine publique, l'agitation du crime, leur conscience et leurs remords. Je suis trop vengé. »

En même temps qu'il préparait cette défense, imprimée dans les deux langues, et qui restera comme une des plus belles pages de notre histoire locale, il adressait de sa prison une lettre touchante à ses fils et à toute sa famille. Permettez encore que je vous en cite un passage ; il suffirait à vous faire aimer l'homme, si même vous n'admiriez point le citoyen : « Mes chers enfants, si je péris, cette injustice vous accablera de douleur. Vous connaissez ma conduite politique et mes sacrifices ; vous avez vous-mêmes consenti que je les fisse à la patrie. Eh bien, imitez votre père ; aimez-la toujours. Etouffez, à l'approche du danger qu'elle court, le cri de la nature. Ne vous en prenez pas à la patrie du tort de quelques scélérats qui auront immolé votre père. Vengez-moi en continuant à la défendre avec la plus intrépide bravoure !.... Pardonnez-moi tous mes torts ; ils ont été involontaires. Si mes ennemis ne faisaient pas le malheur de ma patrie, je leur pardonnerais en mourant. Oh ! que je sois la dernière de leurs victimes, et ma mort sera un bienfait ! »

Un instant, la vérité sembla devoir triompher de tant de calomnies ; le jury de Besançon, touché par l'accent honnête et convaincu de l'accusé, touché sans doute aussi par les larmes de Mme de Dietrich, prononça un verdict d'acquittement. Mais l'ex-maire n'était pas seulement accusé de haute-trahison ; son nom se trouvait aussi sur la liste des émigrés. Il fut donc ramené en prison. C'est en vain qu'il en appela à l'équité de la Convention nationale. Les adversaires de Dietrich à Strasbourg, Schneider, Laveaux, Monet, poussaient à sa perte. Loin de le faire relâcher, la Convention prescrivit en automne sa translation dans les prisons de Paris. Le mois d'août le vit entrer à l'Abbaye, dont la mort seule devait le faire sortir. Son père, ses enfants furent jetés en prison, ses biens confisqués, et sa femme, malade et désespérée, put à peine échanger, à de rares intervalles, quelques messages funèbres avec son malheureux époux. De longs mois s'écoulèrent encore, mois de suspens et de torture, avant que son vœu d'en finir avec une si triste existence fût enfin exaucé.

C'est le 27 décembre seulement que Dietrich fut traduit devant le tribunal révolutionnaire sous cette même inculpation de complot avec l'étranger qui devait tuer tous les coryphées de la Convention nationale et jusqu'à Robespierre lui-même. Euloge Schneider, le plus acharné de ses adversaires à Strasbourg, déjà frappé lui-même par des rivaux plus pervers encore, prisonnier, comme Dietrich, à l'Abbaye, vint témoigner contre lui dans l'espoir de se concilier de la sorte l'indulgence du Comité de salut public. On n'avait pas besoin de la déposition du prêtre de Bonn pour condamner Dietrich ; sa perte était résolue d'avance. Déclaré coupable sur le réquisitoire de Fouquier-Tinville, son arrêt de mort fut exécuté vingt-quatre heures plus tard. Le 9 nivôse (le 29 décembre 1793), la tête du premier maire de Strasbourg tombait sur l'échafaud. Quelle horrible douleur pour cet honnête citoyen, non pas de mourir — la mort, en ces temps affreux, était une délivrance — mais de succomber flétri comme un traître, sans que ses amis et ses proches eussent le droit ou le courage de le pleurer autrement qu'à l'écart et en silence ! La postérité, du moins, lui a rendu justice, et c'est comme un hommage posthume à ses vertus civiques que nous saluons aujourd'hui l'apparition de son nom parmi nous.

— Que les jeux du sort sont pourtant bizarres ! fit le notaire d'un air songeur. On peut dire que le premier et le dernier maire français de Strasbourg sont morts tous deux pour avoir trop aimé leur patrie. Qui dira jamais lequel a le plus souffert ?

— Il me semble bien, répondit le docteur, que c'est le premier d'entre eux ; Dietrich est mort, vilipendé par l'opinion publique du jour, qui s'acharne encore après son cadavre. Küss est conduit à sa demeure dernière, au milieu de toute une cité en larmes, et la couronne de chêne civique se mêle sur sa tombe aux lauriers et aux cyprès.

— Oui, sans doute, cher ami. Mais Dietrich, en faisant ses adieux à la vie, avait du moins cette consolation suprême de voir que sa ville natale, l'objet de son ardent amour, resterait libre et française. Küss, au contraire, succombe au moment où le déchirement le plus douloureux le sépare à jamais de sa chère patrie. Ah, messieurs, croyez-le bien, quand nous assistons de la sorte aux péripéties de l'histoire, c'est une consolation qu'on puisse croire encore aux décrets d'une Providence, alors même qu'ils restent insondables pour nous. Car la vie serait trop amère, et l'on se refuserait à vivre, s'il restait établi que nous ne sommes ici-bas que les tristes jouets d'une aveugle fatalité !

XXXVIII.

« — Enfoncés, mes amis ! enfoncés ! vociférait le père Z...., d'une voix de stentor, au moment où je poussais la porte ouvrant sur le lieu de nos séances. Je vous disais bien qu'il fallait se méfier de M.... et de ses conférences alsatiques ; une fois commencées, elles ne finiraient jamais ! »

Et, d'un air belliqueux, il brandissait au-dessus de sa tête un numéro de journal, tandis que les autres habitués le contemplaient d'un air stupéfait ou railleur.

— Est-ce à moi que vous en avez? demandai-je, quand je fus un peu remis de cette attaque à bout portant.

— A qui donc, si ce n'est à vous? s'écria l'irascible vieillard. Vous nous aviez formellement, solennellement promis la clôture *irrévocable* de vos... monologues pour aujourd'hui. Et qu'est-ce que j'aperçois tout à l'heure en ouvrant le *Courrier?* Un quatrième arrêté de l'administrateur municipal, relatif à des noms de rues nouvelles. Je sais d'avance que vous allez en prendre texte pour continuer vos études jusqu'à Pâques ou à la Trinité.

— Je n'ai pas encore lu le journal de ce soir; je ne connais donc pas l'arrêté dont vous parlez; mais s'il vous inspire une telle peur, nous le tiendrons pour non avenu, mon excellent voisin. Calmez donc vos nerfs agités et ne me lancez plus des invectives pareilles, avant de savoir au juste si je les mérite!

Pendant ce court dialogue, le docteur s'était emparé de la feuille que tenait le père Z... et en parcourait les colonnes d'un regard rapide.

— Eh, mon Dieu, dit-il, voici bien du bruit pour une... rue! Si vous aviez eu la patience de jeter un second regard sur ce document officiel, vous n'auriez pas ressenti pareil émoi. Il s'agit de deux rues seulement, de deux pauvres petites rues, dont l'une ne fait même que changer légèrement son nom traditionnel, de sorte que nous n'aurons pas à nous en occuper. Il n'y a donc, en définitive, que la rue Stœber, qui fournirait à notre ami M..... la matière d'une causerie supplémentaire. M'est avis que nous pourrions bien faire une petite rallonge à nos séances, en faveur de cette digne famille alsacienne et remettre la clôture *définitive* à la semaine prochaine...

— D'autant plus, interrompit le notaire en souriant, que les Stœber ont été une race de tabellions et de notaires, et que nous autres, officiers ministériels, nous n'avons point encore figuré dans ce défilé de Strasbourgeois célèbres. Je regarderais donc le *veto* de notre bon Z... comme une attaque directe contre nos mérites professionnels.

— Du moment que vous le prenez de la sorte, grommela Z... en haussant les épaules, je....

Mais ses paroles furent étouffées sous un rire général et l'invitation que m'adressait le docteur de procéder, séance tenante, à l'esquisse de cette « biographie ultime ».

— Mais je ne sais pas même au juste où elle est, votre rue nouvelle, dis-je d'un air embarrassé. Voyez, à la fin de notre dernière séance, j'ai décroché mon plan, désormais inutile, et je n'ai pas les numéros des divers carrés de terrains à vendre suffisamment présents à la mémoire, pour vous indiquer la situation de cette rue Stœber, uniquement d'après les chiffres consignés dans l'arrêté municipal.

— Ceci nous importe peu au demeurant, répliqua le docteur. N'étant pas spéculateurs, ce n'est pas l'emplacement de ces terres vierges qui nous intéresse, ce sont les souvenirs qui se rattachent aux noms qu'on leur donne. Parlez-nous toujours des Stœber ; nous vérifierons à domicile sur nos plans, si cela nous amuse.

— Je le veux bien, messieurs. Je suis d'autant plus heureux de pouvoir rendre un juste hommage au nom de Stœber, qui tient une si grande place dans l'histoire littéraire de l'Alsace au dix-neuvième siècle, que j'ai le plaisir d'être lié d'ancienne date avec M. Auguste Stœber, le savant professeur de Mulhouse, dont je possède tous les écrits et dont je prise autant l'érudition que le talent poétique. Si vous le permettez donc, nous nous mettrons immédiatement à l'ouvrage, car il ne s'agit pas seulement de l'histoire d'un homme, mais de toute une famille.

Les Stœber sont, pour autant que je sache, d'origine strasbourgeoise. Au siècle dernier, ils ont exercé pendant plusieurs générations la profession de tabellions, soit à Strasbourg même, soit à Bischwiller, à Brumath, etc. Cette carrière, vous le savez, mène généralement à la fortune — ne faites pas attention au geste négatif de notre ami, le notaire ! — et fréquemment aux honneurs, mais elle ne passe pas généralement pour offrir un débouché du côté de l'éloquence ou de la poésie. Aussi le souvenir de ces dignes fonctionnaires du dix-huitième siècle est-il absolument effacé de nos jours ; le seul membre de la famille, appartenant à cette époque, dont on prononce encore le nom, est précisément un échappé de Thémis, qui, contrairement aux traditions paternelles, osa se consacrer à la théologie et mourut en 1778, comme professeur à l'Université et prédicateur à Saint-Pierre-le-Vieux. Peut-être la réputation de ce grand-oncle, Elle Stœber, fort admiré de son temps pour son éloquence et ses écrits religieux, décida-t-elle la vocation du jeune Ehrenfried, le premier des écrivains de ce nom dont nous ayons à nous occuper ici. Ce fut le 9 mars 1779 qu'il naquit à Strasbourg, où son père,

Jean-Daniel Stœber, était en fonctions depuis 1776. Marie-Madeleine Ziegenhagen, sa mère, était fille d'un chirurgien, célèbre alors par son habileté à opérer la cataracte. Femme intelligente et possédant elle-même le don des vers, elle avait été l'une des premières élèves du vertueux Oberlin, et c'est sans doute à ses encouragements qu'Ehrenfried dut la précocité de ses talents littéraires. Dès l'âge de onze ans, il composait des drames et des comédies qu'il représentait avec ses amis dans les vastes greniers de la maison paternelle. La Révolution lui donna bientôt l'occasion d'exhiber son savoir-faire devant un public plus considérable. Lorsque les commissaires de la Convention parurent à Strasbourg en 1793, pour épurer les autorités départementales et municipales, entachées de *modérantisme*, on eut la singulière idée de conduire une députation des élèves du Gymnase à l'Hôtel-de-Ville pour y souhaiter la bienvenue aux représentants en mission. Stœber fut choisi pour les haranguer et reçut à ce sujet les félicitations du conventionnel Dentzel, cet ancien pasteur de Landau qui devait terminer sa carrière comme maréchal-de-camp au service de Louis XVIII. Euloge Schneider lui-même, dans son journal l'*Argos*, voulut bien déclarer à cette occasion, que

Stœber était « un jeune homme d'avenir ». Celui-ci s'efforça de mériter ce brevet de civisme, que le farouche accusateur public ne décernait pas facilement, en se faisant inscrire au bataillon des Enfants de la Patrie, formé de garçons de quatorze à quinze ans ; mais il n'eut pas l'occasion de faire briller alors sa fougue martiale. Sorti du Gymnase, il se mit à l'étude du droit, sous la surveillance de son père, en même temps qu'il cultivait les lettres sous la direction de Redslob, dans ce petit cénacle dont faisaient également partie Blœchel, Arnold, etc., et que je mentionnais autrefois en vous parlant de l'auteur du *Pfingstmonda*. En 1801, ses parents envoyèrent le jeune homme continuer ses études de droit à l'université d'Erlangen. Fidèle à ses goûts littéraires, il fit un détour par Stuttgart pour y faire la connaissance du poète Matthisson et du satirique Haug, et quand il se rendit à Paris, l'année suivante, c'est encore avec des représentants plus ou moins connus de la littérature allemande, avec le comte de Stolberg, avec Seume, l'auteur du *Voyage à Syracuse*, avec Helmina de Chézy, avec Froriep, le célèbre médecin d'Iéna, que nous le voyons frayer de préférence. Il dut se résigner cependant à revenir à Strasbourg en 1804 et, au lieu de se vouer à une carrière scientifique, comme il l'aurait aimé, s'assimiler de plus en plus les mystères de la « chicane » dans l'étude paternelle. Après avoir soutenu sa thèse de licencié en droit, dans le courant de 1806, il succéda officiellement au vieux notaire, et occupa ces fonctions publiques jusqu'en 1821, date à laquelle il donna sa démission pour des motifs politiques et privés, et de notaire se fit avocat. Je ne suis pas compétent pour vous parler de son activité professionnelle, et d'ailleurs — quoi qu'on puisse penser là-dessus mon aimable voisin — ce n'est pas comme notaire qu'il donne aujourd'hui son nom à la rue nouvelle dont j'ignore encore la place. Mais je puis vous parler de ses travaux littéraires, du moins sommairement, sinon dans tous les détails, n'ayant pas, vous le pensez bien, le catalogue de ses publications dans ma poche. Ehrenfried Stœber fut en effet l'un des écrivains les plus féconds et les plus universels de notre littérature alsatique, dans le premier tiers de ce siècle. Depuis la première année de l'*Alsatisches Taschenbuch*, mise au jour en 1806, jusqu'à la publication de ses *Œuvres complètes*, interrompue par sa mort, il n'a guère cessé de produire. Il a commencé par traduire en allemand les ouvrages d'autrui, le *Pygmalion* de Jean-Jacques Rousseau, les

Templiers de Raynouard, etc. Puis il a donné des *Poésies lyriques*, qui se ressentent un peu de la compression intellectuelle et morale que l'Empire faisait peser alors sur les esprits et les cœurs. Il trouva sa voine, si je puis m'exprimer ainsi, au moment où les revers de Napoléon amenèrent l'invasion de la France et la chute de cette puissance colossale qui, pendant quinze ans, avait fatigué le monde. Sous l'influence des désastres de 1814 et de 1815 son patriotisme s'aviva. Par un phénomène psychologique fréquent chez les Alsaciens d'alors et qu'on peut constater encore chez ceux d'aujourd'hui, Stœber, bien qu'appartenant à la race germanique par son langage habituel, par ses mœurs, par ses relations littéraires, se rejeta d'une affection plus vive vers la patrie française au moment où il la voyait succomber. Il l'a dit lui-même dans une de ses pièces les plus connues :

« Ma lyre est allemande ; elle retentit de chants germains,
« Mais mon épée est française et fidèle au coq gaulois. »

Quand les péripéties de la lutte amenèrent les alliés sous les murs de Strasbourg, le notaire impérial, devenu commandant d'une compagnie de la garde nationale, alla travailler avec elle aux retranchements de Schiltigheim. Mais il se distingua surtout en protestant, par ses vers aussi bien que dans des brochures énergiques, contre une séparation violente qui menaça, dès alors, pendant un instant l'Alsace. Ces écrits, ces strophes qui répondaient à l'opinion publique de Strasbourg, lui procurèrent une popularité locale qui le suivit jusqu'à sa demeure dernière. Ce succès détermina, pour ainsi dire, son activité littéraire future. Quand la crise extérieure fut passée, quand les luttes de la presse et de la tribune succédèrent au grand drame militaire, Stœber resta l'un des représentants les plus en vue du libéralisme à Strasbourg, et pour ses concitoyens il fut avant tout un poète politique. Les plus âgés parmi vous se souviennent encore avec quelle violence la réaction légitimiste et catholique s'abattit alors sur l'Alsace ; notre écrivain fut parmi ceux qui protestèrent avec le plus d'énergie contre ces tendances rétrogrades, et par suite les dénonciations, les menaces même ne lui furent pas épargnées.

— Vous me rappelez une anecdote assez amusante, interrompit le père Z.... En 1815, Stœber avait fait imprimer une pièce de vers, intitulée : *Au moment de déposer la cocarde tricolore*. De peur d'être inquiété, il en déposa plus tard les exemplaires restants dans une mansarde de sa maison. Un beau jour ses deux fils, qui jouaient au grenier, y découvrirent le dépôt, et jugeant la pièce fort belle — c'est une des meilleures du poète — ils se mirent incontinent à distribuer le papier séditieux à tous leurs jeunes amis et connaissances. En rentrant chez lui, le père trouva tout un attroupement devant sa porte, commentant avec animation ses strophes patriotiques. La police s'en mêla et Stœber frisa de près la prison. Peut-être bien retrouverais-je encore ces vers parmi mes paperasses du temps jadis.

— Vous comprenez, messieurs, que je ne puis énumérer ici toutes les feuilles volantes qui, sortant des presses de Dannbach ou de Levrault, portaient les vers du poète à ses concitoyens, commentant, pour ainsi dire, tous les événements un peu marquants de l'époque. Qu'il chantât Lézay-Marnésia ou les bienfaits de la paix, la cocarde nationale ou le jubilé de la Réforme, l'inauguration du Casino commercial et littéraire, centre de l'opposition d'alors, ou la liberté de la presse, le séjour du général Foy en Alsace ou le réveil de la Grèce, ses vers étaient toujours bien reçus. Après 1830, il essaya de continuer ce rôle, mais avec moins de succès, quand l'établissement de Juillet eut rallié une notable fraction de la bourgeoisie frondeuse de notre ville.

Il publia une série de dialogues politiques sous le titre de *Gradaus !*, s'adressa directement au roi Louis-Philippe pour le pousser dans les voies libérales, essaya de soulever l'opinion publique en faveur de la Pologne, comme il l'avait fait pour les Hellènes, mais ses vers ne trouvèrent plus l'écho puissant qu'ils avaient réveillé jadis. D'une part, l'Alsace, suivant l'exemple de la France, voulait jouir enfin de son repos, après de si longues et de si rudes batailles ; d'autre part, une génération nouvelle entrait en scène, plus française déjà d'allures et de langage, qui ne cherchait plus ses inspirations politiques aux pieds de la Muse allemande, mais prêtait plus volontiers l'oreille aux Tyrtées, grands et petits, de la capitale.

— Mais il me semble, dit le notaire, que Stœber a fait bien autre chose que des vers politiques, et vous ne nous en avez encore rien dit !

— Si j'ai plus particulièrement appuyé sur les pièces de cette catégorie, ce n'est pas qu'elles forment le plus gros de son bagage littéraire ; au contraire. Par une chance malencontreuse pour sa mémoire, elles ne figurent même pas dans ses œuvres complètes. Elles devaient en former le tome quatrième ; mais, Stœber mort, personne ne se trouva pour les réunir et les ajouter aux volumes déjà parus. Mais ses œuvres de plus longue haleine sont précisément les plus faibles, à mon avis. La ballade ou le récit poétique lui ont rarement réussi. Les poésies lyriques sentimentales, ses morceaux descriptifs dans les *Poésies du Ban-de la-Roche* ou les *Chants suisses*, nous paraissent aujourd'hui vieillots et décolorés à soixante ans de distance. Ses essais dramatiques, tels que *Daniel*, comédie en dialecte strasbourgeois, ou *Féodor Polsky*, tragédie polonaise, manquent essentiellement d'action, de verve créatrice. Je mets à part ses notices biographiques sur des Alsaciens célèbres, sur Blessig, Ohmacht, les Lobstein, etc., qui conserveront leur valeur comme témoignage d'un contemporain, d'un ami de la plupart de ceux qu'il a dépeints. Sa volumineuse *Vie d'Oberlin*, le seul ouvrage qu'il ait écrit en français, reste la source principale où puiseront toujours ceux qui voudront décrire l'existence bénie du patriarche de Waldersbach. De toutes ses nombreuses poésies, celles qui sont restées les plus populaires, sont celles qu'il écrivit dans notre idiome local ; elles nous charment encore soit par l'attachement naïf et profond à la cité de nos pères, soit par l'*humour* qui règne dans les tableaux de nos mœurs ou de nos travers.

Qui de vous ne connaît la pièce : *Ich bin e hiesi's Burjerskind* ou la description du Marché-aux-Guenilles (*Do geht der Herr Pfarrer von Auene*), si différent de celui que nous fréquentons aujourd'hui ?

Après avoir été le poète strasbourgeois le plus goûté de son temps, Stœber est trop oublié de la génération présente. Il en est advenu de lui comme de tant d'autres célébrités de notre époque, illustrations de la presse ou de la tribune, qui ne sont plus aujourd'hui pour nous qu'un vague souvenir. Ce qui donne la vogue d'un jour n'est point créé pour une existence durable. Stœber a chanté, moins pour obéir à l'impérieux entraînement de la Muse, que pour exprimer, avec une chaleur communicative, les sentiments qui se faisaient jour à ses côtés. Son amour profond pour l'Alsace, son talent à manier le dialecte local, lui conserveront toujours une place honorable dans nos anthologies provinciales. Mais s'il vit dans la postérité, ce sera moins comme « poète par la grâce de Dieu » que comme chef d'une dynastie littéraire, comme symbolisant en sa personne originale et sympathique les tendances de la bourgeoisie libérale de Strasbourg, dans les dernières années de l'Empire et sous la Restauration. Quand il ferma les yeux, le 28 décembre 1835,

Ehrenfried Stœber avait déjà franchi les limites de son domaine naturel ; avec lui s'effaçait toute une période, irrévocablement passée, de notre histoire littéraire locale.

Son nom ne devait pas disparaître cependant de la scène. Depuis quelque temps déjà ses deux fils, Auguste et Adolphe, avaient fait leur entrée dans la carrière des lettres. Héritiers du talent paternel, ils l'ont cultivé d'une façon plus suivie, dans un milieu moins sympathique à coup sûr. Si je ne craignais de froisser la modestie des enfants en les mettant au-dessus de leur père, j'affirmerais, sans crainte de me tromper, que leur réputation littéraire et scientifique n'a pas peu contribué à déterminer l'administration dans le choix qu'elle a fait du nom de Stœber pour en orner l'une des rues de la cité nouvelle. L'un et l'autre ont débuté bien jeunes dans la république des lettres. Vieillards aujourd'hui, ils s'y trouvent toujours au premier rang de cette phalange, bien clairsemée maintenant, des écrivains courageux qui, de 1838 à 1866, se sont groupés successivement dans l'*Erwinia*, les *Elsæssische Neujahrsblætter*, le *Pfeffelalbum*, l'*Elsæssisches Samstagsblatt*, essayant de conserver parmi nous à la littérature allemande sa place au soleil, malgré les courants contraires prédominant de plus en plus autour d'eux. Les frères

Stœber ont été les chefs reconnus de ce groupe qui renfermait les F. Otto, les Louis Schneegans, les G. Mühl, les Théodore Klein, les Daniel Hirtz, les Kirschleger, les Stoffel, les Berdellé, les Wenning, les Dag Fischer, et plusieurs autres, à peu près tous morts aujourd'hui. L'aîné, M. Auguste Stœber, né à Strasbourg en 1808, étudiant en théologie, puis vicaire à Oberbronn, échangea bientôt la chaire du pasteur contre celle du professeur, enseigna d'abord à Bouxwiller, et pendant plus de trente ans fut régent au collège de Mulhouse, où s'écoule encore, toujours active, sa verte vieillesse. Il a débuté, dès 1825, par la publication d'un almanach lyrique, l'*Alsatisches Vergissmeinnicht*. Encore étudiant, il faisait paraître une *Histoire de la Révolution de Juillet*. Depuis, peu d'années se sont écoulées sans qu'il nous ait donné quelque nouveau volume relatif aux traditions de l'Alsace, quelque page d'histoire locale, quelques récits poétiques comme ceux de l'*Elsæssisches Sagenbuch* ou le *Fürstenberger*, quelque bouquet de *Lieder*, cueilli dans les forêts de nos Vosges, sur ses hauteurs favorites des Trois-Epis. La volumineuse collection de l'*Alsatia*, ce répertoire si précieux pour le passé de notre province, ne manque dans aucune bibliothèque sérieuse sur les deux rives du Rhin. Son recueil de légendes populaires, les *Sagen des Elsasses*, est un modèle à suivre pour tous les travaux de ce genre. Ses écrits sur Lenz et Frédérique de Sessenheim, sur G. Rœderer, sur le bon greffier Saltzmann ont notablement enrichi la littérature *gœthéenne* et sont fort appréciés des critiques allemands. Vous parlerai-je de ses *Curiosités de voyage en Alsace*, de ses chroniques mulhousiennes, de ses monographies sur différentes localités de la Haute-Alsace? En ce moment même, il prépare, dit-on, un grand travail sur le satirique J. M. Moscherosch dont je vous parlais cet hiver.

Son frère cadet, M. Adolphe Stœber, né dans nos murs en 1810, est resté fidèle à la carrière théologique. Depuis 1839 il exerce le ministère à Mulhouse, où il est encore comme pasteur-président du Consistoire réformé de cette ville. Moins fécond que son aîné, plus contemplatif, plus véritablement doué du génie lyrique, il a débuté, comme Auguste, par chanter dans ses *Alsa-Bilder* les beautés naturelles et les légendes de notre province. Il a réuni, dix ans plus tard, un choix de ses poésies dans un mignon volume, publié malheureusement à Hanovre et par suite fort peu répandu parmi nous. Il y a là, dans ces *Gedichte* de 1845, bien des pensées délicates et des vers gracieux qui ne perdraient rien à revoir le jour, à trente-cinq ans d'intervalle, et auxquels le poète joindrait les plus réussies de ses pièces descriptives groupées dans les deux petits cahiers des *Impressions de voyage en Suisse*, publiées en 1857.

Grâce à cette riche moisson d'œuvres poétiques et de travaux scientifiques, le nom de Stœber, qui figure avec honneur, depuis bientôt quatre-vingts ans, dans les pages de l'histoire littéraire d'Alsace, n'est pas près de tomber dans l'oubli. Vous vous joindrez à moi, messieurs, pour souhaiter que les deux enfants de Strasbourg, établis à Mulhouse, charment encore longtemps nos loisirs par leurs écrits variés, oubliant les atteintes de l'âge et les tristesses humaines dans le culte serein des Muses, dans le travail de l'esprit qui ennoblit tout, qui console de tout, et dont les austères jouissances donnent le bonheur, autant qu'il est permis à l'homme d'être heureux ici-bas !

XXXIX.

— Eh bien, messieurs, c'est donc aujourd'hui que vous entrez en vacances, dis-je en saluant d'un air jovial les habitués du sanctuaire. Je me sens tout aise moi-même de pouvoir quitter le rôle de pédagogue, pour lequel je n'ai jamais eu qu'une vocation médiocre.

— Il me semble pourtant que vous avez oublié bon nombre de nos rues nouvelles, dit le père Z... d'un air taquin. Vous nous devez encore au moins un volume in-folio de commentaires. Je ne les réclame pas, Dieu m'en garde! Je constate seulement que votre patience s'est lassée avant la nôtre.

— Vraiment, mon cher monsieur, je ne me sentais pas si coupable. Voulez-vous me citer quelques-unes de ces rues que je néglige, selon vous?

— Oh, soyez tranquille! J'ai pris la peine de les relever moi-même sur les arrêtés de M. l'administrateur municipal et de les aligner en bon ordre. Ecoutez plutôt: entre la porte de Schiltigheim et la porte de Pierres je rencontre les rues de Lauterbourg, de Bitche, de Phalsbourg, de Vendenheim et de Niederbronn. Plus loin, les rues de Haguenau, Bischwiller et Wissembourg; plus loin encore, celles de Bouxwiller, de Sarrebourg et de Brumath. Entre la porte de Schirmeck et la porte Blanche, j'en signale tout un amas formidable; ce sont les rues de Mutzig, de Wasselonne et de Rosheim, d'Obernai, de Sainte-Odile et d'Andlau, de Barr, de Schirmeck, de Labroque et de Rothau. A l'intérieur....

Pendant qu'il récitait, à perte d'haleine, cette longue kyrielle de nos villes d'Alsace, j'essayais en vain de lui couper la parole, au milieu du rire de nos amis. Enfin je pus m'écrier :

— Permettez, permettez ; je proteste. En commençant nos causeries, je vous ai, ce me semble, clairement expliqué que l'administration municipale avait donné les noms des localités alsaciennes les plus considérables aux artères nouvelles qui viennent y aboutir d'une façon plus ou moins directe, ou se trouvent à peu près dans leur rayon visuel. La géographie d'Alsace s'enseigne à l'école primaire, n'est-ce pas ? Je devais donc supposer que vous en savez au moins assez pour que toutes ces villes et tous ces bourgs vous fussent connus. Quant à vous raconter, à propos de ces rues, l'histoire particulière de chacune de ces localités, si c'est là ce que vous désirez....

— Dieu m'en préserve ! fit le père Z... avec un sincère effroi.

— ....Je refuse, pour ma part, cette tâche difficile. Nos causeries dégénéreraient en un cours d'histoire et, permettez-moi de le dire avec une modestie sincère, en un cours mal fait. Car si j'ai consacré des loisirs bien mérités à m'instruire un peu du passé de notre cher Strasbourg, j'avoue en toute humilité ne pas savoir grand'chose du passé de Vendenheim ou de Wasselonne. Si vous êtes désireux d'en apprendre là-dessus plus que moi-même, demandez à la bibliothèque de la ville la traduction de l'*Alsace illustrée* de Schœpflin ou, plus simplement encore, le *Dictionnaire du Haut- et Bas-Rhin*, de Baquol. Pour moi, messieurs, je vous demande instamment ma mise à la retraite.

— Je passe condamnation sur les réclamations du père Z..., répondit le docteur en riant ; mais vous avez oublié tout de même une rue « portant nom d'homme », pour parler comme l'auteur de l'Apocalypse.

— Et laquelle, s'il vous plaît ?

— La rue Lessing, qui réunit la rue Schiller à la rue Tauler, dans le voisinage de l'allée de la Robertsau.

— Je ne vous l'ai point nommée pour deux raisons. La première, c'est que cette rue est une artère privée, qui n'appartient pas, à vrai dire, à la voirie publique. En second lieu, je ne m'étais engagé à vous entretenir ici que des choses qui se rattachent au passé de Strasbourg. Or, le grand critique et dramaturge saxon n'a jamais mis les pieds en Alsace, et n'a jamais eu, que je sache, le moindre point de contact avec notre ville. Je ne pouvais pourtant pas vous retracer au long sa biographie, ni juger ses œuvres. Cela nous aurait menés bien loin.

— Oh, je n'y tiens pas autrement, fit le docteur. Seulement j'ai trouvé amusant de vous prendre en faute. Vous ne m'en voulez pas pour si peu, n'est-ce pas, mon cher M...? Je vous avouerai d'ailleurs que je ne sais pas bien pour quelles raisons le nom de Lessing est venu prendre place à côté de celui de Tauler.

— D'après mes renseignements, répliqua le notaire, il paraîtrait que ce sont les possesseurs du terrain qui sont venus demander eux-mêmes à l'administration municipale de donner ce nom à leur rue. Vous savez que la loi, ou du moins l'usage autorise le propriétaire qui concède gracieusement l'usufruit de son sol au public, à proposer à l'autorité le nom de la voie nouvelle. Nous avons déjà vu, s'il vous en souvient, un cas analogue, lors de la création de la rue Fritz, dont notre ami nous parlait, il y a de longs mois. Le jour où vous doterez notre ville d'une artère semblable, vous pourrez donc aussi, cher docteur, réclamer pour elle tel nom qui posséderait vos sympathies personnelles.

— Evidemment, répliqua le docteur, puisqu'il ne saurait y avoir, en pareille matière, deux poids et deux mesures. Hélas! je ne puis pourtant tenter l'expérience, pour mon propre compte. Je n'ai pas encore guéri suffisamment de malades pour avoir pu spéculer sur les terrains vagues des quartiers nouveaux.

— Il me resterait, messieurs, à vous montrer, par quelques exemples, toute l'abondante série de noms connus que pourraient fournir encore les annales de notre cité. Ce n'est pas, en tout cas, l'absence de concitoyens dignes d'être honorés de la sorte qui justifierait jamais l'imposition de candidatures étrangères. Notre administration ne sera point embarrassée, de longtemps, pour remplir d'une façon convenable les plaques bleues au coin de nos rues. Elle aura bien plutôt l'embarras du choix. On citerait des noms propres à la douzaine.

— Faites, faites, si le cœur vous en dit, dit le père Z.., pourvu que vous ne nous racontiez pas leur histoire!

— Soit Voulez-vous des littérateurs et des poètes? Je vous nommerai Otfrit, le moine de Wissembourg, l'auteur du poème du *Christ*; Gottfrit de Strasbourg, le plus célèbre de tous, le chantre immortel de Tristan et d'Iseult; Herrade de Landsperg, la créatrice du *Hortus deliciarum*, que nous possédions jadis; Ramond de Carbonnières, le commensal de Gœthe pendant son séjour à Strasbourg, qui a écrit un drame historique, *La guerre d'Alsace*, et devint célèbre plus tard par l'exploration des Pyrénées; Andrieux, le spirituel auteur du *Meunier de Sans-Souci;* Karl Spindler, dont l'Allemagne entière dévorait, il y a bientôt un demi-siècle, les innombrables romans; Louis Spach, dont les romans français, comme les poésies allemandes, ont eu leur jour de renommée. Préférez vous les artistes? Leur nombre est légion. Sans remonter à ceux du moyen âge, vous pouvez choisir entre Léonard Baldner, Bemmel, Brentel, Dieterlin, Franckenburger, les Guérin père et fils, Lutherbourg, Tobie Stimmer, Stosskopf, Théophile Schuler, von der Heyden, etc. Chacun connaît Philippe Grass, l'éminent sculpteur; Kirstein, le ciseleur habile; les compositeurs Pleyel, Georges Kastner et Hœrter. Si ce sont les hommes d'Eglise et les théologiens qui vous attirent, vous en trouverez de tous les âges et de tous les cultes. Commençons par saint Arbogast, le patron du diocèse; saint Amand, le premier évêque légendaire de Strasbourg; saint Florent, le fondateur de Haslach, dont les ossements reposèrent plus tard à l'église de Saint-Thomas. Parmi les évêques du moyen âge on choisirait le savant Erckembald, qui dressa le catalogue de ses prédécesseurs, et Werinhar I, qui jeta les fondements de la cathédrale. A côté d'eux je nommerais maître Eckart et Rulman Merswin, les pieux et profonds mystiques. Mathieu Zell et Martin Bucer représenteraient le groupe nombreux des champions de la Réforme, Dannhawer et Sébastien Schmidt, les gardiens vigilants et renommés de l'orthodoxie luthérienne du XVIIe siècle. L'époque contemporaine nous fournirait, entre autres, l'abbé Bautain, le brillant philosophe de la Restauration ; l'abbé Mühe, à la piété, à la charité presque légendaires ; Isaac Haffner, l'éloquent prédicateur ; J. Frédéric Bruch, pendant quarante ans doyen de la Faculté de théologie protestante et premier recteur de l'Université nouvelle.

Si nous nous tournons du côté des hommes d'Etat, des diplomates et des orateurs politiques, nous trouverons également une longue série de noms marquants, des hommes d'autrefois et des enfants de ce siècle. Voulez-vous remonter jusqu'aux âges légendaires ? Je vous y signalerais l'empereur Julien, qui battit les Alamans sous les murs d'Argentorat; le bon roi Dagobert, qui chassait volontiers l'*urochs* dans les forêts d'Alsace ; le vieux duc Etichon, dont les âmes naïves admirent la tombe au couvent de Sainte-Odile. Au moyen âge on pourrait nommer Raimbaut Liebenzeller, le commandant des forces strasbourgeoises, le jour de la grande victoire de 1261 ; Bourcart Twinger, le premier en date des *ammeister* de Strasbourg, dont la nomination marque l'avènement au pouvoir du tiers-état. Au XVIe siècle vous trouveriez tous ces respectables magistrats, intègres et prudents politiques, Mathias Pfarrer, le gendre de Brant ; Wolfgang Schütterlin, qu'on appelait « le protocole vivant de la république » ; Mathias Wicker, qui présida la grande fête de tir de 1576. Le XVIIe siècle nous fournirait Marc Otto, le représentant de Strasbourg au congrès de Westphalie ; l'ammeister François Reisseisson, l'auteur du *Mémorial*, si curieux pour les affaires du temps ; tous ces habiles secrétaires d'Etat, qui ne purent arrêter pourtant la décadence de la cité, les Imlin, les Gaspard Bernegger, les J. J. Frid et les Stœsser. Dans la première moitié du XVIIIe siècle, je recommanderais volontiers la candidature de M. d'Angevilliers, l'habile intendant d'Alsace qui protégea dans la mesure du possible, et contre ses supérieurs eux-mêmes, l'autonomie de la ville libre. Pourquoi ne prendrait-on pas également l'un ou l'autre des Rohan, princes-évêques de Strasbourg pendant près d'un siècle, qui construisirent le Château et tiennent une large place dans l'histoire de notre province ?

Si nous arrivons à l'époque révolutionnaire, il va de soi que nous laisserons de côté les héros sanguinaires de la Terreur. Ce n'est ni à Eulogo Schneider et à ses acolytes germains, ni à Monet le Savoyard, et à sa Propagande, que nous songerons, pour notre part. Mais il nous reste bien des noms marquants à signaler. Voici le comte de Rochambeau, le vainqueur de la guerre d'Amérique, qui commandait en Alsace, à la date de 1789; le maréchal Luckner, son successeur dans ses fonctions difficiles, et qui, moins heureux que lui, périt par la guillotine; Rouget de Lisle, qui composa dans nos murs l'immortelle *Marseillaise*. D'autres braves soldats, enfants de l'Alsace, s'illustrèrent dans les guerres de la République et du premier Empire. Plus près de nous, voici Antoine de Kentzinger et Frédéric Schützenberger, tous deux maires de Strasbourg, tous deux protecteurs intelligents de l'étude de notre passé; Benjamin Constant, le célèbre orateur, l'auteur d'*Adolphe*, député du Bas-Rhin sous la Restauration; le comte Rœderer, sénateur de l'Empire, commissaire extraordinaire, envoyé parmi nous lors du blocus de 1815; Georges Humann, ministre des finances sous Louis-Philippe; Charles Bœrsch, le journaliste émérite, qui, pendant trente ans, dirigea l'opinion publique à Strasbourg; Edmond Valentin, notre dernier préfet français, qui vint occuper d'une façon si courageuse son poste périlleux dans sa ville natale.

Aux hommes politiques ajoutons les hommes de guerre et les ingénieurs dont le souvenir se rattache à notre enceinte: Daniel Specklin; Merssbœusser; Vauban; Maurice de Saxe, qui repose parmi nous; l'amiral Baudin, qui naquit à Strasbourg. Ajoutons-y encore les historiens qui perpétuèrent les fastes souvent glorieux de la cité, les Ellenhart, les Closener, les Meyer, les Sleidan, les Büheler, les Kleinlawel, les Osée Schad, les Wencker, les J. Walther, parmi les anciens; Schilter et le Père Laguille, Ulric Obrecht et Jean Friesé, Strobel et Rœhrich, Baum et Louis Schnéegans parmi les modernes.

— Mais cela n'en finit pas, murmura le père Z..., d'un air à moitié réjoui, à moitié consterné, devant tant de richesses.

— Tranquillisez-vous, mon ami; nous serons bientôt au bout. Vous m'en voudriez vous-même, en bon Strasbourgeois que vous êtes, si, pour gagner une minute, j'écourtais l'énumération de ces gloires locales qui constituent notre patrimoine spirituel. Laissez-moi donc poursuivre encore un instant ma tâche et joindre aux historiens proprement dits les topographes J.-André Silbermann et Frédéric

Piton, ces travailleurs laborieux qui nous ont conservé l'exacte physionomie de l'ancien Strasbourg. Ne négligeons pas non plus, messieurs, des humanistes comme Pierre Schott ; des imprimeurs illustres comme Mentelin, Pryss, Grieninger ou Jobin ; des voyageurs aux pays lointains comme Sébastien Schach, Jacques Wurmser, Ambroise Richshoffer ; des collectionneurs assidus, des propriétaires de *cabinets* célèbres, tels que Kuenast, Brackenhoffer ou Mayno ; des philologues illustres comme Richard Brunck ; des statisticiens célèbres comme J.-Henri Schnitzler ; des médecins, anciens ou nouveaux, comme Melchior Sebitz ou Thomas Lauth ; des novateurs heureux sur le terrain des sciences physiques et naturelles, comme Raimbaut Spielmann ou Ch.-Fréd. Gerhardt. N'oublions pas surtout les bienfaiteurs de l'humanité souffrante, Phyné, la demoiselle noble de la rue des Veaux, qui consacra sa fortune à l'établissement d'un hôpital, en 1312 ; le bon prêtre Oettelin d'Utenheim, qui fonda l'*Ellendherberg*, l'asyle des lépreux, en 1360 ; Louis Ratisbonne, le créateur de l'*Hospice Eliza*, etc.

— Il faut avouer, exclama le docteur, au moment où je reprenais haleine, que voici une liste de notabilités dont nous avons le droit et le devoir d'être fiers, et m'est avis que notre municipalité a là du pain sur la planche pour longtemps.

— Remarquez bien, docteur, que je ne suis encore qu'à la moitié de ma tâche. Je n'ai cité jusqu'ici que des invidualités isolées. Je n'ai parlé surtout que des morts, et pourtant, parmi les enfants de notre cité, quelle riche moisson supplémentaire pour les édiles du XX° siècle ! Pourquoi ne pas imiter aussi l'exemple de nos ancêtres et placer à côté des rues de Kageneck, Kalb, Knobloch et Schilt, que nous possédons déjà. un certain nombre d'autres noms de familles patriciennes ou bourgeoises, éteintes aujourd'hui, qui nous rappelleraient des générations successives de vaillants hommes de guerre, de magistrats intègres, de fonctionnaires laborieux au service de notre petite république. Les Manso, les Rebstock, les Spender, les Joham de Mundolsheim, les Rœder de Dierspurg, les Wassicher, les Gottesheim au moyen âge ; les Bœcklin, les Frœreisen, les Zedlitz, les Mueg, les Hammerer, les Gambs, les Mogg, les Stœdel, et bien d'autres, à des époques plus récentes, seraient là, comme à souhait.

Que serait-ce maintenant si je me mettais à rechercher d'autres dénominations, pour ainsi dire impersonnelles, qui serviraient à raviver les scènes du passé dans la mémoire de nos enfants et petits-enfants? On prendrait tout d'abord les noms de toutes ces églises, de tous ces couvents aujourd'hui détruits, qui s'élevaient autrefois sur le pourtour de la ville ou dans l'intérieur de la cité: Sainte-Claire, Saint-Arbogast, Sainte-Agnès, la Chartreuse, Saint-Martin, Saint-André, etc. La *rue des chevaliers de Saint-Jean* ressusciterait, vers la porte de Schirmeck, le souvenir de leur commanderie, si célèbre dans l'histoire religieuse de Strasbourg; la *rue de Saint-Michel*, aux alentours de la porte Blanche, rappellerait cette butte de Saint-Michel, où l'on exécutait les criminels au moyen âge. Le travail si remarquable de M. Ch. Schmidt sur *les noms des rues et des maisons de Strasbourg au moyen âge* permettrait de reprendre quelques-unes des plus anciennes dénominations de la cité, tout en les changeant de place. Des recherches intelligentes, poursuivies dans les vieux régistres du cadastre, dans les *Bannbücher* de la ville, donneraient également des indications précieuses pour tous ces terrains communaux où surgissent actuellement les nouveaux quartiers. Ce n'est pas tout; il nous reste les faits historiques eux-mêmes. La *rue des Huns* rappellerait la légende de la destruction de la ville par Attila; la *rue de Hausbergen* célébrerait la victoire remportée sur l'évêque

Walther de Geroldseck ; la *rue des Flagellants* conserverait le souvenir des processions bizarres qui parcoururent l'Europe occidentale au XIV° siècle et de la peste noire de 1349 ; la *rue des Anglais* servirait à fixer dans nos mémoires l'apparition des bandes de Coucy dans la Basse-Alsace en 1365 et dix ans plus tard ; la *rue de Blanckenheim* rappellerait le siège de Strasbourg, entrepris en 1392 par l'évêque Frédéric de Blanckenheim et la noblesse d'Alsace ; la *rue des Armagnacs* commémorerait l'attaque de ces bandes féroces, repoussées sous nos murs en 1439 ; les *rues de Morat* et de *Granson* témoigneraient de la part que les Strasbourgeois ont prise aux luttes de leurs alliés suisses contre le duc de Bourgogne.

Mais je dois m'arrêter ici ; non pas certes que la matière me manque ! Seulement je craindrais de vous fatiguer à la longue et — ce qui serait pire — de vous fatiguer en vous parlant de ce qui nous tient à cœur, à nous tous. Permettez donc que je prenne ici congé de vous, messieurs et chers amis, non pas comme homme, s'entend, mais comme conférencier. Je vous remercie tous, sans en excepter notre digne ami Z..., de l'attention bienveillante que vous avez bien voulu me prêter. Je serais heureux de pouvoir me persuader que mes simples récits ont contribué pour un peu à vous faire aimer davantage notre bonne ville de Strasbourg. Depuis dix-huit siècles qu'elle existe, elle a passé par bien des vicissitudes. Son passé, souvent glorieux, a été bouleversé par de rudes tempêtes; son avenir.... sera ce que Dieu veut. Mais vous tous, qui m'entourez ici, vous vous joindrez volontiers à moi pour boire à la prospérité matérielle et morale de notre cité. Où qu'il aille et quelque loin que le sort l'ait poussé, le Strasbourgeois reporte volontiers son regard attendri vers l'horizon lointain, où son imagination lui montre la flèche de notre antique cathédrale se profilant à travers la brume du souvenir. Qu'il nous reste toujours cher, à nous aussi, le sol qui nous vit naître, qui recouvre les cendres de nos pères et porta le berceau de nos enfants ! Ainsi, mes amis, remplissons nos verres et: «Vive Strasbourg!»

— Amen ! dit le notaire de sa voix grave, tandis que le carillon joyeux de nos brocs retentissait au loin. Puis chacun, sans échanger d'inutiles paroles, et serrant la main de ses amis, regagna pensif sa demeure, à travers les rues endormies de la vieille cité.

TABLE DES MATIÈRES.

	Pages.
Préface.	I
I. Où le narrateur se présente au public et lui offre ses services.	1
II. Le nouveau Strasbourg à vol d'oiseau; les rues militaires et les nouveaux boulevards	9
III. La place Zix.	21
IV. La rue du *Kuppelhof*; la rue Klein; la rue Fritz	35
V. Le quai Koch.	45
VI. La rue Tauler.	57
VII. La rue Schiller; la rue Geiler	66
VIII. La rue Schweighæuser.	70
IX. La place Brant	90
X. La rue Gœthe.	101
XI. La rue Murner	112
XII. La rue Blessig	125
XIII. La rue Fischart.	137
XIV. La rue Schimper	150
XV. La rue Wimpheling.	159
XVI. La rue Lobstein	171
XVII. La rue Moscherosch.	183
XVIII. La rue Moscherosch (fin)	191
XIX. La place Arnold.	204

		Pages.
XX.	La rue Hermann.	216
XXI.	La rue Grandidier	229
XXII.	La rue du *Schiessrain;* le *Waseneck*.	238
XXIII.	La rue Strauss-Dürckheim ; la rue Ehrmann	247
XXIV.	La rue Oberlin	256
XXV.	La rue Apffel.	268
XXVI.	La rue Lamey	281
XXVII.	Le quai de Zorn; le quai de Müllenheim.	293
XXVIII.	Le quai Schwarber.	305
XXIX.	Le quai Ingold	316
XXX.	La rue Erwin.	324
XXXI.	La rue Klotz; la rue Schwilgué. .	335
XXXII.	La rue Hültz; la rue Junker . . .	340
XXXIII.	La rue Sabine	355
XXXIV.	La rue Ohmacht.	363
XXXV.	Le *Roseneck;* le quai de Sturmeck .	371
XXXVI.	Le quai de Dietrich.	382
XXXVII.	Le quai de Dietrich (fin)	395
XXXVIII.	La rue Stœber	407
XXXIX.	Dans lequel le flâneur se défend de raconter l'histoire de toutes les villes d'Alsace qui ont donné leur nom à des rues de Strasbourg, et soumet à qui de droit sa petite liste de candidats pour les rues futures. . .	425

Strasbourg, typ. G. Fischbach.

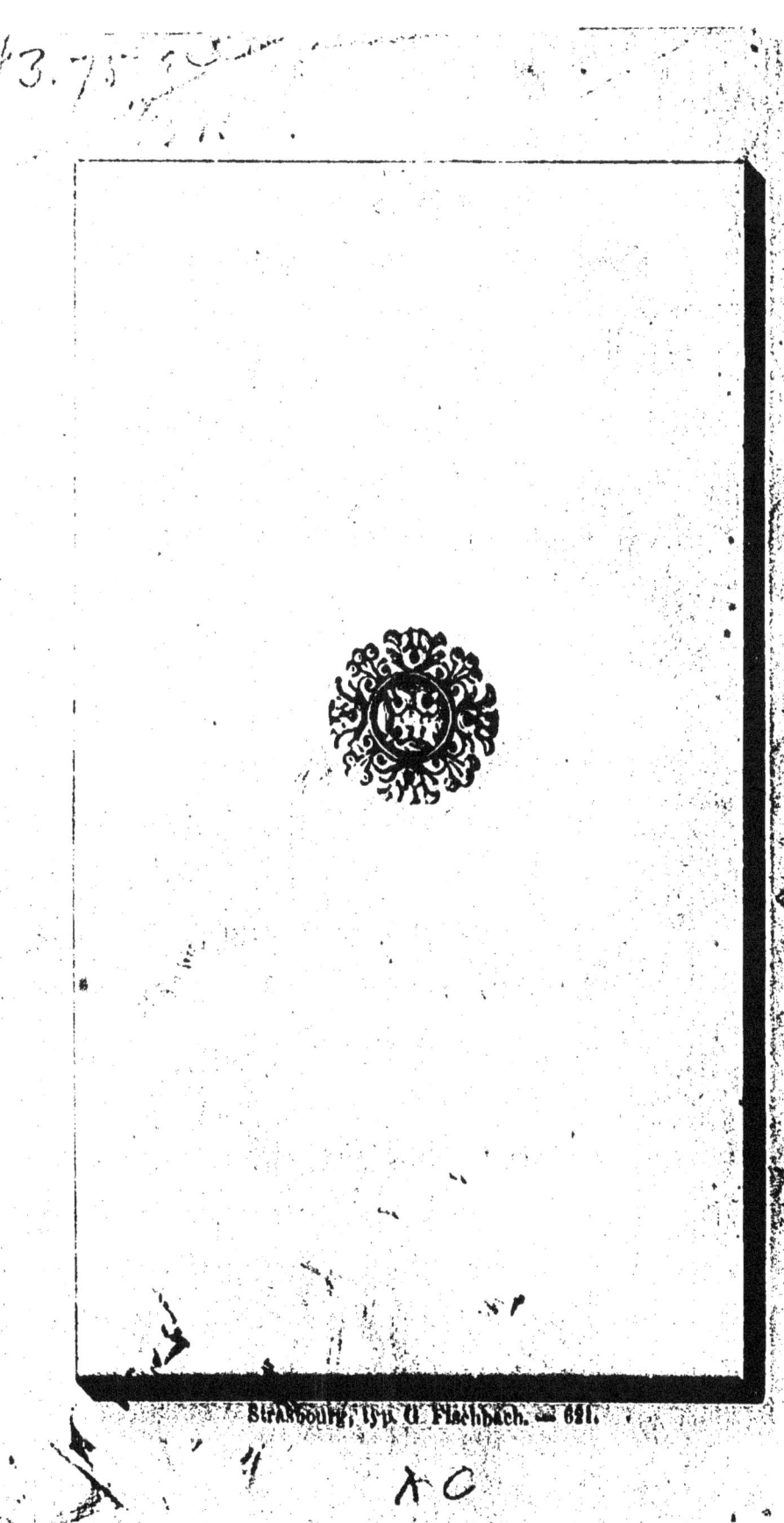

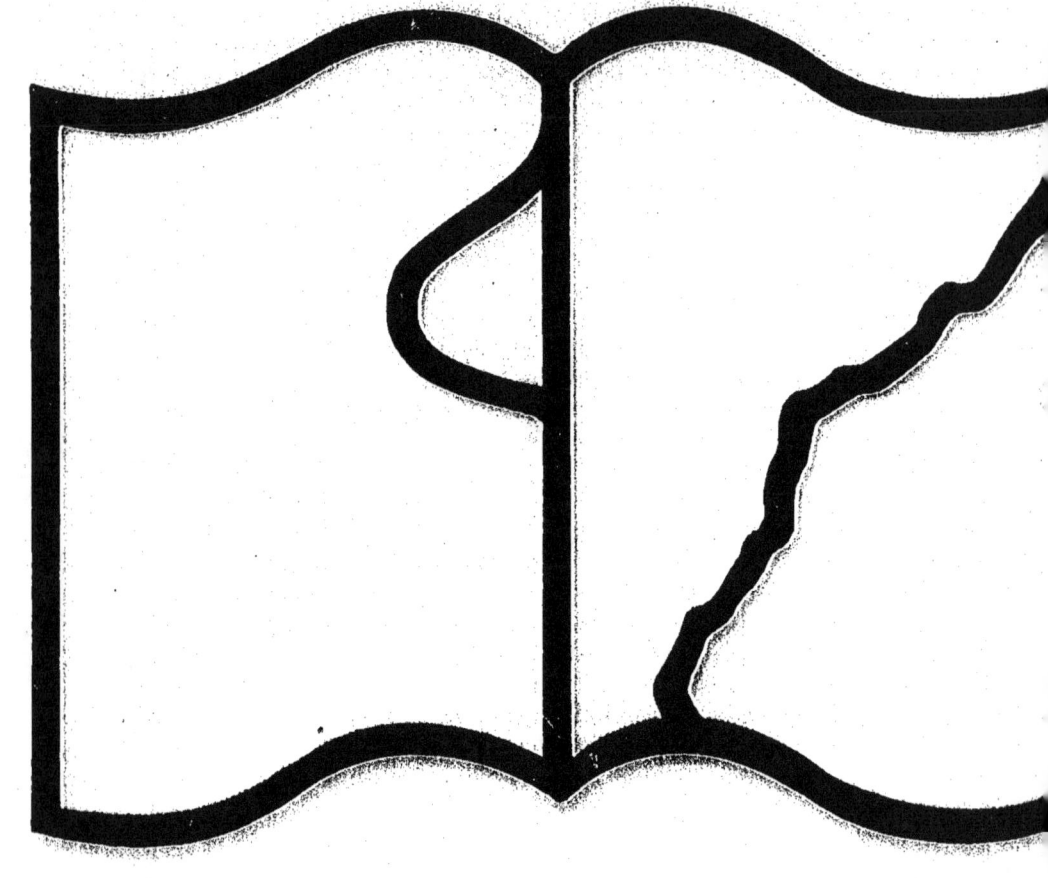

www.ingramcontent.com/pod-product-compliance
Lightning Source LLC
Chambersburg PA
CBHW070217240426
43671CB00007B/682